言語と人間

Sprache und Condition Humaine: Sprachhandlung und Mehrsprachigkeit in Konfliktgesellschaften

コンフリクト社会に見る言語行為と多言語

Sprache und Conditio Humana
Sprachhandlung und Mehrsprachigkeit in Konfliktgesellschaften

Abdurrahman Gülbeyaz (Hrsg.)
unter Mitarbeit von Theresa Specht

1. Auflage: 31. März 2015

Autoren: Abdurrahman Gülbeyaz, Theresa Specht, Toshihide Yokoi, Eiichi Kido, Takashi Sashima

Umschlaggestaltung, -bindung und Satz: Hisaki Matsumoto (MATSUMOTOKOBO Ltd.)
Gajoen Heights (Zimmer) 1010, 12-11 Amijima-cho, Miyakojima-ku, Osaka 5340026, Japan
Telefon: +81-(0)6-6356-7701, *Faksimile:* +81-(0)6-6356-7702
http://matsumotokobo.com

Druck: SunM Color Co., Ltd.
Bindung: Shinnihon Bindery Co., Ltd.

Kein Teil des Werkes darf in irgendeiner Form (durch Fotografie, Mikrofilm oder andere Verfahren)
ohne schriftliche Genehmigung des Verlegers reproduziert oder unter
Verwendung elektronischer Systeme verarbeitet, vervielfältigt oder verbreitet werden.

© 2015 Abdurrahman Gülbeyaz, Theresa Specht, Toshihide Yokoi, Eiichi Kido, Takashi Sashima
Printed in Japan, ISBN978-4-944055-71-5 C0084

Dieses Buch kam als Teilergebnis des von KAKENHI 24520465 unterstützten Forschungsprojekts
„Sozialkonflikt und Sprachverhalten" zustande.

MATSUMOTOKOBO Ltd.

言語と人間性

コンフリクト社会に見る言語行為と多言語

責任編集　アブドゥルラッハマン・ギュルベヤズ
編集補佐　テレーザ・シュペヒト

松本工房

Vorwort

Es scheint, dass langwierige soziale Konflikte entweder als genuine linguistische Konflikte angesehen werden könnten, oder, auch wenn sie augenscheinlich nicht linguistischer Natur zu sein scheinen, in jedem Stadium ihres Formierungs- und Entwicklungsprozesses linguistisch kodiert werden. Sei es potentiell, schlummernd, latent, passiv oder tatsächlich, ausgebrochen, aktiv oder unterbrochen, geendet, beigelegt, gelöst – sie gravieren sich mit methodischer Genauigkeit und überschwänglichen Details auf die Gebrauchssprache der beteiligten und betroffenen sozialen Gruppen und Gemeinden.

Dieses Phänomen des sich-Einschneidens der sozialen Konflikte auf die Gebrauchssprachen aller betroffenen Parteien ist nicht ein von irgendwelchen sozialrelevanten Ereignissen oder Zwischenfällen hinterlassener bloßer Satz von Spuren, sondern die Entstehung und Entfaltung des Konfliktes personaliter.

Anders formuliert und über den kürzesten Weg auf den Punkt gebracht kann kein Vernichtungs- oder Tötungsakt des Einzelnen oder der Gesellschaft von dem jeweiligen mit diesem Akt zusammenhängenden Sprachgebrauch getrennt betrachtet werden. Im Gegenteil ist die sprachliche Handlung nicht nur die Hauptkomponente jeglicher spezifisch humanen Handlung und somit jeglichen Zerstörungsaktes, sondern sie fungiert gleichzeitig als das unentbehrliche Versorgungsnetz, durch das in jedem Stadium des Zerstörungsprozesses die jeweils erforderliche Menge der Tötungsenergie in die betreffenden Zellen und Gewebe des humanen Handelnden transportiert bzw. verteilt wird.

まえがき

　長期にわたる社会的対立は、実は、言語的な対立と見なすことができるのではないだろうか。もしくは、たとえ言語的な性質が明白でないとしても、その対立が形成され発展していくどの段階においても、言語的にコード化されていくのではないだろうか。単に可能性としての対立であろうが、表面化せずに埋もれ、潜伏していようが、派生的存在であろうが、紛れもない事実として存在しようが、勃発した矢先であろうが、現在進行中であろうが、中断されていようが、終結・調停・解決されていようが——この対立は、対立の関与者・被害者である社会集団や共同体の日常使用言語に、体系的な精度と過剰なほどのディテールをもって刻み込まれていくのである。

　社会的対立が、その対立に関与するすべての人々、またはその対立の影響を被るすべての人々の使用言語に切り込んでくるという現象は、たまたま生じた何らかの社会的影響力のある出来事や事件が残した単なる痕跡ではなく、葛藤の発生と展開そのものなのである。

Nicht nur zur Tatzeit und danach, sondern auch präliminal, d.h. lange vor der Hauptsache, vor der physischen Durchführung der intendierten Handlung ist die Sprache als Nährmedium da, in dem die Tat ausgebrütet wird. Auf der einen Seite entwirft und gestaltet die Sprache in ihrer präliminalen Wirkweise die Tat konzeptionell; sie verhandelt sie verbindlich vor. Auf der anderen Seite präkonfiguriert der präliminale Sprachakt gleich von vornherein die teleologische Sendung des Intendierten, d.h. das, was es im Universum bewirken, wie es sich im globalen Netz der Macht und des Leides – oder in einem seiner Subräume – auswirken will und soll, und klärt gleichzeitig und im Zusammenhang damit maßgeblich den Punkt der Feasibilität des Intendierten im Voraus.

In konkreteren Worten sind z.B. die Akteure, Verbraucher, alle aktiven und passiven Teilnehmer von solchen sprachlichen Erzeugnissen wie „Wie bäckt man einen albanischen Kuchen? – Zuerst stiehlt man zwei Eier." oder „Was macht ein Albaner im Theater? – Er stiehlt die Schau." usw. de facto Täter oder zumindest Mittäter der Morde an zahlreichen aus Albanien stammenden Menschen, die seit etwa 1990, dem Beginn der Arbeitsmigration aus Albanien nach Griechenland, in Griechenland getötet worden sind. Die zwei Momente hängen organisch zusammen und machen zwei unabdingbare Stadien des gleichen Aktes aus. Ähnlich hat jedes Mitglied der Gesellschaft in der Türkei die Wahl, aktiv oder passiv bei der Produktion / Konsumption von Sprachartefakten wie „Der unerfahrene Hufschmied wird Meister am Esel des Kurden." oder „Kurdisch ist keine Sprache, es hat nur 300 Wörter." usw. mitzumachen oder sich dagegen zu wehren. Diese Entscheidung, die auf der alltagssprachlichen Ebene getroffen wird, gibt zugleich zu erkennen, ob man bei der inzwischen über hundert Jahre hinausgehenden Ver-

別の言葉で手短かにいえば、個人の、または社会の破壊行為または殺害行為を、この行為と関連した言語使用と切り離して捉えることなど決してできないのである。それどころか、言語行為は、人間に固有の行為すべてにおける——つまり、あらゆる破壊行為における——主要な構成要素であるばかりでなく、同時に、破壊プロセスのどの段階においても、その都度必要とされる量の殺害エネルギーを、人間の行為をなす細胞や組織へと送りこむ必要不可欠な供給網としてはたらいているのである。

行為が遂行されている時やその後のみならず、前闘、つまり本題以前から、意図した行為が実際に遂行される前から、言語は、養分を補給する媒体としてはたらいているのであり、その媒体内で行為は企まれ、孵化するのである。言語は一方で、前闘で作用し、行為を企画・形成し、その構想を支えている。他方で、前闘的な言語行為は、行為が遂行される前から、その予備的な交渉・折衝を担っている。つまり言語は、意図したものの目的論的な課題を、つまり、世界に行為がどう作用すべきなのか、覇権と苦しみの織りなすグローバルなネットワークまたはその亜空間でどう作用すべきなのかを意図しているのか、そしてどう作用すべきなのかを、最も初期の段階から前もって形成するのであり、同時にそのことから、意図された行為の実行可能性を事前に検証するのである。

ii

まえがき

nichtungsorgie gegen Kurden mitmacht oder nicht bzw. mitmachen will oder nicht.

In Europa – vor allem im deutschsprachigen – weist das soziale Feld die gleiche Grundstruktur mit anderen Parametern auf. Der entsprechende Produktionssektor zeichnet sich durch einen außerordentlichen Reichtum an kreativen sprachlichen Vernichtungsartefakten aus. Das Hauptobjekt der tödlichen Begierde ist hier ein anderes. Ob einer Gefallen an der aktiven Produktion oder am bloßen passiven Verbrauch solcher Produkte wie „Was macht eine Türkin in der Uni? – Sie putzt." oder „Wann darf man eine Türkin anspucken? – Wenn ihr Bart brennt." usw. findet, ändert nichts an der Tatsache, dass er sich dazu entschlossen hat, mit zu vernichten. Abermals wäre es nicht fehl am Platz darauf hinzuweisen, dass diese Sprachhandlungen, die ‚bloßen Worte' also, einen organischen Teil der Tateinheit, die tragende konstitutive Komponente des Zerstörungsaktes ausmachen.

Hochgerechnet würde die Anzahl der Fallbeispiele schwer überblickbare Dimensionen annehmen, die sich sicherlich in irgendeiner Art und Weise mit den demographischen Parametern der Weltbevölkerung vergleichen bzw. in Zusammenhang bringen ließen. Jeder Sprachteilnehmer, d.h. jeder Erdling, der von der Natur mit Denk- und Sprachfähigkeit beschenkt worden ist, hat innerhalb der jeweils gegebenen sozialen Raumzeit des globalen Vernichtungskontinuums tagaus, tagein von Neuem für sich die Entscheidung zu treffen, ob er aktiv oder passiv mitmordet oder sich dagegen wehrt. Die Entscheidung mitzumachen ist bis dato offenbar aufgrund ihrer simplen unaufdringlichen Textur die begehrte Hauptrichtung. Sie dürfte insofern entspannend, sogar befreiend sein, da die Erdlinge nichts Anderes zu tun bräuchten, als mit dem Zeitgeist zu gehen,

具体的に表現すれば、例えば「アルバニア風ケーキの作り方は？　まず初めに、卵を二つ盗んでくる。」というような一連の言語的産物の発案者、消費者、すべての能動的・受動的参加者は、アルバニアからギリシャへの労働移民の始まった一九九〇年頃から、数多くのアルバニア出身者を殺害した加害者または少なくとも共犯者なのである。この二つの契機は有機的に繋がっており、同じ一つの行いの必要不可欠な二つの段階を構成しているのだ。同様に、トルコの社会に属するすべての人々には、「見習いの馬蹄職人も、クルド人のロバの蹄なら親方になれる。」「クルド語は言語ではない、なぜなら単語数がたったの三百個だから。」などの言語的所産の能動的あるいは受動的な生産・消費に参加するか、または拒否するか、選択することができるのだ。この日常的言語の範疇で下される決断は、同時に、今となっては既に百年を超えるクルド人に対する破壊の乱行に参加するか否か、あるいは参加したいのか否かを表明するものなのである。

　ヨーロッパでは──中でもドイツ語圏では──社会的な場は、異なったパラメータを持つ同様の基本的構造を成している。そこでは、死を招く欲望の主たる対象は別のものであり、対応する生産セクターは、巧みな言語的抹殺の産物の豊富さにおいて際立っている。「トルコ人女性は大学で何を？　掃除のおばさん。」「どんな時ならトルコ人女性にツバを吐いても良い？　ヒ

iii

まえがき

mit dem gewohnten Strom der zehntausendjährigen humanen Zivilisation zu schwimmen, sich von ihm tragen zu lassen. Wenn aber doch ausnahmsweise die Entscheidung getroffen würde, sich zu weigern mitzumachen, sich gegen die Vernichtung zu wehren, müsste diese Entscheidung sich vor allen anderen Ebenen in der Ebene des Sprachgebrauchs ansetzen und niederschlagen.

Denn weder der Mensch noch die Gesellschaft können von dem Phänomen der Sprache separat gedacht werden. Sprache ist der Entstehungsprozess der menschlichen Spezies personaliter, sie ist sowohl der Stein der Weisen im Zusammenhang der Alchimie des Menschen, als auch das Alkahest, das das humane Element zersetzt und damit die Lösung der Gesellschaft ermöglicht. Sie ist die Füllung des primordialen Risses, der den spezifisch humanen Seinsmodus materiell bestimmt. Sie ist das Fernkommunikationssystem, das die Distanz und Indirektheit, denen die Menschen als Bewohner der Höhle Platons, d.h. als Gefangene der Semiosphäre ausgesetzt sind, erträglich macht. Alle Schöpfungsgeschichten, die sich der menschliche Geist vorstellen konnte, einschließlich derer der abrahamischen Religionen, fangen mit einer reinen Sprachhandlung an. In der Erzählung Adams, die das Erscheinen, den Menschwerdungs- und Vergesellschaftungsprozess des Menschen symbolisiert, ist der einzige Akt, der als Ausdruck der Menschlichkeit und Menschwerdung auftaucht: Nennung. Durch den ersten Nennungsakt wurde das Abenteuer der Menschwerdung ins Rollen gebracht.

Somit ist die Sprache der Stoff, aus dem alle menschlichen Handlungen und Aktivitäten gemacht sind. Dies ist in manchen Handlungen unmittelbar und einleuchtend so, in manchen aber bedarf es einer Art von Prozessierung, damit diese sprachliche Natur sichtbar wird. Es kann davon ausgegangen werden, dass sich diese Prozessie-

ゲが燃えている時。」などの産物の能動的生産あるいは受動的消費をすすんで受け入れようが嫌々ながら参加しようが、抹殺に参加することを決断したという事実には違いはない。繰り返すが、これらの言語行為が、つまり「ただの言葉」遊びが、行為を構成する有機的成分であり、破壊行為を根本的・本質的に支える構成要素であることは指摘しておくべきだろう。

このような個々の例すべてを挙げようとすれば、全体ではとてつもなく大きな数になってしまうだろう。もちろん何らかの形で世界中の例を人口統計学上のパラメータを使って比較検討することも可能ではあろうが。すべての発話参加者、つまり思考する能力と言語を使用する能力を持って生まれたすべての地球の住人は、グローバルな破壊連続体が存在する各々に与えられた社会的時空間の中で、能動的あるいは受動的に殺害行為に加わるか、それとも拒絶・抵抗するか、日々新たに決断を下さなければならない。行為に参加するという決断は、その当たり障りのない単純な性質から今日まで大部分の支持を得ている方向性であることは明らかだ。そ の決断は、時代の思潮を受け入れ、一万年に渡って慣れ親しんできた人間文明の営みに参加し、その流れに身を任せることであり、リラックス効果をもたらし、解放感さえ与えるだろう。しかし、例外的に破壊行為への参加を拒絶するという決断を下すならば、その決断は、他でもなく言語使用の次元で始められなければならない。

rung als eine Blickwinkel- bzw. Standpunktverschiebung, eine alternative Lesung oder eine Art von Übersetzung oder Rückübersetzung gestalten würde.

In diesem Buch wird anhand unterschiedlicher Verfahrensweisen und im Zusammenhang unterschiedlicher Themenbereiche genau dies unternommen. Das Buch besteht aus fünf unterschiedlich langen Abhandlungen, deren einziger gemeinsamer Nenner die oben geschilderte Einsicht und Sichtweise ist.

Abdurrahman Gülbeyaz
März 2015

必要があると私は考えている。

この本では、他ならぬこの処理過程によって、異なった主題に関して、異なった手順で、取り組まれており、五つの様々な長さの論文の唯一の共通点は、先で述べた洞察と観点にある。

二〇一五年三月

アブドゥルラッハマン・ギュルベヤズ

人間あるいは社会現象を、言語現象から隔絶して考えることは不可能である。言語は、社会的個人の創造過程そのものであり、人間錬金術における賢者の石、あるいは人間的な要素を解体し、社会という溶液の成立を可能にする万物溶化液である。さらに、人間に特有の存在形態の物質的なありかたを決定する原初的裂け目の詰め物である。そして、プラトンの洞窟の住人であり、記号世界の捕虜である人間をとりまく耐えがたき距離と間接性を耐えられるものにする遠隔通信体系である。

発想され得た全ての天地創造の物語は、純粋な言語行為で始まる。アブラハム系宗教の創世記も含め、人間の知性によって人間になる・社会化する過程の象徴であるアダムの物語の中で、人間性と人間化の表れとして登場する唯一の行為は「命名」である。最初の命名という行為によって、人間が人間になるという冒険が始まったのである。

繰り返すなら、人間が社会化していく過程の性質であり、そして得られた社会性を継続するためのたった一つの保証である言語は、全ての人間行為と活動の本質である。これはある行為に関しては即座に現れるが、ある行為に関しては、この言語的本性が目に見えるような状態になるのに一種の処理過程が必要になる。この処理過程は、「観点の転換」、「代替の読解法」、またはある種の「翻訳」、さらに正しい「再翻訳」等の形式を取るという前提を置く

v

まえがき

Vorwort
i

Abdurrahman Gülbeyaz
Sprache und Sozialkonflikt
Eine Neukartierung des Sozialen
16

Theresa Specht
Sprachliche Markierungen der ‚Kurden'
im deutschsprachigen Kontext
Zwischen Nichtbeachtung und Kriminalisierung
108

Toshihide Yokoi
Zur Kritik am ‚Sprachimperialismus des Englischen'
in Japan
Ihre Bedeutung und die darin liegenden Gefahren
160

Eiichi Kido
„Ein Volk, ein Reich, eine Sprache"?
Betrachtungen zur Nationalsprache-Ideologie in Japan
254

Takashi Sashima
Sprachgebrauch und Konflikt in Bezug auf
das Verständnis der Aleviten
286

Nachwort	*Autorenprofile*	*Danksagung*
vi	x	xii

まえがき i

社会的葛藤と言語行為——人間性の再マッピング
アブドゥルラッハマン・ギュルベヤズ ……… 18

ドイツ語における「クルド人」の言語的標識化——無視と犯罪化の狭間で
テレーザ・シュペヒト ……… 110

日本における「英語帝国主義」批判について——その意義と陥穽
横井敏秀 ……… 162

「一つの民族、一つの国家、一つの言語」?——日本の国語イデオロギーに関する考察
木戸衛一 ……… 256

言語の使用とアレヴィー認識をめぐるコンフリクト
佐島隆 ……… 288

あとがき vi　著者略歴 x　謝辞 xii

目次

Abdurrahman Gülbeyaz

Sprache und Sozialkonflikt
Eine Neukartierung des Sozialen

Hintergrund

Die ersten beiden Dekaden der postsowjetischen Ära haben bislang die offensichtliche und ernüchternde Erkenntnis gebracht, dass gruppenübergreifende Konflikte ihren Ursprung nicht in sozialpolitischen Antagonismen unterschiedlicher Modelle der sozialen Organisation / Formation haben. Weitreichende gewaltvolle Sozialkonflikte sprießen und eskalieren weltweit. Nicht nur die von Kolonialismus geschädigten und von Armut gezeichneten Weltregionen, sondern auch die Länder des ‚Westens' sind von nicht enden wollenden Zerstörungsorgien geprägt.

Seit Beginn der Digitalen Revolution hat sich die Welt dramatisch verändert. Und diese Tendenz nimmt unzweifelhaft mit jedem Tag zu. Distanzen verringern sich oder lösen sich zeitweise sogar ganz auf, so dass es nicht vermessen scheint anzunehmen, dass die menschlichen Akteure der heutigen digitalen Gesellschaft bald in qualitativ ganz anderen physischen Maßstäben denken und handeln werden müssen. Der digitalisierte Alltag transformiert physische Abwesenheit / Entfernung in ein Bonmot; geografische Isolation ist nunmehr nur noch eine fantastische *mise en scène* wundersamer Märchen.

Humane Individuen und Gruppen werden – sowohl tatsächlich als auch virtuell – immer mobiler. Die Erkenntnis, dass es andere und, was schwerer wiegt, augenscheinlich bessere Plätze und Orte auf der Welt gibt, die nur einen Steinwurf entfernt sind, setzt vor Allem und in erster Linie die Benachteiligten, Unterdrückten und Geschundenen, die Ausgenutzten und Misshandelten in Bewegung. Und dass diese von den privilegierten Einheimischen der ‚Aufnahmeländer' nicht mit Blumen empfangen werden, gehört zu den gewohnten Alltagsszenen in den modernen Gesellschaften.

Die Einsicht, dass die konfliktgenerierenden globalen Verwerfungslinien nicht etwa zwischen der kapitalistischen Produktionsweise und einer – mehr nominell als faktischen – sozialistischen Produktionsweise bzw. zwischen einem ‚westlich-demokratischen' Waltungs- und Verwaltungsmodus und ei-

背景

ソビエト崩壊後の二十年間は、いくつもの集団を巻き込んだ紛争は異なる社会的集団／編成モデル間の社会政治的敵対によるものではない、という明白で冷静な認識をわれわれにもたらした。広範囲に及ぶ暴力的な社会紛争が世界中で発生し激化している。植民地主義によって蹂躙され、貧困に苦しんでいる地域においてだけではなく、「西側」諸国においても、終わりのない破壊の乱行が生じているのだ。

デジタル革命の開始以来、世界は劇的に変化した。そしてこの傾向が日々強まっていることは間違いない。距離は縮まり、近ごろでは完全に解消してしまい、今日のデジタル社会における行為者が、もうすぐ質的に全く異なる物理的基準に照らして考え、行動するようになると予想することすらも無謀ではないように思われる。デジタル化された日常は、物理的な不在や距離を次の警句に置き換えてしまったのだ。「地理的な孤立は、今や不思議なおとぎ話の現実離れしたミゼンサーヌである」と。

人は個人としても集団としても、現実的にもバーチャル的にも、ますます移動性が高まっている。世界にはもっと別のよりよい場所があり、それが石を投げれば届くくらい近くにあるのだ――という認識は、とりわけ、まず差別や弾圧、不利益を受け、搾取され、虐待されている人を突き動かしている。これらの人々が、特権を享受している「受け入れ国」の住民に花束を持って歓迎されないと

社会的葛藤と言語行為

社会的葛藤と言語行為
―― 人間性の再マッピング

アブドゥルラッハマン・ギュルベヤズ

nem ‚sozialistischen Selbstverwaltungsmodus' etc. verlaufen, hat sich post-Faktum fast allen richtungsgebenden Akteuren der westlichen Wissensproduktionsindustrie aufoktroyiert. Im Bewusstsein dessen, dass vieles in der Marktwirtschaft vor Allem vom Timing des Markteintritts bzw. Börsengangs abhängt, reagierte – und reagiert – der Sektor auf diesen Impuls zügig. Beginnend zeitgleich mit dem Fall des Eisernen Vorhangs überfluteten sozialwissenschaftliche Texte mit nagelneu, bahnbrechend, richtungsweisend klingenden Theorien, Thesen, Erklärungsmodellen den Markt der immateriellen Konsumgüter. Neben vielen aus konjunktursicherer Routine entstandenen Erzeugnissen wie ‚Postnationalismus', ‚Transnationalismus', ‚Transkulturalismus', ‚Wiedermodernismus', ‚Post-Postmodernismus', ‚Neo-Osmanismus', ‚Postkommunismus', ‚Neo-Orientalismus', ‚neue globale Handelsordnung'[1] usw. gab es auch ein paar Kassenschlager, die ihre Schöpfer pfeilgeschwind zu Großzelebritäten machten. Zwei der hervorragendsten Beispiele für die letzteren sind das Motiv ‚das Ende der Geschichte' mit seinem Francis Fukuyama und das Motiv ‚Kampf der Kulturen' mit seinem Samuel Huntington.

All diese sich originär und innovativ dünkenden Theoriemodelle und -ansätze sprechen jedoch in der Tat die gleiche zwittrige, selbstvermehrende Sprache der althergebrachten Moderne, oder vielleicht, besser noch, spricht die Letztere nach wie vor durch die Ersteren. Damit stolzieren sie, die Wissenschaftler, Gelehrten, Denker und alle anderen Wahrheitsbeschwörer[2], nicht nur Lichtjahre entfernt von ihrem existenzstiftenden und -legitimierenden Ziel, adäquate Erklärungen bzw. Erklärungsverfahren oder -techniken für die betreffenden Phänomene, Probleme, Fragestellungen anzufertigen und diese an den Mann, das heißt, in die Zirkulation der immateriellen Waren zu bringen; sondern sie wirken zugleich in der Regel als vitale Brutreaktoren, aus denen das bestehende System die zur Legitimierung seines Fortbestandes und seiner Selbstreproduktion notwendige Antriebsenergie bezieht[3].

Was hier die zwittrige, selbstbestäubende ‚Sprache der althergebrachten Moderne' genannt wurde, erreichte sein Reifestadium in einem klar definierbaren Stadium der spezifisch abendländischen Geistesgeschichte, in dem eine neue Spielart des humanen sozialen Organisations-₄ und Produktionsmodus die Feudalität verdrängt. Bezüglich der Produktion und Reproduktion der immateriellen Güter unterscheiden sich die daraus resultierenden Gesellschaften synchron von den übrigen und diachron von ihren eigenen Vorläufern darin, dass darin analog zur Ebene der ökonomischen Produktion seit der Aufklärung ein neuer Wissensproduktionsmodus mit neuen Erkenntnisgewinnungstechniken herrscht.

Nicht unähnlich dem Umstand, dass Voltaire als der Inbegriff des Zeitalters der Aufklärung gilt, verkörpert Herder mehr als jeder andere die Niederkunft und Reifung eben dieser Sprache. Er ist zweifelsfrei einer der bedeutsamsten Katalysatoren dieses Umwandlungsprozesses. Mit einer zwar weitgehend idiosynkratischen, aber stark vertrauenserweckenden und fesselnden Redegewandtheit bewerkstelligt er ein äußerst innovatives und – im Nachhinein kann man sagen – unwiderlegbar nachhaltiges Konzept des Menschen auf einer kleinen Gruppe von begrifflichen Säulen, von denen die zentralsten Sprache, Vernunft und Kultur₅ sind. Auf und um diese Hauptstützen errichtet er ein komplexes Gebäude von frühpostmoderner Qualität, einen hoch synkretistischen Plexus, in dem Konzepte, die konventionell als miteinander unvereinbar gegolten haben, plötzlich eine Umwelt von einträchtiger Koexistenz mit prälapsarischen Bedingungen finden. So freundet sich bei Herder Erziehung mit bewundernswerter Leichtigkeit mit Genetik an, Geschichte mit Tradition, Ästhetik mit Biologie, Personalität mit Klimatologie, Psychologie mit Kraniologie, Universalismus mit geographischem Determinismus, Kreationismus mit Naturalismus usw. Die Paarungen sind nicht fixiert, d.h., es gibt theoretisch eine unbeschränkte Zahl von möglichen Permutationen. Das Zeichen ‚Kultur' fängt an, seinen Ballast der Erdgebundenheit samt der daraus resultierenden Rigidität abzuwerfen. Es beginnt, immer abstrakter und ätherischer zu werden, dünn, durchsichtig, gestaltlos, unmerklich allgegenwärtig. Es wird zu einem Zeichen von extrem hoher Permeabilität und Biegsamkeit. Mit anderen Worten verwandelt es sich in eine Art undifferenzierter primordialer Materie, in ein Gewebe aus einer Art sozialer Stammzellen, fähig, jegliches erdenkliche materielle und immateriel-

なわち科学者や識者、思想家やその他真理を操る者たちは自分たちの存在をもたらし正当化する目標すなわち、当該現象、問題、問題提起に関する適切な説明、又は説明の手続きや説明の技術を作成し、非物質的商品流通に寄与するということから数光年彼方の場所で気取って闊歩しているのではなく、むしろ、既存体制が自己正当化や自己再生産に必要な動力エネルギーを採取する不可欠な増殖炉として機能しているのである。

ここで、両性具有的で、自家受粉性の「昔からのモダニティーの言葉」と呼ばれたものは、ヨーロッパ固有の精神史における新しい人間社会組織モードとそれに関連する新しい生産様式が封建制を凌駕した明確に定義できる段階で成熟期に達した。非物質的な商品の生産と再生産に関して、この帰結である社会は、経済的な生産のレベルと同様に、啓蒙以降、新しい認識獲得の技術を具備した新たな知的生産様式が支配している点で、共時的にはその他の社会から、通時的には自らに先行した組織様式から区別される。

ヴォルテールが啓蒙期の真骨頂とされる状況と似ていなくもないが、ヘルダーは、他の誰にも増して、まさにこの言葉の出産と成熟を体現している。彼が、この変化の過程の最も意義深い触媒の一つであることは疑う余地がない。彼は、かなり特異体質的ではあるが、強度に信頼感と魅力のある饒舌さで、言語・理性・文化を中心とするわずかな理論的支柱の上とまたその周辺に、人間に関しての革新的で、後付けで言えることではあるが、議論の余地なく持続性のある概念を構成した。この主柱の上とその周辺に、彼は、初期ポストモダンの質を持った複合建築を築いた。これは、高

いうことは、現代社会においてよくある日常の光景となっている。

紛争を引き起こす地球規模の断層線は、例えば資本主義的生産様式と事実上というよりは名目上の社会主義的生産様式の間や、「西欧的民主主義的」な統治・行政様式と「社会主義的自治様式」の間を走っているのではない、といった見解は西欧の知的産業の主導的アクターたちに、事後的な事実として押し付けられた。資本主義市場経済といえば殆ど全てが、市場参入、又は新規株式公開のタイミングにとりわけ依存していることを意識して、知的産業部門はこの刺激に即座に対応し、現在も対応し続けている。真新しくて、画期的で、指導的に聞こえる理論や、テーゼ、説明モデルが、鉄のカーテン崩壊が起きるや否や、いっせいに非物質的な消費市場に氾濫した。「ポスト・ナショナリズム」、「トランス・ナショナリズム」、「トランス・カルチャリズム」、「再モダニズム」、「ポスト・ポストモダニズム」、「新オスマン主義」、「ポスト社会主義」、「新オリエンタリズム」、「新グローバル貿易秩序」などのような売れることを見込んだルーチンワークから生まれた諸作品と並んで、著者を電光石火のスピードで名士に押し上げた幾つかのヒット商品もあった。後者の好例が、『歴史の終焉』という主題とそのフランシス・フクヤマ、そして『文明の衝突』という主題とそのサミュエル・ハンチントンである。

自分のことを奇抜で革新的だと思い込んでいるこれら全ての理論モデルや手法は、しかし、実際には、昔からのモダニティーの、その両性具有的で、自家受粉性の言葉を話している、というより、後者が依然として前者を通して話していると言った方がよいかもしれない。従って、彼ら、す

le Phänomen bzw. Artefakt, das eine gewisse Bedeutung in Bezug auf das Dasein des humanen Individuums und der Gesellschaft aufweist, zu absorbieren, zu assimilieren, zu verdauen oder zu erzeugen.

Herders Schriften markieren den Prozess, in dem Sprache, Kultur und Nation unentwirrbar zusammengestrickt werden, am eklatantesten. Die verheerendste Fusion, das zerstörerischste Gemisch der humanen Geschichte nimmt zum ersten Mal klare Gestalt an. Erwartungsgemäß hat sich diese Fusion auf der Basis des neuen Denkmodus der Aufklärung realisiert, im neuen, noch in Entwicklung befindlichen Jargon der Vernunft, der egalitaristisch, universalistisch, humanistisch, tolerant, vorurteilsfrei, nicht-frömmlerisch, aufgeschlossen, frei usw. ist. Die Aufklärung war, kurzum, der einzig mögliche Nährboden für die besagte Fusion; und im Ergebnis segnete sie die aufgeklärten und aufklärenden Westler mit einem linguistischen Produktionsmodus, der den autorisierten Sprecher dazu befähigte, immer das Richtige zu sagen, ungeachtet dessen, was gesagt wird.

Dem vorliegenden Text liegt nicht nur ein andersartiger Ansatz, sondern eine grundverschiedene Sprache zugrunde. Damit die hier operierende Sprache und die einzelnen Argumentationszüge zugänglicher oder überhaupt erst zugänglich werden, werde ich zuerst versuchen, skizzenhaft zu veranschaulichen, was ich mit den letzten Bemerkungen meine, worin also die besagte radikale Andersartigkeit besteht.

Über die Unbrauchbarkeit des Begriffs des ‚Menschen'

Durch eine einfache Juxtaposition ist es festzustellen, dass der Begriffssatz Mensch / Menschheit / menschlich zu einer Begriffsgattung gehört, die sich von morphologisch / lexikalisch / sprachpragmatisch vergleichbaren Begriffen / Begriffssätzen wie Tomatentum, Christentum, Hundeheit etc. qualitativ unterscheidet. Der Begriff ‚Mensch' (pars pro toto für den ganzen Begriffssatz) weist den von ihm subsumierten Phänomenen keine brauchbaren, handhabbaren Eigenschaften / Parameter / Werte zu. Dies ist selbst in jenen Domänen der Wissensproduktionsindustrie der Fall, in denen das Konzept programmatisch auf biologische Komponenten reduziert ist bzw. auf diesen aufbaut.

Er ist im Gegenteil ein Vertreter der Begriffsgattung, die ich „hoax" nennen möchte. Ein solcher Begriff täuscht vor, auf eine zusammenhängende Menge oder Teilmenge von Phänomenen zu zeigen, indem eine oder mehrere Akzidenzen als maßgebliche differentiale Merkmale der Definition / Konstruktion zugrunde gelegt wird. Man stelle sich eine Kategorie „Schuh" vor, die anhand der Definientia z.B. „länglich", „halbrund", „26,5 Zentimeter" konstruiert worden ist. Die Grenzen des Reichtums und der Vielfalt des dadurch konstruierten Phänomenen-Pools – was alles darunter fallen würde also – kann man sich nicht annähernd ausmalen.

Der Begriff Mensch ist eine Ausprägung dieser Begriffsgattung in höchster Vollendung. Er ist „der hoax" schlechthin. Von dem konkreten Inhalt, d.h. von den konkreten Elementen der Menge „Mensch" aus betrachtet kann er nur dann ein zusammenhängendes Ganzes ergeben, wenn diese ähnlich der Kategorie „Schuh" im obigen Beispiel anhand von Parametern wie z.B. „rund, ellipsoid bis röhrenförmig", „20 cm bis 250 cm lang / hoch", „mit null bis sieben Extremitäten", „mit null bis zwei Augen" etc. konstruiert wird. Nur so kann das Postulat, dass ich z.B. mit Herrn soundso oder generell mit dem historisch-statistischen Menschen konspezifisch sei, mir womöglich mit einer Art annehmbarer Konsistenz bestückt erscheinen.

Eine der merkwürdigsten Verhaltensweisen der sich ‚Mensch' nennenden Erdbewohner ist zweifellos ihre gemeinsame Tendenz, das differentiell Menschliche mit dem Attribut „unmenschlich" zu markieren. Es ist anzunehmen, dass außerirdische Besucher der Erdkugel nach ihrer Rückkehr über die intelligenten Bewohner des blauen Planeten, über die Spezies ‚Mensch' also, anhand präzise derjenigen Handlungsarten, Taten, Verhaltensmuster, Ereignisse, Parameter usw. berichten würden, die von den Menschen selber mit verbissener Unbeugsamkeit und Unerbittlichkeit programmatisch zu exakt dem Gegenteil dessen erklärt werden, was den Menschen ausmacht.

Die extraterrestrischen nicht-humanen Besucher würden – sich in größter

ことを話すということを可能にした。

本稿では、別種の萌芽だけではなく、根本的に異質な言語が基礎となっている。本稿で作動する言語と個々の立論の性質が接近しやすく、あるいはおよそ接近可能となるように、私はまず、最後のコメントで何を述べたかったのか、すなわち、上述のラディカルな別種性がいかなる点で存在するかについて、大まかな説明を試みたい。

人間という概念の無用性について

単純に並列するだけで、人間／人間性／人間的という概念セットが、一つの概念範疇に属することがわかる。この概念範疇は、他の形態学的・語彙論的・語用論的に比較可能な「トマト性」「キリスト教」「犬性」などのような概念・概念セットや概念範疇と質的に異なっている。「人間」の概念は（その概念セットを代表するものとして）自分に包摂される現象に役に立ち取扱可能な特徴／パラメータ／値をあてがわない。これは、知識生産産業の領域においての場合でも同様である。そこでは、「人間」というコンセプトはプログラム通りに生物学的な構成要素に還元され、もしくはそれに基づいている。

「人間」の概念は、さらにまた、私が別のところで「hoax」と呼んだ概念範疇の代弁者である。そういった概念は、一つ又は複数の偶有性を定義／構築の決定的かつ弁別的な指標として基礎にお

度に混合主義的な叢であり、そこでは、通常互いに相容れないとみなされていた諸概念が、突如、人類の堕罪以前の状況における睦まじい共存の環境を見出した。そうして、ヘルダーの下では、教育が驚くべき容易さで遺伝学と、歴史が伝統と、美学が生物学と、人格が気象学と、心理学が頭蓋学と、普遍主義が地理的決定論と、創作主義が自然主義等と結びついた。この組み合わせは固定されておらず、理論的には無数の置換可能性が存在する。「文化」と言う記号は、地上に繋ぎとめられた重荷を、その帰結である硬直性と共に投げ捨てることから始まる。それは、より抽象的に、より霊妙に、薄く、透明で、無形で、知覚されずに遍在するようになりはじめる。それは、極度に高い浸透性と柔軟性の一つの記号となるのである。言い換えれば、それには、一種の未分化の原始的な物質、つまり社会的幹細胞の組織に変容し、人間個人と社会の存在に関して一定の意味を持つ考え得る全ての物質的・非物質的現象、又は人工物を合併し、同化し、消化し、生産する能力がある。

ヘルダーの書物は、言語・文化・国民が錯綜して混然となっている過程をセンセーショナルに強調した。人類史の最も不吉な融合、最も破滅的混合が、初めて明確な形態を持ったのである。期待にたがわず、この融合は啓蒙の新しい思考様式を基礎に、新しくまだ発展期にあった理性の術語によって実現された。その術語は、平等主義的で、普遍主義的で、人文主義的で、寛容で、偏見がなく、開放的で、自由なものであった。啓蒙は、手短に言うと、上述の融合のための唯一の培地である。結果としてそれは、啓蒙され、啓蒙しつつある西欧人を、言語学的な生産様式でもって祝福し、この生産様式は、正当性を持つ話者が、何を言うかに関わらず、いつも正しい

アブドゥルラッハマン・ギュルベヤズ

Eile von der Erde wegmanövrierend – über den Menschen, den Herrscher der Erdkugel, aphoristisch Folgendes aufgezeichnet haben:

— von der unintelligenten Natur mit Leben und Intelligenz, soll heißen mit Denk- und Sprechfähigkeit beschenkte Organismen,
— ein verschachteltes System von Gruppenbildung,
— die geschenkte Grundausstattung – die geschenkte Lebensenergie und Intelligenz – wird vornehmlich bis ausschließlich zu Vernichtungszwecken eingesetzt,
— verschiedene Spielarten eines einzigen sozialen Organisations- und Operationsmodus, der „todgetriebene Phallokratie" genannt werden müsste,
— befinden sich sowohl kognitiv als auch materiell seit über 10.000 Jahren, d.h. seit einem Entwicklungsstadium, das von ihnen Neolithikum genannt wird, in dem gleichen qualitativen Zustand,
— dieser Zustand weist trotz der zeitlichen und regionalen Schwankungen und gelegentlichen Rückentwicklungen summarisch eine anhaltende quantitative Steigerung auf, die von ihnen auf die Bezeichnung „zivilisatorischer Fortschritt", „menschliche Zivilisation" oder Ähnliches getauft wird,
— diese quantitative Steigerung oder – wie sie von Menschen genannt wird – die Zivilisation fand ihren Höhepunkt in Auschwitz.

Dieser Höhepunkt, in dem der Mensch sein differentiell / spezifisch menschliches Potenzial zu voller Geltung und Entfaltung gebracht hat, scheint das zu kristallisieren, was den Menschen vornehmlich ausmacht, so dass die Aufstellung einer Gleichung zwischen Mensch und Auschwitz ausreichend legitimiert erscheint.

Erwähnenswert ist am Rande auch, dass dieser Begriff seine Einzigartigkeit steigert, indem er sich selbst zur Quelle sowie zum Garant seiner eigenen Legitimität und Rechtschaffenheit ernennt. Hinzu kommt die unscheinbare Tatsache, dass die ‚Menschlichkeit', das ‚Menschsein' der konkreten Einheiten der menschlichen Gesellschaft heteronom reglementiert wird.

Die einfache aber nichtsdestotrotz verheerende Folge der hier kurz skizzierten Bau- und Funktionsweise des Konzepts ‚Mensch' ist, dass das ganze Gebäude der modernen Sozialwissenschaften dazu verdammt ist, in der Sackgasse irgendeines Biologismus zu enden – gleichgültig, welcher Weg beschritten wird und wie nobel das entsprechende Motiv oder Ziel sein mag. Diesen Sachverhalt nenne ich die „Aporie der Sozialwissenschaften".

Das obige mentale Experiment dürfte den Umstand deutlich gemacht haben, dass zwischen dem, was von der sich so nennenden ‚humanen Zivilisation' im Laufe ihrer zehntausendjährigen dokumentierten Entwicklung dem ihr bislang zugänglichen organischen und anorganischen Universum angetan worden ist, auf der einen Seite, und der modernen selbstreferenziellen Darstellung dessen auf der anderen, eine gänzlich unvereinbare, antithetische Beziehung besteht. Diese Einsicht bringt verpflichtend die Notwendigkeit zum Ausdruck, die begriffliche Infrastruktur und den herrschenden Produktionsmodus für das sogenannte moderne Denken kritisch neu zu evaluieren und auf die reziproke kausale Beziehung zwischen diesen und der unsäglichen Destruktivität und Lebensfeindlichkeit der humanen Akteure zu zeigen.

Ein alternativer Ort der Erkenntnisgewinnung bzw. Bedeutungsproduktion

Das zweite Moment dessen, was die oben besagte radikale Andersartigkeit des dem vorliegenden Text zugrundeliegenden Ansatzes ausmacht, ist der Widerstand gegen den allgegenwärtigen, unterschwellig wirkenden Automatismus, der in der Annahme besteht, dass jegliche wissenschaftliche Forschung oder Erkundung – ja sogar jeglicher kognitiver Akt überhaupt – eine unbeirrbare frontale Beziehung zu ihrem jeweiligen Objekt entwickeln müsse. Es ist ein Beziehungsmodus, der am besten anhand metaphorischer Ausdrücke versinnbildlicht werden kann, in denen manch kopulationsähnlicher Prozess als Vehikel dient. Der Sinn des Tenors, ‚etwas erforscht etwas', wird mit Ausdrücken verglichen wie und quasi gleichgesetzt mit ‚etwas penetriert etwas', das ist, etwas betritt vermöge einer Art Kraft oder Spezialtechnik die verborgene

であろうと考えられる。

地球外の生物の訪問者は、大急ぎで地球から離れ動きながら、地球の統治者である人間について、警句じみた言い方で以下のことを記録するだろう。

・知力を欠いた自然から、生命と知性、つまり、思考力と話す能力を贈られた有機体。

・錯綜した集団構築システム。

・その贈られた基本装備──すなわち贈られた生命エネルギーと知性──が、主に、あるいはとりわけもっぱら破壊目的のために使われる。

・「死の駆動する男根制」と呼ばれるべき唯一の社会組織や操作モードの様々な種類。

・一万年以上から、すなわち彼らによって「新石器時代」と呼ばれるある発展段階以来、知的にも物質的にも、同じ質的状態。

・この状態は、時間的・地域的変動、そして時折の逆行にも拘らず、総じて持続的な量的上昇を証明する。

・一万年以上から──人間がそう呼ぶところの──文明はアウシュビッツで自己の最高潮に達した。

人間が、自らの示差的かつ特有な潜在能力を、完璧に表明・発揮したこの頂点は、人間が具現する結晶化のようであり、その結果、人間とアウシュビッツの間の方程式を打ち立てることは十分に

くことによって、関連した現象の集合や部分集合を指し示すがごとくに装うものである。仮に、例えば、「横長」、「半円の」、「二六・五センチ」という説明を基礎として「靴」というカテゴリーが組み立てられたとしよう。そうして組み立てられた現象説明の豊かさや多様性の限界、つまり、そういうカテゴリーに属しえるすべての事物を予想・想像することは到底無理である。

「人間」という概念はこの概念範疇の非の打ちどころのない代表的なものであり、「hoax」そのものである。具体的な内容、つまり「人間」という集合の具体的なメンバーの見地から見れば、この概念が、整合的な全体を生み出しうるのは、上記の例の「靴」というカテゴリーと同様に、「円筒状」、「楕円体」、「管状」、「長さ又は高さ二〇センチ〜二五〇センチ」、「肢数〇〜七の」、「目の数〇〜二」等のようなパラメータを基礎として組み立てられた場合だけに限るものでのみ、例えば私がどこかの誰かと、あるいは一般的に歴史的・統計的な人間と同種であるという公準が、ある種の許容されうる一貫性を具えているように見えることがありうる。

自分を「人間」と名付けている地球の住人の、最も奇妙な行動様式の一つは、疑いもなく、人間固有で、人間性を弁別的に構成する属性や特徴に「非人間的」という形容詞を付けるという一般傾向である。

地球外からの訪問者が彼らの帰還の後、青い惑星の知的な住人について、つまり「人間」の種について、人間を構成するもののまさに正反対だと、あくまで粘り強く、また無慈悲に人間自身によって説明されている行動方略、行為、行動様式、出来事、パラメータ等を手掛かりにして、報告する

30

アブドゥルラッハマン・ギュルベヤズ

Kammer, den stockfinsteren unterirdischen Komplex von Alkoven und Tunneln, die unzugänglichen inneren Hohlräume und unsichtbaren Eingeweiden von etwas. Dabei weiß das erforschende ‚Etwas' a priori und mit absoluter Gewissheit, dass es ein Inneres gibt, von dem alles bezüglich des erforschten Etwas hauptsächlich – wenn nicht sogar ausschließlich – abhängt.

Im Gegensatz zu diesem Wissens- bzw. Bedeutungsproduktionsmodus, welcher sich wie ein roter Faden angefangen mit Aristoteles – in dem jener seine erste systematische Formulierung fand – durch die gesamte Geschichte der Bedeutungsproduktionsmodi zieht, die in den letzten zweieinhalb Millennia in denjenigen soziohistorischen Formationen, die in der Moderne nachträglich unter der Rubrik ‚Westliche Zivilisation' subsumiert wurde, vorherrschten, fußt der dieser Abhandlung zugrundeliegende Argumentationsmodus auf einer qualitativ anderen Herangehensweise.

Die differentielle Eigenart dieser Annäherungsweise besteht vor allen anderen Dingen in dem quasi axiomatischen Postulat, dass es in einem notwendig von Menschen verarbeiteten[6], und folglich zeichenhaften Universum – das ist in der Semiosphäre – kategorisch ausgeschlossen ist, dass ein Ding, ein Phänomen mit dem Ziel, das Wissen bzw. die Bedeutung dieses Dinges bzw. Phänomens zu erwerben bzw. zu produzieren, direkt angegangen werden könnte. Dementsprechend sagt sich der hier angewandte Modus Operandi von dem oben erwähnten Bedeutungsproduktionsmodus los, indem er die Anwendung von dem besagten ‚durchdringenden Verfahren' im Prozess der Wissensproduktion ablehnt. In anderen Worten lehnt der hier konstruierte und angewandte Ansatz die Idee, ein Phänomen in den Zeugenstand zu rufen mit der Erwartung, dass es über sich selbst aussage, als sinnlos ab. Bei allem Respekt für Husserl ist, wie oft auch ‚zurück zu den Sachen selbst' gegangen werden mag, das Projekt, die ‚Bedeutungen in ihrer unerschütterlichen Identität zu ergreifen', zum Scheitern verurteilt. Denn Phänomene haben über andere Phänomene sehr viel zu sagen, allein über sich selbst vermögen sie gar nichts zu sagen.

Was in diesem Zusammenhang im Rahmen der vorliegenden Herangehensweise am Werk ist, ist eine gänzlich neue Wissensproduktionsmethode, die, anstatt die Argumentations- und Denkzüge auf das Phänomen zu richten, programmatisch den Umweg nimmt und nicht das Ding selbst, sondern seine unmittelbare Umgegend betrachtet. In einem als eine endlose und folglich amorphe Ausdehnung von Zeichen konzipierten und konstruierten Universum ist dieser Modus Operandi nicht nur die einzig adäquate, sondern auch die unentrinnbar einzige – und quasi schicksalhafte – Verfahrensweise, die den humanen Akteuren der Semiosphäre, den Zeichenlingen (Signlings) also, zur Verfügung steht.

Die Erkenntnis oder die Bedeutung der Phänomene, die hier als Zeichen oder Zeichensysteme postuliert werden[7], wird in dem ‚interaktionellen Subraum' gesucht und gewonnen, in welchem sich Konfrontation, Kontakt, Friktion, Kollision, Dialog, Austausch, Umtausch usw. zwischen und unter den Phänomenen uni-, bi- oder multidirektional zutragen. Dieser interaktionale Subraum – den ich zugleich ‚interphänomenalen Subraum' nenne – ist der einzige Ort, wo nach der hier vorgestellten und angewandten Herangehensweise die bedeutungskonstituierenden Parameter lokalisiert und abgelesen werden müssen. Konkreter ausgedrückt sind die Bedeutungen eines einzelnen Phänomens einerseits in seinem interphänomenalen Subraum, in dem es seine Wirkkraft realisiert und entfaltet, andererseits an denjenigen Phänomenen, die den Impakt dieser Wirkkraft erfahren bzw. erleiden, zu suchen und zu gewinnen – d.h., wiederholt, nicht in dem Phänomen, sondern außerhalb des Phänomens.

Eine der folgenschweren Implikationen dieses neuen Ansatzes ist der Umstand, dass nichts im Zusammenhang mit – nicht nur – der wissenschaftlichen Tätigkeit und Produktion in der modernen Gesellschaft ‚wahr' oder ‚falsch' sein kann. Genauso wie ein Kraftwagen nicht wahr oder falsch sein kann, kann auch ein Produkt der Wissensproduktionsindustrie nicht falsch oder wahr sein. Ein wissenschaftliches Produkt – eine ‚Theorie der menschlichen Wahrnehmung' beispielsweise, eine ‚Theorie der Kultur' o.Ä. – hat gar nichts mit Operatoren wie ‚wahr' oder ‚falsch' zu tun; sondern mit Kategorien wie tödlich, lebensbedrohlich, schädlich usw. oder nicht.

前述の、本稿の基礎となる根本的別種性を成り立たせる三つのモーメントのうち二つ目のモーメントは、あらゆる科学的調査だけではなく全ての認知行為がその対象に対する確固たる、そして正面からの関係を育まねばならないという仮定に存在する、普遍的で、無言で、ひそかに作用するオートマティズムに対する抵抗である。この関係（つまり認知行為とその対象の間にあるべきと思われる関係）とは、ある種の結合のようなプロセスが媒体として機能する比喩的な表現を通じて説明すべき関係のモードである。「何かが何かを調べている」という表現の趣意は、「何かが何かを貫通する」──つまりは、「何かがある種の力によって、何かの隠された部屋や、くぼみやトンネルからなる真っ暗なクリプト複合体、又はアクセス不可能な内部空洞や目に見えない内臓に侵入する──というような表現と比較され、これに相当すると考えられる。これに関連し暗に意味されているのは、その調査している「何か」が、その調査されている「何か」に、すべてのものが主として──もしかすれば排他的に──依存する何らかの内部があると先験的にそして絶対的な確信をもって知っているということである。

この、アリストテレスによって初めて体系的に公式化され、それ以来、現代で遡及し、「西洋文明」という概念に包括された社会歴史的形態をここ二千五百年で支配した意味生産モードの歴史全体を通じて来たこの知識、あるいは意味生産モードとは反対に、この論文の根底をなす立論方法は性質的に異なったアプローチである。

このアプローチの弁別的な特色は、本来何よりもまず、必然的に人間に処理され、そしてその結

35

社会的葛藤と言語行為

正当と認められる。

加えて、この概念が自分自身を、自らの正当性や誠実性の源、また保証人とすることによって、自身の唯一性を強めることにも言及する価値がある。揚句の果てに、人間社会の具体的なまとまりである「人間性」「人間存在」は他律的に規制されるという目立たない事実が出現する。

人間の概念についてここで手短に概説された構成様式と作用形態の、簡易でそれでもなお悲劇的な結果は、現代社会科学の体系全てが、どの道が歩まれても、ある種の生物学主義の袋小路に終わることを余儀なくされることである。私はこの事情を、『社会科学のアポリア』と呼ぶ。

前述の精神的な実験は、人間自らが「人間的文明」と呼ぶその現象によって、一万年の記録された発展の経過のうちに、アクセスできる有機的、無機的な宇宙に加えられたことと、現代的で自己言及的な記述の間に、完全に不適合だけでなくむしろ正反対の関係があることを明らかにしたのかもしれない。この洞察は、いわゆる現代思想のための概念的インフラと支配的生産様式を批判的に再評価して、これらと、人間の行為者の言語に絶する破壊性と生命嫌悪性との間にある相互的因果関係を指摘する必要性を表現せざるをえない。

知識獲得および意味生産の代替場

Eine Rekonzeptionalisierung des Sozialen

Das dritte der differenziellen Momente, die das hier entwickelte Theoriemodell gegen das gesamte Feld von vergleichbaren Theoriemodellen radikal abgrenzen, ist die Verwerfung der allen herrschenden soziologischen Theorien gemeinsamen Kernlogik samt der diese umhüllenden raumzeitlichen Perspektive und eine vollständige Neukonzipierung der Gesellschaft auf neuen Prämissen und Prinzipien.

Ich teile die Entwicklungsgeschichte bzw. den Menschwerdungsprozess der humanen Spezies in drei übergreifende Zeitalter. Das erste nenne ich die ‚präsemiotische Ära'. Es umfasst den Urschleim, die ‚primordiale Ursuppe'. Das zweite ist die ‚frühsemiotische Ära', deren Anfang durch den ‚ersten semiotischen Akt', den ersten Zeichenprozess markiert ist, d. h. durch den ersten wortähnlichen Aufschrei, den ich an anderer Stelle ‚Adornoschen Urschrei' nannte¶8. Mit dem ‚Adornoschen Urschrei' bricht die erste Ritze auf, der Denaturalisationsprozess¶9 kommt ins Rollen.

Das dritte Zeitalter ist die gegenwärtige soziohistorische Raumzeit, deren Anbruch zeitlich mit dem Anfang dessen, was Neolithikum genannt wird, zusammenfällt. Das dritte Stadium revolutioniert die Bedingungen und Parameter an der Natur-versus-Mensch-Schnittstelle und hebt das Niveau des Denaturalisationsprozesses beachtlich an. Die neolithische Revolution markiert den Beginn der sesshaften Gesellschaft und damit eine ganze Reihe von zusammenhängenden Entwicklungen wie Überschussproduktion, Lebensmittelkonservierungstechnologie, Töpferei, Privateigentum, soziale Klassen, Schrift, Priester-Wissenschaftler-Kaste usw., welche ohne Umwege und nahtlos in die gegenwärtige Etappe der menschlichen Zivilisation mündet. Da sich an der Konfiguration der Schnittstelle, an der der denaturalisierende Humanoid die Mutter Natur trifft und mit ihr interagiert¶10, trotz anhaltenden quantitativen Wandels qualitativ nichts geändert hat, steht, ontologisch gesprochen, der intelligente Erdling nach wie vor dort, wo er in der sogenannten neolithischen Periode gestanden hatte.

In Übereinstimmung mit dem Konzept des ‚interphänomenalen Subraums' lehne ich die Notion ‚Individuum' als eine der modernen Legenden – was möglicherweise nicht nur in der Sphäre des Sozialen, sondern generell im gegebenen Universum der Fall ist – ab. Das Individuum als die irreduzible, unteilbare Hauptkomponente der sozialen Systeme existiert nicht. Es gibt einfach keinen triftigen Grund zu einer solchen Annahme, es sei denn, man entschließe sich, axiomatisch von einer Denkmodularität auszugehen, bei der der Gott als die Null des Systems postuliert wird.

Das von mir konzipierte soziologische Model kann als ein elastisches, multidimensionales Gitterwerk konstruiert werden[11]. In diesem sozialen Netzwerk[12], dem Matrixraum des Sozialen[13], wird der Grundbaustein ‚Individuum' durch ein ‚Feld' ersetzt, das grob aus einem hylischen Kern – dem Körper – und einer individuell wechselnden Zahl von immateriellen, pneumatisch diskreten Partikeln besteht, die mit den Quanten der modernen Quantenphysik verglichen werden könnten. Diese quantenähnlichen Anhängsel, die die Quasi-Atmosphäre des jeweiligen Körpers besetzen, sind körper- und schwerelose, interaktive[14] und bindungsfähige Träger von sozialer Energie. Sie könnten auch mit der ‚Synapse' genannten organisch-chemischen Struktur verglichen werden.

Sie werden – es möge vorläufig genügen, sie ‚sozialsynaptische Stellen' oder ‚bindungsfähige adhäsive Tentakel'[15] zu nennen und sie sich als Andockstationen, an denen eine Art von Signalübertragung stattfindet, vorzustellen – nur minimal von dem Körper, dem hylischen Kern des Feldes, determiniert bzw. regiert und idealiter im Kurse des Sozialisationsprozesses entwickelt und erworben, was in anderen Worten heißen soll, dass sie weder angeboren noch ererbt sind. Eine soziale Struktur entsteht als Produkt der Summe der Interaktionen zwischen den sozialsynaptischen Stellen oder bindungsfähigen adhäsiven Tentakeln von zwei oder mehr Feldern. Jedes Bindungsereignis oder Bindungsmoment könnte ein ‚Knoten' genannt werden.

In zeichentheoretischen Termini formuliert besteht die Entität ‚Feld' zum Einen aus einem hylischen Signalträger, der Körper, der als ‚Semaphor' im etymologisch ursprünglichen Sinne des Wortes betrachtet und genannt wer-

いる相互作用的部分空間において追求され、獲得される。私が「現象間的部分空間」とも名づけたこの「相互作用的部分空間」は本稿で組み立てられ使用されるアプローチによれば、意味を構成するパラメータが突き止められ、読まれる唯一の場である。より具体的にいえば、一方で、ある現象が自分の潜在力を展開し実現する関連した現象的部分空間において、また他方で、その潜在力や運動力の衝撃を受けたあるいは被った現象において——すなわち、現象の内部ではなく外部において——一つの現象の意味が追求され獲得される。

この新しいアプローチの重大な含蓄の一つは、現代社会での科学的な活動や生産に関連しては真や偽と言えるものが一切存在しないということにある。例えば、自動車が真や偽である可能性がないことと同様に、知識生産業の生産物も真や偽である可能性がない。科学的な生産物は——例えば、「人間の知覚に関するある理論」、又は、ある「文化論」——「真」や「偽」のような作用素とは完全に無関係である。これらが関係を持つのは、例えば「致命的」、「致死の」、「生命を脅かす可能性のある」、「有害」或いは「そうではない」等のようなカテゴリーである。

社会の再概念化

ここで展開したセオリーモデルが、他のすべての類似モデルとは根本的に異なることを示す三つ目の差別的モーメントは、社会学において現在支配的なあらゆる理論の核心にある共通の論理を、

果、記号的な性質をもつ宇宙—すなわち記号界—においては、ある事象、現象の知識を獲得する、又は意味を生産するという目的で、その事象、現象に直接的に訴えられるのは絶対的に不可能であるという準公理的な前提にある。したがって、本稿で使用される操作方法は、知識生産のプロセスにおいて貫通的な手段・方法を利用することという点において、上述の意味生産様式との関係を断つ。言い換えれば、本稿におけるアプローチは、現象を証言台に召喚して、現象自身が自分に関して証言することを期待することを、無益として払いのける。フッサールには失礼ながら、現象自身があるものが「そのもの自身に還る」頻度や事物と現象学者の間のインターフェースにおける抽象化がいかに直感的に起こされているかにかかわらず「確固たるアイデンティティにおける［…］意味を把握」しようとする企ては失敗に終わる運命にある。なぜなら、現象は他の現象について語ることが多くあるが、現象自身が自らについて語ることは一切ない。

これに関連して、本研究の枠組みの中において稼働しているのは、論法や考え方の動きを現象自体に向ける代わりに、計画的に遠回りをして事象自体ではなくその四面を熟考するという完全に新しい知識生産方式である。この方式は、無限でそれゆえに無形の記号空間として認識され構成される宇宙において、一つだけの適切な手法であるだけではなく、不可避に唯一の—それで準運命的な—方式である。

本研究の枠組みにおいて記号あるいは記号体系として前提とされる現象に関する知識や意味は、現象間で、対立、接触、摩擦、衝突、対話、交流、交換等が、一方向、双方向、多方向に起こって

38

アブドゥルラッハマン・ギュルベヤズ

den könnte, und zum Anderen aus einer variierenden Anzahl von diskreten, nicht-hylischen Partikeln. Die Letzteren, d.h. die von ihnen gezeitigten quasi-atmosphärischen Phänomene, materialisieren sich ausschließlich als Ergebnis / Produkt der semiotischen Aktivität. Sie sind also im Gegensatz zu Semaphoren verfahrensmäßige, funktionelle Entitäten und somit nur im Laufe des Signalverkehrs, an dem sie beteiligt sind, erkennbar bzw. nachweisbar. Jede Episode des Signalverkehrs konstituiert einen Knoten. Das heißt, ein Knoten ist ein soziosemiotisches Ereignis, das sich aus einer bestimmten Anzahl von semiotischen Quanten von den beteiligten Feldern zusammensetzt. Jede erdenkliche soziale Struktur besteht dementsprechend nicht aus Individuen, sondern aus einer Summe der semiotischen Knoten.

Wiederholend zusammengefasst besagt dieser zentrale Argumentationszug Folgendes: Erstens wird das Konzept des Individuums als Baustein der humanoiden Gesellschaften verworfen. Zweitens wird anstelle des Konzeptes Individuum das Konzept ‚Feld' eingeführt. Drittens wird als die Basiskomponente jeder erdenklichen Gesellschaft die Notion ‚Knoten' entwickelt und vorgeschlagen. Dabei wird keine funktionale Deckung zwischen dem ‚Individuum' und dem ‚Feld' unterstellt. Das heißt, das ‚Feld' soll nicht als funktionaler Ersatz des ‚Individuums' in geläufigen soziologischen Modellen gedacht werden. Der Grundbaustein der hier neukonzipierten humanoiden Gesellschaft ist also nicht das ‚Feld', sondern der ‚Knoten', das ‚soziosemiotische Ereignis'.

Soziale Strukturen sind aufgrund der hier beschriebenen basalen Beschaffenheit nicht fixiert, sondern lose, unbeständig und vergänglich. Die Knotenbildung wird von Faktoren regiert, die die jeweiligen differentiellen Merkmale des jeweiligen Subtyps der todgetriebenen Phallokratie konstituieren. Der Charakter dieser Faktoren wurde von prominenten Schulen der Gesellschafts- und Wirtschaftswissenschaften verschiedentlich beschrieben und theoretisiert. Eine gewisse Kontinuität unterschiedlichen Grads besteht zwischen Marx, Weber und Bourdieu, wobei der Link zwischen Marx und Bourdieu sehr viel erkennbarer ist als der zwischen Weber und den anderen zwein. Wie auch immer wäre es nicht fehl am Platze zu erwähnen, dass das hier konstruierte und irgendwie unorthodoxe soziologische Modell zu einem gewissen Grad in der Tradition von vor Allem Marx und Bourdieu stünde.

Die Gesellschaft kann, wie es bei Marx implizit[16] und bei Bourdieu explizit[17] der Fall ist, als multidimensionale Raumzeit, als Koordinatensystem konstruiert werden. Die augenfällige Verwandtschaft zwischen diesen zwei Modellen und dem hier entwickelten und als ‚elastisches Gitterwerk' oder ‚gravitatives Gitternetzwerk' bezeichneten Modell, besteht in der Tatsache, dass alle drei Annäherungsweisen die Mechanismen und die Prozesse, die die Gesellschaft ausmachen und regieren, nicht in ihrer materiellen Textur, sondern in dem Zwischenraum ihrer materiellen Komponenten suchen und erfassen.

Der elementare soziale Bestandteil, der oben veranschaulicht und als ‚Feld' bezeichnet wurde, kann im Einklang mit der relativ neuen linguistischen Praxis, die kleinste Einheit einer distinktiven Klasse zu nennen, indem dem Namen der Klasse das Suffix -em angehängt wird, mit dem Namen ‚Soziem' bezeichnet werden. Der Gebrauch dieses strukturell konstruierten – wobei das Attribut ‚strukturell' in diesem Zusammenhang konstitutiv und kategorisch frei von jeglichem Essentialismus, Biologismus, Kulturalismus usw. bedeuten soll – Begriffs ‚Soziem' würde die Mitglieder humanoider Gesellschaften mit der Freiheit ausstatten, eine kritische Position zu dem Konzept ‚Mensch' mit dem gesamten Gefolge seiner sekundären Derivate einzunehmen und sich gegebenenfalls von dem ‚Menschen' zu distanzieren bzw. vollständig loszusagen.

Um es noch einmal zu verdeutlichen, besteht das Soziem aus einem hylischen Kern – dem Körper – und einer Anzahl von interaktiven, bindungsfähigen masselosen Partikeln, die mit potenzieller sozialer Energie geladen sind. Aufgrund des Umstandes, dass die Letzteren postnatal im Rahmen des interaktiven Sozialisationsprozesses erworben werden, variiert die Zahl dieser knotenkonstruierenden ‚adhäsiven Tentakel' individuell. Das Konzept des Soziems impliziert des Weiteren, dass die elementare Einheit der Gesellschaft im Unterschied zum ‚Individuum', das seit seiner relativ jungen Erfindung mit einer beinahe seraphischen Aura der Unteilbarkeit umgeben ist, für die

ことによると宇宙全体において——社会の細分化できない基本的構成要素としての「個人」は存在しない。神がシステムの測定基準単位として仮定される思考様式のモジュール式から人が原理的に逸脱するという決断を前提に下さない限り、このような仮定に対する確実な根拠は一切ないようだ。

本稿で考案され展開される社会学モデルは、ここで「重力格子」とも呼ばれる弾性のある多次元的格子構造として組み立てられることができる。この重力的社会構造——母体となる社会空間——において、基本的な構成要素となる「個人」というのは、おおよそ物質的な核——肉体——からなる「場（フィールド）」と、近代物理学の量子になぞらえることもできるような、個々に数量不定で物質的でない、霊的な個別の微粒子に置き換えられる。それぞれの肉体の外見上のアウラを占めるこの量子に似た付属物は重さや実体をもたず、相互作用的で、結合可能な社会エネルギーの媒体である。

これらもまた、「シナプス」と呼ばれる有機化学的構造に例えることができる。

それらは——さしあたり「社会的シナプスティック・ポイント」あるいは「結合可能な粘着性の触手」と呼んで、ある種の信号変換が起こるドッキング・ステーションだと考えれば十分であるが——肉体という物質的な核によっては最小限にのみ方向づけられ支配され、そして社会化の過程で理想的に発達し獲得されるものであって、すなわち自然に生まれつき与えられるものではない。社会構造は二つ以上のこうした社会的シナプティック・スポットあるいは結合可能な粘着性の触手の相互作用の結果と総和として現れる。それぞれの結合点、結合ポイントは「結び目（ノット）」と呼ぶことができる。

それらをとりまいている時空間もろとも却下し、ふりだしに戻って、新しい前提と原理の上に立つ社会のコンセプトを全く新たに考え直すことを目指している点だろう。

私は人類の発展の歴史、あるいは人間が人間になったプロセスを三つの時代に区分している。第一の時代は「記号以前の時代」であり、「原始スープ」をも含む時代である。第二の時代は、「記号時代初期」であり、その出発点には、私が別の箇所で「アドルノ的・原初的叫び」と呼んだ最初の言葉のような叫び、つまり「最初の記号的行為」という初めての記号化プロセスがあった。この「アドルノ的・原初的叫び」によって、最初の裂け目が刻まれる。「非自然化」の始まりである。

第三の時代は、新石器時代と呼ばれている時代と同時期に起こり、現在に続く社会歴史的な時空間である。この第三の段階は、自然対人間の交差点の条件とパラメータに大変革をもたらし、非自然化のプロセスの水準を著しく上げていく。新石器時代の革命は、定住社会の起点であり、過剰生産、食料保存技術、土器の製作、私有財産、社会階級、文字、聖職者・科学者・カースト等々の起源であるが、この時代は中断することなくそのまま現在の人間文明へと続いている。非自然化していくヒューマノイドが母なる自然に邂逅し、働きかけていくインターフェースの状況自体は、量的な変遷はあれ、質的には何ら変わっていないため、存在論的な観点から言えば、地球人は、諸々の知識を得た今なお、かの新石器時代と同じ立ち位置にとどまっているのである。

この論文における議論の大筋は、論理的な一貫性と「現象間的部分空間」の概念に基づいて、現代性の最大の伝説としての「個人」の概念に非を鳴らす。──特定の社会宇宙においてのみならず、

weitere Analyse zugänglich ist.

Der Körper – der Kern – eines Soziems ist in seiner gegenwärtigen Entwicklungsstufe insofern wichtig, als die bindungsfähigen adhäsiven Tentakel auf die Anziehungskraft der hylischen Substanz, der Masse, angewiesen sind, genauso wie die Elektronen auf die elektromagnetische Kraft angewiesen sind, um im Orbit bleiben zu können, d.h., um überhaupt sein zu können. Im Idealfall – wobei die konkreten Konstituenten der Idealität von dem hier entwickelten semiotischen Gesichtspunkt determiniert werden – ist dies die absolut einzige Funktion des Körpers. Er hat also eine ontische, d.h. präsemiotische Rolle. Wenn er nicht mehr da ist, oder zerstört wird bzw. funktionsuntüchtig wird, ist die Möglichkeit der Existenz bzw. Entwicklung eines Soziems nicht mehr gegeben. Anders ausgedrückt würden sich im Falle des totalen Versagens des Körpers – Tod usw. – eines gegebenen Soziems die adhäsiven Tentakel mit der Gesamtheit der Ereignisse und Prozesse im interphänomenalen Subraum, an dem das betroffene Soziem beteiligt ist, in Luft auflösen. Dies wird übrigens der Fall bleiben, bis die de facto Prähistorie des Humanoids, in der er sich seit Beginn des Neolithikums befindet, ein Ende gefunden hat, bis er sich von der Natur, d.h. von den Nexus zum Urschleim – Tod, Geburt, Mord, Verstümmelung usw. – effektiv abgekoppelt hat. Das erst würde der Beginn der eigentlichen humanen Geschichte sein.

Um es noch einmal zu betonen, diese präsoziale / präliminale[18] Rolle ausgenommen, hat der Körper eines Soziems – seine materielle Komponente also, welche bislang unterschiedlich als ‚hylischer Kern', ‚Semaphor', ‚Masse' usw. bezeichnet wurde – im Idealfall keine ‚soziemische' Signifikanz. Alle anderen relevanten sozialen Parameter werden – abermals im Idealfall – von den postnatal erworbenen, knotenbildenden adhäsiven Tentakeln regiert und determiniert.

Letztlich scheint es mir plausibel und erforderlich, dass zu diesen zu biologischen Lebzeiten erworbenen sozialen Synapsen eine zweite Klasse von Synapsen hinzugefügt oder zumindest behelfsmäßig mitgedacht werden muss. Diese Klasse von Synapsen würde der verwickelten Beziehung des Soziems zu der gesamten Entwicklungsgeschichte seiner biologischen Spezies Rechnung tragen.

Weil einerseits offensichtlich davon ausgegangen werden kann, dass der Prozess der Denaturalisation / Humanisation[19] nicht sprunghaft, sondern prozessual vonstattengegangen ist und noch geht, und weil ich, andererseits, – nicht nur – im Rahmen dieser Arbeit die These aufgestellt habe, dass der Humanoid seit Beginn des Neolithikums im Hinblick auf seine Beziehung zur Natur keine qualitative Veränderung aufzuweisen hat, muss davon ausgegangen werden, dass der Humanoid noch Spuren / Eigenschaften / Verhaltensmuster etc. aus der präsemiotischen Zeit in sich beherbergt und mit sich schleppt.

Diese biogenetischen Tentakel oder Filamente könnten vorläufig Tiamatfilamente genannt werden. Tiamat, die Göttin der altmesopotamischen Schöpfungsgeschichte, soll dabei als Symbol des Urschleims dienen (vgl. unter anderem Langdon, Stephen Herbert. 1964: 155). Sowohl die Erklärung als auch die Möglichkeit dieser Klasse von synaptischen Tentakeln sind kausal durch den Kern des Soziems – und seine anhaltende Abhängigkeit von diesem Kern – gegeben. Das Hylische (Blut, Magen, Gene, Leber, Geschlechtsteile, Haar, Knochen usw.) hat, wie bereits darauf hingewiesen worden ist, auf der präliminalen Ebene das Sagen. Dort ist es der alleinige Herrscher. Diese primordialen Strukturen, die sich nach einem Millionen und Abermillionen Jahre alten Pattern reproduzieren und zugrunde gehen, dienen nach wie vor den von mir vorläufig sogenannten Tiamatfilamenten als Habitat.

Sprache und sozialer Konflikt

Anderswo stellte ich im Zusammenhang mit dem differentialen Seinsmodus der intelligenten Erdbewohner Folgendes fest: Aber gegenwärtig – und in Bezug auf die zugängliche bzw. erschließbare Geschichte der menschlichen Gesellschaften – müssen wir uns mit der Tatsache abfinden, dass jegliche humane Kommunikation nichts anderes als Fernkommunikation ist[20].

Dies ergibt, dass die alles Denkbare durchziehende absolute Urchiffre der

バー、ブルデューの間には一定度の連続性が存在する。何にせよ、ここで展開されるいくらか伝統的でない社会学モデルが、ある程度同じ伝統の中で特にマルクスとブルデューを支持すると述べておくことは不適当ではないだろう。

社会は、マルクスにおいて暗に伺われるように、またブルデューにおいても明らかに同様に、多次元空間そして座標システムとして見なされ、組み立てられることができる。これら二つのモデルと、「重力格子」という名づけのもと、ここで作り出されたアプローチの間のはっきりとした類似性は、有形構造ではなくその有形要素の空間で三つすべての社会を構成して支配するメカニズムとプロセスを見出す環境において成り立っている。

上で「場」として生み出されたかたちで描かれた基礎的社会要素は、区別可能なレベルの最小構造単位を、その最小クラスの名前にしばしば一部を欠いたかたちで接尾辞「—素」(-eme)を加えるという、比較的最近の言語学的命名の伝統に則って「社会素 (socieme)」と名付けられる。「人」や「人間」、そして二次的な派生物に付随するものすべての概念との関係を断つ場合には、この構造上考案された使用法は—このコンテクストで「構造上」という言葉で意図されているのは「絶対的にいかなる本質主義、生物学主義、文化主義等を欠いた」というものだが—ヒューマノイド的社会構成物である構成員に批判的な立場をとる自由をもたらすだろう。構造的に構築された—「構造的」という修飾語はこの場合、構成的にも範疇的にも、本質主義・生物学主義・文化主義的な意味合いを完全に排除した意味を持つことを示唆しているのだが—社会素という概念は、「人間」というコンセプトそ

記号論用語で言い換えれば、ここでは「個人」という概念の代用品として用いられ提案されている「場」という存在は、語源学上の本来の意味において「信号装置」とみなされ呼ばれることのできる、実体をもった信号の媒体、肉体からなるものだ。外見上の雰囲気に関する現象、すなわちここで同義的に「記号的量子」、「社会的シナプティック・スポット」あるいは「結合可能な粘着性の触手」とよばれるものは、記号的な活動の結果としてのみ具現化する。つまり、それらは―信号装置と比べれば―手続き上/機能上の存在であってそれら自身が関わる記号の行き来の間にだけ見受けられるものである。そして記号の行き来というそれぞれの事象が結び目を作り上げる。要するに、「結び目」は社会記号的事象であって、それぞれの関与する場からの一定数の記号的量子からなるのだ。従って、あらゆる想像しうる社会構造は個人ではなく記号的結び目の和からなっている。

この議論の重要な点をかいつまんで言えば、第一に、人間社会の構築物としての個人の概念は不適切なものとして退けられる。第二に、「個人」の代わりに「場」という概念を持ち出したが、これは機能的な代用品ではない。第三に、あらゆる社会構築物の基礎的な構成要素として、「結び目」の概念が生み出され提唱される。

社会構造は基本的には固定的ではなく、うつろいやすく一時的なものである。結び目構造のプロセスは異種の社会構成物間の区別的な特徴を成す要素によって決定される。こうした要素の性質は有名な社会学や経済学の著名な学派によって繰り返し理論立てられ描かれてきた。マルクスとブルデューの間の繋がりはウェーバーとこの二者間以上に認識できるものであるが、マルクス、ウェー

46

アブドゥルラッハマン・ギュルベヤズ

humanen Denktätigkeit und somit des spezifisch humanen Daseinsmodus im Zeichen und in den Zeichenprozessen gesucht und gesehen werden muss.

Folglich sind ausnahmslos alle sozialen Handlungen, Prozesse und Institutionen sowohl in der Entwurfs- und Konstruktionsphase als auch in der Realisations- und Exekutionsphase und auch in Bezug auf die auf sie zurückgehenden Konsequenzen Zeichen bzw. Zeichenphänomene. Anders formuliert sind alle Handlungen des sozialen Menschen – seien es hypothetische, reale oder auch irreale Handlungen – semiotische Phänomene.[21]

Dieser Umstand hat vor allen anderen Dingen mit der spezifischen Daseinsweise des Menschen zu tun. Er steht im ursächlichen Zusammenhang mit der Natur des materiellen Gewebes bzw. mit der Körperlichkeit der menschlichen Gattung als ontologische Entität. Der menschliche Körper bildet im Unterschied zu idealen Flüssigkeiten, idealen Lösungen oder Idealgasen kein amorphes, homogenes Kontinuum, sondern manifestiert sich als formgebundener und allem Anschein nach selbsttätiger Klumpen bzw. Brocken der Biomasse. Diese Gegebenheit ist sowohl die Quelle als auch die Erklärung des zeitlich-räumlichen Risses – der tiefen, klaffenden Bresche – der den differenziellen Aspekt der menschlichen Existenz ausmacht. Die Begriffe ‚Distanz' und ‚Intervall', die in der Alltagssprache bezogen auf diverse mannigfaltige – mit dem seelischen Zustand und Gang des humanen Individuums direkt zusammenhängende – Kontexte in zahllosen detailreichen Schattierungen gebraucht werden, und zugleich die offen exponierte oder verhüllt implizite Substanz fast aller Schlüsselbegriffe ausmachen, die jede Epoche der zugänglichen Geistesgeschichte des Menschen geprägt haben, stellen zwei der prägnantesten Modi dar, worin dieser Tatbestand sich vergegenständlicht bzw. ausdrückt. Aufgrund dieser primordialen Bresche ist das gesamte Universum – insofern es vom Menschen wahrgenommen bzw. entworfen wird – von den intimsten Gemütszuständen des humanen Individuums bis hin zu den theoretisch erschließbaren außerirdischen Phänomenen nichts anderes als ein endloser und folglich amorpher Raum bzw. eine Ausdehnung von Zeichen.

Dieser Umstand unterstreicht und rechtfertigt das von mir gemachte Postulat, dass humane Entitäten – oder, wie ich sie zu nennen pflege, die Soziome – als Zeichenlinge und ihr Universum als Semiosphäre konzipiert werden müssen. Beim Nachsinnen über die Semiosphäre sind folgende Punkte zu beachten: Erstens besteht die Semiosphäre der humanoiden Zeichenlinge aus Subräumen, die sich jeweils aus Zeichen eines bestimmten Typus und dem diesem Typus formativ zugrundeliegenden Zeichenprozessmodus zusammensetzen. Zweitens gibt es eine gewisse Hierarchie unter den Subräumen der Semiosphäre. Drittens scheint die natürliche Sprache der humanen Zeichenlinge in ihrer mündlichen Implementierung – die ich extra-skripturale Sprache nenne – die höchste Position in dieser Hierarchie einzunehmen. Viertens sind die verschiedentlich konfigurierten semiotischen Untermengen prinzipiell ineinander konvertierbar. Fünftens gibt es in Abhängigkeit mit den jeweiligen Untermengen und der Richtung der Konversion am Ende des Prozesses immer eine bedeutsame Veränderung im Zugänglichkeits- und Entzifferbarkeitsgrad der resultierenden Semiosis.

In irdischeren Worten ausgedrückt und mit der hier zu Debatte stehenden zentralen Frage in Zusammenhang gebracht ist jede erdenkliche Handlung humaner Entitäten entweder augenscheinlich und selbstverständlich oder auf eine mehr oder weniger verschlüsselte Art und Weise vor Allem eine semiotische Handlung. In logischer Übereinstimmung damit scheint es, dass langwierige gewaltsame soziale Konflikte – wie alle Konflikttypen – entweder Konflikte genuin linguistischer Natur sind, oder aber, auch wenn sie nicht-linguistischer (sondern z.B. ökonomischer, politischer, rassenbezogener, religiöser, ethnischer etc.) Natur zu sein scheinen auf jeden Fall in jedem Stadium ihrer Formation und Entwicklung sprachlich kodiert werden und sind.

Obwohl Sprache immer die Sphäre gewesen war, auf die sich die Herrscher, seien sie weltlicher oder heiliger Herkunft, hatten verlassen müssen, um ihre Schafe fest im Griff zu behalten, und auf der fast immer die letzte und alles entscheidende Schlacht jeglichen Machtkampfs geschlagen wurde, muss die Quelle der Einführung und Errichtung des Sprachverbots als ein mächtiges Unterjochungsinstrument nirgendwo anders als in der modernen Gesellschaft, präziser, in der Konzipierung und Errichtung der drei Begriffe bzw.

だ。改めて強調すると、社会素の肉体、すなわちその物質的な成分は──ここまでで「物質的核」「信号装置」「生物チャンク」などと呼ばれたものだが──その前閾的役割を例外として重要性を持たない。全ての他の関連するパラメータは──またしても理想的には──そうした出生後に獲得される結び目をつくる粘糸によって決定され支配される。

繰り返し強調すると、この前社会的・前閾的な役割は例外として、社会素の身体は、つまりこれまで「物質的な核」、「セマホアー／腕木式信号機」、「質量」など様々な名称で呼ばれてきたその物質的な構成部分は、理想的なケースでは、社会素の本質を担うものではないのだ。その他すべての該当する社会的パラメータは、これも理想的なケースでは、ではあるが、出生後に獲得される結び目をつくる粘着性の触手によって制御され規定される。

最終的に、完全を期すためには、別のクラスのシナプスが生物学的寿命を迎えるまでに獲得される社会的シナプスにつけ加えられなければならないようだ。この追加の社会的シナプスの集合は、その生物学的種の進化の全史に対する社会素の複雑な関係を明らかにする。

一方で非自然化／人間化[一九]のプロセスが連続的な過程として（すなわち飛躍的変化ではない）過去に発生し、現在も発生していると確かに想定され、そして他方で新石器時代の夜明け以降の自然との関係について、ヒューマノイドは性質上のいかなる変化も示してこなかったため、ヒューマノイドはいまだにその痕跡や特徴、行動パターン等を前記号的時代から心に抱いて引きずっていると仮定すべきである。

51

社会的葛藤と言語行為

してそれに付随する二次的な派生物たちに対する批判的な態度をとり、場合によっては「人間」か
ら距離をとるか、完全に見切る自由をヒト社会の成員に与えるべく作られたのである。
　繰り返すが、社会素を構成するものは、一つは物質的な核―身体―であり、もう一つは、ある一
定の数の、潜在的な社会的エネルギーを持って相互作用し結合可能な質量のない粒子である。後者
は、出生後に、社会化の相互作用的なプロセスを経て獲得されるため、この結び目を作る「付着力
のある触手」の数は、個体によってばらつきがあり、一定ではない。さらに、この社会素というコ
ンセプトが暗示しているのは、社会という基本的な構成単位と違い、「個人」という、分割不可能
なものの持つ神々しいアウラに包まれている感のあるまだ比較的新しいこの発明は、今後のさらな
る分析の余地があるということである。
　社会素の肉体―核―は、その発達段階において、ちょうど電子が電子軌道上に留まるために電磁
力に依存しているように、結び目を作り上げる粘着性の触手が生物チャンク（第五章参照）の重力に
依存しているという点において重要である。理想的には―この理想性の具体的な構成物はここで提
案された記号的観点によって決定されるが―これは肉体の唯一無二の機能である。したがって、肉
体は実体的すなわち前記号的役割を持っている。もし肉体が存在しないあるいは破壊されたり、機
能不全に陥ったなら、社会素は存在できず、社会素それぞれの発達もなくなる、すなわち存在する
ことによって、巻き込まれる社会素の現象間的部分空間における全事象とプロセスは消えてなくなるの

Institutionen ‚Nation', ‚Identität' und ‚Kultur' samt allen erdenklichen kombinatorischen Möglichkeiten von den dreien, gesucht werden.

Die Entstehung dieser ‚Big Three' im Kielwasser des Aufkommens des kapitalistischen Produktionsmodus in westeuropäischen Gesellschaften ging im kausalen Zusammenhang mit und als Antwort auf die systemischen Nachfragen der modernen Verhältnisse der sozialen Produktion vonstatten. Was aber hier im vorliegenden Kontext von vorrangiger Bedeutung ist, ist der Umstand, dass alle drei Konzepte strukturell auf Sprache beruhen. Sprache ist die absolut notwendige – wenn nicht schlicht und einfach die einzige – Konstituente dieser Konstrukte. Aus diesem simplen Grund müssen sich die modernen Hochleistungsvernichtungsvorrichtungen (oder vielleicht noch akkurater: Vernichtungsmodi / Vernichtungstechnologien) wie ‚Nationenbildung', ‚Identitätskonstruktion', ‚Nationalkultur', ‚nationale Verteidigung', ‚Nationalerbe', ‚nationale Werte' etc. der Sprache als des Feldes ihrer Operationen bedienen, die wiederum grundsätzlich aus zwei gegensätzlichen Mengen von offenen und verdeckten Strategien besteht: Lobpreisung und Verherrlichung der einen ‚nationenbildenden' Sprache und Anprangerung (Verleugnung, Verunglimpfung, Verbot, Unterdrückung) aller übrigen.

Ein kurzer Blick auf die Vorgeschichte der Konfliktsoziologie

Die Sub-Disziplin Konfliktsoziologie entsteht in Folge des Zweiten Weltkriegs in der zweiten Hälfte des 20. Jahrhunderts. Die Idee jedoch, dass die Triebkraft des üblichen Gangs und der Entwicklung von Gesellschaften aus Phänomenen besteht, die in Konzepten wie ‚Konflikt', ‚Zusammenstoß', ‚Antagonismus' usw. ihren Ausdruck finden, kann in jedem Stadium der geschriebenen Geschichte gefunden werden. Es liegt auf der Hand, dass selbst eine grobe Dokumentation der historischen Manifestationen dieser Idee den Rahmen der vorliegenden Abhandlung sprengen würde. Daher muss ich mich auf die Nennung einiger weniger beschränken, die für den hier diskutierten Sachverhalt von einiger Wichtigkeit sind.

In diesem Zusammenhang ist es nicht unangemessen vor allen anderen die Marxistische Theorie zu erwähnen, die seit der ersten Hälfte des 19. Jahrhunderts, als sich die modernen westlichen Sozialtheorien formierten, bis heute nicht an Einfluss verloren hat. Der Marxismus geht von der Beobachtung aus, dass die sich gegenüberstehenden Seiten des Konflikts, welche den Kern der wirkenden und sich verändernden Dynamiken der menschlichen Gesellschaft bilden, die ‚sozialen Klassen' sind. Die Aussage in der einleitenden Passage: „Die Geschichte aller bisherigen Gesellschaft ist die Geschichte von Klassenkämpfen."[22], wird, zumindest bis zum Ende der Periode des Kalten Kriegs, ein politisch-philosophisches Motto, das fast die Hälfte der Weltbevölkerung bestimmt.

Ein weiterer bedeutender Sozialwissenschaftler, der sein theoretisches Modell auf die Grundannahme stützt, dass sowohl die Quelle als auch die Triebkraft aller sozialen Texturen, von der administrativ-ideologischen Superstruktur zur ökonomischen Substruktur, nichts anderes ist als Konflikt, ist – zumindest vom heutigen Forschungstand aus gesehen – Ludwig Gumplowicz. Ähnlich wie viele Sozialwissenschaftler, die von den radikalen Transformationen beeinflusst waren, welche die Naturwissenschaften des 18. und 19. Jahrhunderts hervorgebracht hatten, so hatte auch Gumplowicz den Wunsch, die Soziologie durch Betreiben der wahren Wissenschaft der „Naturgeschichte der Menschheit"[23] zu einer der exakten Wissenschaften empor zu heben. Daher gründet er die Konstruktion seines Theoriemodells auf die Frage, ob es in der Geschichte der Menschheit „Elemente" gäbe, „die stets und unfehlbar jenen ‚ewigen ehernen Gesetzen' folgen, unfehlbar und unabweichbar?"[24]

Dominanz der Sprache in Konflikttheorien

Was Gumplowicz, der aufgrund seines vermeintlichen Sozialdarwinismus keinen guten Ruf unter den gegenwärtigen Sozialwissenschaftlern genießt, aus Sicht der vorliegenden Untersuchung interessant macht, ist der Platz, den er der Sprache in seinem theoretischen Gesellschaftsmodell einräumt.

従って、例外なく全ての社会的行為、過程、制度は、構想の段階、実現化や実行段階においても、更にこれらの段階から生じる結果との関係においてと同様に構築段階や、実現化や実行段階においても、更にこれらの段階から生じる結果との関係でも、記号ないし記号現象である。言い換えれば、社会的な人間のすべての行為は、仮想的、現実的、又は非現実的かどうかにも関わらず記号論的現象である。

こうした事情は何にもまして人間の特殊な存在のあり方に関連しており、物質的組織の性質、又は、存在論的実体としての人類の有体性と因果関係にある。人間の肉体は、理想流体や理想溶液、又は理想気体とは異なって、無定形でなく、また均質の連続体を形成するのでもなく、形態依存の、見たところ自動のバイオマスの塊として現れる。この状態は人間存在の弁別的なアスペクトを構成するその時空的断絶─その深くざっくりと開いた裂け目─の原因であり、その弁明でもある。日常言語において、人間個々の精神状態やその動きと直接関連のある種々多様な背景・状況下で、無数に詳細なニュアンスで使用され、また同時に、人類の精神史のどの時代にも影響を及ぼしたほぼすべての重要な概念の─覆いがなく明瞭な或いは目に見えない暗黙の─実体をなす「距離」や「間隔」という概念は、この事実が発現し、具体化した様式の顕著な二例である。このような原初的な裂け目のため、人間個々の最も親密な心境から、理論的に推定しうる地球外現象までを含んだ宇宙全体は─それが人間によって認識され、構想されるかぎり─無窮の、よって無定形の記号空間、又は記号拡張に他ならないのである。

この事実は、人間の実体が─又は私が呼ぶとしたら、社会素(ソーシーム)が─記号者として、又

こうした生物発生的な糸は、仮に「ティアマトの糸」とでも呼べるだろう。「ティアマト」は、古代メソポタミアの天地創世叙事詩に登場する女神で、原始スープを象徴している。この糸のレベルが存在する説明と可能性、その両方は社会素の核と、この核への継続的依存に因果的に関連している。すでに指摘したように、物質的なもの（血や胃、遺伝子、肝臓、生殖器等）は、前闘的なレベルにおいて決定権を有している。そこにはたった一つの物差ししか存在しない。こうした何百何千万年のパターンに従って生殖し、消えていく根本的な構造はいまだティアマトの糸の存在する環境として機能している。

言語と社会紛争

私が以前、他の場所で発表したもので、知的地球住民の鑑別的存在モードに関連した次の文章を引用する。「しかし現在では、―そして既知の、或いは推察可能な人間社会の歴史との関係で―人間のコミュニケーションとは、全てが遠距離コミュニケーションに過ぎないという事実を認めざるをえないのである。」[20]

これは、人間の思考活動に、従って人間特有の存在様式において、考えうる全ての事物を赤い糸のように通る絶対的な根源暗号が、記号と記号過程の中で考察・探求される必要性を伴うことを明らかにする。

In seinen Reflexionen über die Entstehung, Textur und Evolution von ‚sozialen Gruppen', welche er als grundlegende Einheiten begreift, welche die Basis für sozialwissenschaftliche Forschungen und Meditationen bilden, argumentiert Gumplowicz stets in Verbindung mit Sprache. Er erklärt die Entstehung von sozialen Gruppen entlang der Entstehungsgeschichte der natürlichen Sprachen, so dass daraus abgeleitet werden kann, dass das innere Gewirk der Kategorie ‚soziale Gruppe' mit all ihren Unterarten – welche den Kern jeglicher Gesellschaftstheorie bildet – nicht durch irgendwelche quasi-biologischen Prozesse determiniert ist, sondern durch das Phänomen der Sprache. Das heißt, laut Gumplowicz besteht die grundlegendste Triebkraft der Gesellschaft in einer Reihe von unausweichlichen Konflikten und endlosen Kämpfen unter diesen konstitutiv auf Sprache beruhenden sozialen Gruppen.

Sieht man einmal von Kant und Hegel als partiellen Ausnahmen ab, so kann man durchaus sagen, dass fast alle deutschen Idealisten – die in der Vergangenheit und bis heute einen bedeutenden Einfluss auf die Sozialwissenschaften westlicher Provenienz haben – ihre Gedanken um das Konzept der Sprache herum organisierten und formulierten. Diese zeitlich und örtlich gebündelte Tendenz zog eine radikale Transformation und Entwicklung nach sich, welche man als die ‚erste linguistische Revolution' im westlichen Denken bezeichnen kann, und die bis zur Philosophie der Weltanschauung im Deutschland des 19. Jahrhunderts andauerte.

Eine von unzähligen Passagen Nietzsches, dem letzten und vielleicht bekanntesten Philosophen der Weltanschauung, in der er sich auf die Relation und Korrelation von Subsistenz und Fortbestand der sozialen Gruppen und ihrer Sprachen bezieht, liest sich wie folgt: „Denn wer sich an der deutschen Sprache versündigt hat, der hat das Mysterium aller unserer Deutschheit entweiht: sie allein hat durch alle die Mischung und den Wechsel von Nationalitäten und Sitten hindurch sich selbst, und damit den deutschen Geist, wie durch einen metaphysischen Zauber gerettet. Sie allein verbürgt auch diesen Geist für die Zukunft, falls sie nicht selbst unter den ruchlosen Händen der Gegenwart zugrunde geht." ¶25

In diesem Zusammenhang muss unbedingt auch auf Franz Boas, Bronislaw Malinowski, Edward Sapir und Benjamin Lee Whorf verwiesen werden, die im Schlepptau der deutschen Idealisten zu der Auffassung gelangten, dass soziale Strukturen vor Allem linguistische Strukturen sind, und damit ein Grundprinzip der Anthropologie begründen, dass zum Verständnis sozialer Strukturen das Verständnis der sprachlichen Handlungen der beteiligten sozialen Akteure nötig ist. Das „linguistische Relativitätsprinzip", das zuerst und im Wesentlichen in Arbeiten der beiden oben zuletzt genannten entwickelt wurde, besagt in Kürze, dass Sprache das Denken und Handeln der sozialen Individuen determiniert.

Auch Texte über die Ergebnisse der Arbeiten von Claude Levi-Strauss, der als Begründer der strukturalistischen Anthropologie gilt, können ausnahmslos als Belege dafür gelesen werden, dass die Beziehung zwischen Sprache und sozialen Strukturen sowohl basal / grundlegend als auch zwingend ist: „Wer ‚Mensch' sagt, sagt ‚Sprache'; und wer ‚Sprache' sagt, sagt ‚Gesellschaft'."[26]

Der Turm von Babel

Das sicherlich bekannteste Beispiel, das im humanen Text-Kontinuum zu diesem Kontext gefunden werden kann, ist die alttestamentarische Version der babylonischen Erzählung des Turmbaus zu Babel. In beiden Versionen dieser Erzählung greift der göttliche Wille der Genesis, der allmächtige Schöpfer – d.h. Bel, der Gottvater von Babylon[27], und respektive der Hebräische Gott des Alten Testaments[28] – zu ein und derselben Maßnahme angesichts der drohenden Gefahr, seines Privilegs des Alleinherrschers im Himmel und auf Erden beraubt zu werden: Er führt einen gezielten Angriff auf die Sprache der menschlichen Zeichenlinge aus, d.h. auf das semiotische Modul, das in der Dominanz-Hierarchie der Zeichensysteme mit großem Abstand an erster Stelle steht, mit dem Ergebnis der vollständigen Außerkraftsetzung der einzigen Werkbank für die Produktion sozialer Handlungen und Interaktionen. Die Ur-Götter der menschlichen Zivilisation und ihre sterbli-

関わらず、強力な弾圧手段としての言語禁止の起源、施行、確立は、ほかならぬ近代社会において、より正確に言うならば、「国家」、「アイデンティティ」、「文化」という三つの概念と機構の案出及び定立において、それら三つの概念の考えられ得るあらゆる組合せの可能性ともども、探求されねばならない。

西欧社会における資本主義的生産様式の出現に引きずられて起こった、この「ビッグスリー」の成立は、社会的生産の近代的状況の制度的要求に対応して進行した。この文脈において重要なことは、この三つの概念全てが構造的に言語に依拠しているという点である。言語は必要不可欠なものであるばかりでなく、これらの概念の唯一の構成物とも言える。このような単純な理由から、現代の高性能破壊設備は、(又は、おそらく、より正確には…破壊様式／破壊技術は)「国づくり」、「アイデンティティの構築」、「民族文化」、「国防」、「国家遺産」、「国家価値」などのように、その作用領域として言語を使用しなければならない。この際、明示的なものと暗示的なものという、二つの相矛盾するストラテジーが存在する。つまり、「国家を形成する」言語の賞賛、賛美と、その他全ての言語の非難 (否定、侮辱、禁止、弾圧) である。

紛争社会学の前史への概観

社会学の一分科としての紛争社会学は、二〇世紀後半、第二次世界大戦後に成立する。社会の進

その宇宙は記号界として構成されなければならない、という私によって作られた公準を、強調し、正当化する。記号界についての検討の際、以下の点に留意する必要がある。第一に、ヒューマノイド記号者の記号界は、それぞれある特定のタイプの記号と、この記号過程モードの形成的基本となるタイプに関連している部分空間から成り立っていること。第二に、記号界の下位空間のあいだには、ある種のヒエラルキーが存在すること。第三に、このヒエラルキーにおいてヒューマノイド記号者の口語としての自然言語——私はエキストラ・スクリプチュラル言語（記述外言語）と呼ぶ——が最高位にあること。第四に、多様に構成された記号論的サブセットは、原則的に相互変換可能であること。第五に、変換過程の終わりに、それぞれのサブセットと変換の方向に依拠して、結果的な記号過程のアクセシビリティ（到達可能性）と解読可能性の度合いにおいて意義深い変化が存在すること。

平易な表現でもって、ここで議論される中心的疑問に関連させていうならば、人間の実体の考えうる全ての行為はすなわち、明白かつ自明に従えば、冒頭で述べたように、長期間にわたる暴力的な社会的行為なのである。この点に理論的に従えば、冒頭で述べたように、長期間にわたる暴力的な社会的葛藤は——どのような葛藤のタイプであれ——純粋に言語的性質をもつ場合でも、非言語的性質を明らかにもつ場合でも（つまり例えば経済的、政治的、人種的、宗教的、民族的なものであっても）いずれもその形成と発展のどの局面においても、言語的に記号化されている。

言語は常に、支配者が、その起源が世俗的であれ神聖なものであれ、彼らのしもべをしっかり掌握するために頼りとし、そしてほとんど常に権力闘争の最終決戦が戦われる活動領域であったにも

chen Abgesandten, die Sumerischen Könige, wussten, dass der Stoff, aus dem Macht und Demut und Unterwerfung und Subversion gemacht werden, einzig und allein die Sprache ist. Sie sind ja praktisch keine Geringeren als die Erfinder der politischen Macht. Die mesopotamischen Herrscher, seien es himmlischer oder auch irdischer Provenienz, waren sich mindestens 4000 Jahre früher als die Machthaber der modernen westlichen und verwestlichten Gesellschaften des Umstands klar bewusst, dass die unbedingte Voraussetzung für eine wasserdichte soziale Kontrolle und Herrschaft eine radikale Monolingualisierung der Gesellschaft ist, gewaltsam herbeigeführt von den ‚Herren der unerschütterlichen Entscheidung'[29].

Schiboleth I

Ein weiteres signifikantes Narrativ, das die zentrale Rolle der Sprache sowohl in der Konstruktion, Struktur, Abgrenzung von sozialen Gruppen als auch in der Textur und Dynamik der Beziehung zwischen verschiedenen sozialen Gruppen unterstreicht, findet sich im ‚Buch der Richter', dem siebten Buch des Alten Testaments. Es kann nicht ausgeschlossen werden, dass der Konflikt, der die Quelle des Streits zwischen den Gileaditern und Ephraimitern bildete, in Bezug auf seinen historischen Hintergrund, seinen Ausbruch und seine Entwicklung eine komplizierte Zusammensetzung hatte. Aber in jeder Phase und in jeder Dimension – einschließlich der Entstehung, Entwicklung und ‚Lösung' – manifestiert sich die soziale Indizierung und Markierung des Konflikts selbst als rein linguistische Kodierung. Manasse und Ephraim sind Josephs erst- und zweitgeborene Söhne, und ihre Stämme sind de facto Bruderstämme. Des Weiteren waren die Gileaditer – obwohl offensichtlich sowohl von den westlichen Manassitern als auch den Ephraimitern als Außenseiter diskriminiert – ein Teil der Manassiter, und sie alle sprechen die gleiche Sprache. Das bedeutet, dass die hier wirkende linguistische Kodierung eine intra-systemische Kodierung ist[30]. Mehr noch, berücksichtigt man die sowohl linguistische als auch genealogische Homogenität, so ist es eine außergewöhnlich feine und grazile Kodierung. Denn die Differenz, auf deren Grundlage finale und unumkehrbare Entscheidungen bezüglich Phänomenen wie Leben und Tod, die zu den äußersten Rändern des mentalen Universums der humanen Zeichenlinge gehören, getroffen werden, wird innerhalb derselben semiotischen Teilmenge, innerhalb derselben Sprache konstruiert und realisiert.

> Und die Gileaditer nahmen ein die Furten des Jordans vor Ephraim. Wenn nun die Flüchtigen Ephraims sprachen: Laß mich hinübergehen! so sprachen die Männer von Gilead zu Ihm: Bist du ein Ephraimiter? Wenn er dann antwortete: Nein! hießen sie ihn sprechen: Schiboleth; so sprach er Siboleth und konnte es nicht recht reden; alsdann griffen sie ihn schlugen ihn an den Furten des Jordans, daß zu der Zeit von Ephraim fielen zweiundvierzigtausend."¶31

Die Quelle des Konflikts, die schließlich zum Massaker an 42.000 Ephraimitern führte, ist ein Element, welches gleichzeitig die Gileaditer von den vorigen abgrenzt, sie somit zu einer sozialen Entität etabliert, indem es sie mit der notwendigen ,inneren Einheit' versorgt sowie das Fortbestehen dieser ,inneren Einheit' sichert. Dieses rein linguistische Element zeigt insofern eine extrem hohe Intensität, als dass es allein in der Aussprache des Phonems <sch> besteht.

Schiboleth II

Es ist möglich, diesen alttestamentarischen Schibolethvorfall als ein Modell der Konfliktkodierung und Konfliktlösung in beinahe jedem Zeitraum der humanen Geschichte bis in die Gegenwart wiederzufinden. Eines der relativ jungen Beispiele des Schibolethvorfalls fand in Japan im Anschluss an das Große Kantō-Erdbeben, das Tokyo, Yokohama und die umliegenden Siedlungen verwüstete¶32, im Jahre 1923 statt. Am 1.9. 1923 um die Mittagsstunde fand ein Erdbeben mit einer Oberflächenmagnitude von 7,9 statt. Das Erdbe-

いて常に信頼を置きつつ従う、不可謬で剥離されえないあの「永遠の名誉の法」[二四]のようなエレメントが存在するか否かという問いに、彼の理論モデルの構成を基づかせている。

紛争論における言語の優越性

　グンプロヴィッツは推定上の社会ダーウィニズムのために、現在の社会科学者の間での評判はよくないが、本研究の観点から、彼が理論的社会モデルにおいて、言語を認めた点は非常に興味深い。グンプロヴィッツは、「社会集団」を社会科学の研究と思索のための基礎を形成する基本単位として捉え、その発生、構造、進歩に関する省察において、常に言語と関連づけて論じた。彼は自然言語の成立の歴史的進化に沿って、社会的集団の成立を説明する、その結果、あらゆる社会理論の中核をなす「社会集団」というカテゴリー—すべての亜種を含めて—の生地は、任意の準生物学的過程を通してではなく、言語の現象によって決定づけられるのだということが推論される。即ち、グンプロヴィッツによれば、社会の基礎原動力は、本質的に言語に基づくこれらの社会集団の間の一連の回避不可能な紛争の数々や終わりのない戦いにある。つまり、過去と現代において西欧カントとヘーゲルを度外視すれば、次のことが言えるだろう。つまり、過去と現代において西欧由来の社会科学に大きな影響を与えて来たドイツ観念論者のほぼ全員が、自らの思想を言語の概念を中心に組織し、形成した。この時間的および空間的に一括した傾向は、抜本的な変換を引き起こ

行と発展の推進力は「紛争」、「衝突」、「敵対」等のような概念によって表される現象から成り立つという理念はしかし、記述されている歴史のどの段階においても見受けられる。この理念の歴史的表明について粗っぽい調書を作成すること自体、今ある学術論文の枠を破壊しうることは明白だ。それ故に私は、ここに述べられている事態の幾つかの中から、ほんの少しの言及に制限しなければならない。

この関連から、何はともあれ一九世紀前半以来、現代西洋社会理論を形成し、今日までその影響を失っていないマルクス理論に言及するのは適切さを欠くとはいえないだろう。マルクス主義は、人間社会の作用因的で自己変革的な動力の核を形づくる紛争の相対立する両端とは社会階級であるという観察に根ざしている。『共産党宣言』の冒頭の一節の言明「今日までのあらゆる社会の歴史は、階級闘争の歴史である」は、少なくとも冷戦時代の終わりまでは世界人口の約半分を規定する政治―哲学のモットーとなった。

さらなる重要な社会科学者は、少なくとも今日の研究水準から見れば、ルードヴィヒ・グンプロヴィッツである。彼は、政治的―イデオロギー的上部構造から経済的下部構造へと至る全ての社会的構成の根源ならびに原動力は、紛争にほかならないという基底的な仮定を彼の理論モデルの根拠としていた。一八、一九世紀の自然科学が生み出したラディカルな変容に影響された多くの社会科学者と同じく、グンプロヴィッツもまた、「人間性の自然史」についての真の科学にたずさわることを通して、社会学を精密な科学へと押し上げることを望んだ。それゆえ彼は、人間性の歴史にお

アブドゥルラッハマン・ギュルベヤズ

ben und der folgende Feuersturm töteten etwa 100.000 Menschen. Dazu waren weitere 40.000 als vermisst gemeldet₍₃₃₎, so dass davon ausgegangen werden kann, dass die Anzahl der Toten zwischen 140.000 bis 150.000 lag.

Zu der Zeit lebten im Großraum Tokyo und Yokohama etwa 20.000 Koreaner.

> Die meisten Koreaner waren Bauern, die im Laufe der so genannten „Bodenreform" der japanischen Kolonialregierung in Korea ihr Land verloren hatten und auf der Suche nach Arbeit und Essen bis nach Japan kamen. Die Mehrzahl von ihnen, die erst vor kurzem übergesiedelt waren und darum nicht Japanisch konnten, arbeiteten in Fabriken oder auf Baustellen und lebten unter erbärmlichen Umständen in Sammelunterkünften. Kontakte zu Japanern bestanden nicht. Die Koreaner erhielten für ihre Arbeit nur einen Bruchteil des Lohns eines Japaners.₍₃₄₎

Nach dem Erdbeben und dem großen Feuer wurde u. a. durch Berichte in manchen Zeitungen, durch Poster, durch Ausrufer mit Megaphonen etc. das Gerücht verbreitet, dass die ‚Koreaner' Nutzen aus der Katastrophe zögen, dass sie Brandstiftungen, Raubüberfälle, Plünderungen begingen₍₃₅₎. Dadurch wurden die ‚Koreaner' nicht nur für das Feuer, sondern praktisch auch für das Erdbeben verantwortlich gemacht₍₃₆₎. Die Folge war, dass laut offizieller Figuren etwa 6000 ‚Koreaner' und etwa 700 ‚Chinesen'₍₃₇₎ auf den Straßen der Städte von den ‚Japanern' gemeinschaftlich ermordet und massakriert wurden.

In genau der gleichen Weise wie in dem alttestamentarischen Original blockierten bewaffnete Gruppen₍₃₈₎ die Straßen und richteten Kontrollpunkte in den Städten, Ortschaften und Dörfern ein. Sie zwangen dann, ausgehend von der Volksweisheit, dass ‚Koreaner' bestimmte stimmhafte Phoneme anders als die ‚Japaner' aussprächen, die Passanten dazu, die Worte „jū-go-en" oder „go-jū-go-sen" zu artikulieren₍₃₉₎, um dann kraft ihrer Kompetenz als *do-it-yourself*-Phonetiker zu entscheiden, ob jene getötet werden sollten oder nicht.

> Der Firnis der Zivilisation schien wie überall so auch in Japan nur eine dünne Schicht auszumachen, die ein Windstoß leicht hinwegfegen konnte. Dahin-

ter lauerte die nackte, unfassbare Gewalt. Innerhalb von zehn Tagen wurden mehr als 6000 Koreaner ermordet. Da man Koreaner nicht unbedingt auf Anhieb an ihrem Aussehen von Japanern unterscheiden konnte, wurden Dokumente herumgereicht, auf denen „Erkennungsmerkmale" der Koreaner notiert waren. Als eine schnelle Methode, Koreaner sicher zu identifizieren, diente das Aussprechenlassen gewisser Worte oder Sätze, die eine Kombination von Vokalen enthalten und, weil es sie in dieser Form im Koreanischen nicht gibt, schwerer für die Koreaner zu erlernen sind. Die häufigste benutzte Phrase war die Geldmenge „15 Yen 55", die auf Japanisch in etwa „Jugoen gojugoshen" ausgesprochen wird, was Koreaner angeblich nie richtig beherrschen. Kam jemand verdächtig vor, zwang man ihn, „Jugoen gojugoshen" aufzusagen. Von der Korrektheit der Aussprache hing es ab, ob im nächsten Augenblick die Bajonette oder das Schwert den Körper zerfetzten oder nicht. Manche Japaner, die in der Verwirrung nicht schnell genug parierten, wurden für Koreaner gehalten und ebenso getötet. Die Rolle der Sprache im kolonialen Kontext hatte auch diese tödliche Dimension.¶40

Genauso wie es bei dem historischen Vorfall am Jordanfluss der Fall war, war auch hier der Wunsch und die Bereitschaft zu töten, d.h. die potentielle Pogromenergie, die sich im Zuge der Katastrophe in kinetische Energie verwandelte, lange vor dem Erdbeben da¶41 – linguistisch kodiert¶42 und zu einer kollektiven Erzählung verarbeitet, die die Notionen des Japanertums und des Koreanertums im Selbstkonzept der Mörder konstituiert, legitimiert und bewahrt. Auch hier wird das gesamte Gebäude des Japanertums auf der Grundlage eines simplen sprachlichen Codes konstruiert, mit anderen Worten besteht es in dem bloßen Umstand, dass die Aussprache von ein oder zwei Phonemen anders sei als die derjenigen, von denen angenommen wird, dass sie ‚Koreaner' seien.

Die im Anschluss an die Katastrophe verteilten Dokumente mit den ‚Erkennungsmerkmalen' der Koreaner, die in der oben angeführten Passage erwähnt werden, verdienen im Zusammenhang mit der hier behandelten Problematik zweierlei Beachtung. Erstens spielen sie eine zentrale Rolle in der am Rande geführten Debatte bezüglich der Frage, wie und aus welchem Grund

言う」と述べている。※二五

バベルの塔

この文脈に関連し、人類のテキストの連なりの中で見出されうる確実に最も知られた例は、バベルの塔建設にまつわる物語である。これは古代バビロニアの物語で、旧約聖書に記されており、人間が天の神に届くほど高い塔を建設し神と同等になろうとした、つまり、全能の創造者が、唯一神としての地位を地上から脅かされたという物語である。この全能の神は、バビロニアの物語では「ベル」※二六と呼ばれ、旧約聖書では「ヘブライの神」※二七と呼ばれる。この神は、どちらのバージョンでも同じ手段をとる。つまり、言葉を奪うことで人間を罰するのだ。これは先ほど説明したことによると、記号論的モジュールは、記号構造のヒエラルキーの中でも、二位以下を大きく引き離して最高位にあり、これが社会的行為と相互行為の生産手段なのである。人間の文明の神々と、その命に限りのある使者であるシュメール人の王は、権力と謙遜と服従と転覆から成るものを知っていた。そのものとは唯一、言語であった。言語こそが、政治権力の生みの親なのである。天から来たものであれ、地上から来たものであれ、メソポタミアの支配者は、少なくとも近代の西欧や西欧化された社会の権力者より四千年早く、絶対的な社会統制と支配の前提は、単一言語主義であるということを知っていたのだ。そしてこの単一言語主義こそ支配者から暴力的にもたらされたものだったのである。※二八

67

社会的葛藤と言語行為

し、西欧思想における第一次言語学革命と呼ばれ、一九世紀のドイツ哲学の世界観まで続いた。

ニーチェは、世界観としての哲学における最後の、そしておそらく最も著名な思想家であろうが、社会的集団とその言語の自存性と存続における関係及び相関性に言及したその数々の名言のなかの一文でこう述べている。「なぜなら、ドイツ語に対して罪を犯した者は、我らのドイツ的なるものの神秘性を汚したのだ。様々な民族や慣習が入り交じり変化しても、ドイツ語だけは、あたかも形而上的魔法をかけられたかのように生き残り、このことによってドイツ精神をも守り通したのである。ドイツ語こそは、昨今の自ら神を恐れぬ手におちない限り、ドイツ的精神を将来においても保障する唯一のものなのだ」。(Nietzsche, Friedrich. 1954: Volume 1, S. 197)

このことに関連して、フランツ・ボアズ、ブロニスワフ・マリノフスキ、エドワード・サピア、ベンジャミン・ウォーフらの研究にも触れなければならないだろう。彼らは、ドイツ観念論に影響を受け、社会的構造がとりわけ言語的構造であるという解釈に到達し、社会構造を理解するためには社会参加者の言語的行為を理解することが必須であるという、人類学の基本原理のひとつを樹立したのである。「言語的相対性原理」は、特にエドワード・サピアとベンジャミン・ウォーフによって発展されたものだが、それは言語が社会における個人の思考と行為を規定する、と述べている。

また、構造主義人類学者の祖として知られているレヴィ＝ストロースの研究についての様々な論文は、例外なく、言語と社会構造の関係が根本的なものであり、且つ、相互に不可欠なものであることを裏付けている。彼は『人間』と言う者は、『言語』と言い、且つ、『言語』と言う者は『社会』と

die ‚Koreaner' zum Nationalfeind erklärt wurden. Konkreter formuliert ist die Frage: Wo genau lag die Quelle der das Massaker einleitenden Gerüchte, dass Koreaner die Wasserbrunnen vergifteten, dass sie Bomben würfen, dass sie japanische Frauen vergewaltigten usw.? Ist also der Ausbruch dieser Gerüchte auf einen allgemeinen, tief in der Gesellschaft verwurzelten Koreanerhass zurückzuführen oder geht er auf das Konto der Obrigkeit?

Die besagten Dokumente werden als einer der wesentlichsten Beweise der Position geführt, die meint, dass die Gerüchte ihren Ursprung nicht in der Denkweise der normalen Leute, sondern im politischen System und seinem Sicherheitsapparat, im Militär, Paramilitär und im Polizeiapparat hätten[43]. Auf den Punkt gebracht sagt die andere Front der Debatte, dass der Umstand, dass die bewaffneten *jikeidan*[44]-Gruppen zur Identifizierung der Koreaner die Passanten dazu zwangen, „jū-go-en" oder „go-jū-go-sen" auszusprechen, weise darauf hin, dass es sich um kollektiven Hass und kollektive Vorurteile gegen Koreaner handele. Dass es dabei darum geht, dass im Koreanischen eine Aufeinanderfolge von bestimmten stimmhaften Lauten nicht möglich ist, und somit Koreaner bestimmte Lautketten nicht richtig artikulieren könnten, und statt „jū-go-en" oder „go-jū-go-sen" „chū-ko-en" bzw. „ko-chu-ko-sen" sagen würden, mache das Ganze zu einer puren sprachlichen, sprachbasierten oder -zentrierten Sache. Da Sprache die ‚Nation' personaliter sei, zeige der sprachliche Charakter des Vorfalls, dass in Japan eine tiefe allgemeine koreanerfeindliche Gesinnung bereits vor der Katastrophe existiert hätte.[45]

Dokusan Kan tendiert dazu, die Quelle der zum Massaker geführten Gerüchte nicht in der Gesellschaft, sondern in dem Willen des Staatsapparats zu sehen. Der Beweis sei eben das besagte vom Staat gefertigte und verbreitete Dokument zur „Identifizierung der Koreaner"[46], das im Jahre 1913, also 3 Jahre nach der Annexion der koreanischen Halbinsel, vom Innenministerium, der Behörde für Polizeiangelegenheiten, gefertigt und an alle regionalen Behörden gesendet wurde. Eine englische Übersetzung dieses Dokuments findet sich im Anhang der Arbeit von Michael Weiner über die Ursprünge der Koreanischen Gemeinde in Japan[47].

Konfrontation zwischen dem Türkischen und Deutschen im Kontext der Nachkriegsarbeitsmigration

Betrachtet man die Geschichte des Kontakts und der Konfrontation zwischen der türkischen Sprache und der deutschen Sprache im Kontext der Nachkriegsarbeitsmigration, so kann sie in drei bis vier Perioden gegliedert werden. Die ersten zwei Segmente lassen sich kalkulieren, indem der sogenannte „wilde Streik" bei Ford als Referenzpunkt gesetzt wird. Demnach dauerte die erste Periode vom Anwerbebeginn etwa um das Jahr 1960 bis 1973, als die „wilden Streiks" bei Ford ausbrachen. Diese Periode könnte die prä-Fordstreik-Periode oder die Periode des ‚edlen Wilden' genannt werden.

Die Zeitspanne von 1973 bis 1990 kann als die post-Fordstreik-Periode benannt werden. In dieser Periode mussten die Zuwanderer – nachdem sie psychologisch, soziopsychologisch und sprachlich zwischen ihrer Heimat und Deutschland hin und her gerissen waren – sich schließlich eingestehen und still resignierend sich damit abfinden, dass sie in Deutschland bleiben würden.

Die Periode seit 1990 unterscheidet sich von den vorherigen durch die Tatsache, dass mit der Wiedervereinigung von Ost- und Westdeutschland und im Kielwasser des Zerfalls des realsozialistischen Blocks und des ausklingenden Kalten Kriegs radikale Veränderungen in der Konfrontation und Interaktion zwischen der Mehrheitsgesellschaft und den Minderheiten bzw. zwischen der Sprache der Mehrheitsgesellschaft und denen der Minderheiten stattfinden.

Dieses Segment könnte sinnvoll in zwei Subsegmente unterteilt werden, indem etwa das Jahr 2000 als Demarkationslinie gesetzt würde. Denn beginnend ungefähr im Jahr 2000 nimmt ein relativ neuer Typus von Soziemen stetig an der Zahl zu. Das Soziem dieses neuen Typus ist in einer Familie der Migranten der späteren Generationen geboren, es ist polyglott und verfügt über die Staatsangehörigkeit eines europäischen Staates, es identifiziert sich mit dem sogenannten ‚Ursprungsland' bzw. der ‚Wurzelgesellschaft' nicht

エフライムを撃ち破った。これはエフライムと マナセのうちにいるエフライムの落人だ」と言ったからである。／五・そしてギレアデびとは エフライムに渡るヨルダンの渡し場を押えたので、エフライムの落人が「渡らせてください」 と言うとき、ギレアデの人々は「あなたはエフライムびとですか」と問い、その人がもし「そ うではありません」と言うならば、／六・またその人に「では『シボレテ』と言ってごらんな さい」と言い、その人がそれを正しく発音することができないで「セボレテ」と言うときは、 その人を捕えて、ヨルダンの渡し場で殺した。その時エフライムびとの倒れたものは四万二千 人であった。(注三〇)

結局四万二千人のエフライム人に対する虐殺を引き起こすこの葛藤の根源は、ギレアデの人を前 者と識別し、彼らを社会的実体として確立、同時に彼らの内部結束を生み出して、この結束の存続 を保証した要素であった。この混ぜ物のない言語的要素は、ただ〈š〉という一つの音素から成り 立っているという点で、極めて強度が高い。

シボレート II

旧約聖書における、紛争のコード化と紛争の解決としてのこのようなシボレート現象は、今日に

シボレート Ⅰ

　社会的グループの成り立ちや構造、描写そして異なる社会集団間の関係のテクスチャーとダイナミクスのどちらもにおける言語の中心的な役割を強調するもう一つの重要な物語は旧約聖書の第七本「士師記」で語られている。ギレアデ人とエフライム人との不和の原因を成している紛争が——彼らの歴史の背景や、発生、発展に関連して——より複雑な構成を持っていたことは、ありえないことではない。しかし——発生や発展そして「解決」を含む——時期ごと局面ごとに、社会的葛藤の索引付けと印付けは、純粋な言語的コード化として顕在化する。マナセとエフライムは、ヨセフの一番目と二番目に生まれた息子で、彼らの一族は、事実上、兄弟部族である。さらに、ギレアデ人は、一明らかに、西のマナセならびにエフライム人から、部外者として描かれているにも関わらず——マナセの一部とギレアデ人全員は、同じ言語を話す。つまり、ここで作用する言語的コード化は、制度内のコード化であるということを意味する。さらには、言語的同質性と血統的同質性の両方を考慮すると、これは非常に巧妙で繊細なコード化である。生死のような、ヒューマノイド記号者の精神的宇宙の最末端に属する現象に関する、最終的で回帰不可能な決定の基準となる相違は、同じ記号的サブセット内すなわち同言語内で構成され実現されるからである。

一四・そこでエフタはギレアデの人々をことごとく集めてエフライムと戦い、ギレアデの人々は

und versteht sich autochthon, ohne sich dabei zu der Mehrheitsgesellschaft zu zählen.

Würde ein Blick bezüglich der Geschichte der Beziehung zwischen der deutschen Sprache und der von der Mehrheitsgesellschaft sogenannten „Gastarbeiter" auf diese Perioden geworfen, wäre die Feststellung nicht unzutreffend, dass sich in dem ersten Stadium, in der prä-Fordstreik-Periode also, in diesem Zusammenhang so viel wie gar nichts ereignete. Soziale, d.h. sprachliche Interaktionen zwischen den Mitgliedern der Mehrheitsgesellschaft und den ‚Fremden' sowie ihren Familien waren kaum vorhanden. Die ‚Gastarbeiter' kehrten nach der Arbeit in der Regel in die für sie vorgesehenen Heime zurück; ihre Kontakte zu der Mehrheitsgesellschaft beschränkten sich auf den Arbeitsplatz. Die im Rahmen dieser Kontakte am Arbeitsplatz ausgeführten sprachlichen Handlungen bestanden aus wenigen vornehmlich formelhaften, quasi-rituellen Ausdrücken bzw. Ausrufen wie „Ja", „Nein"; „Guten Morgen", „Hallo", „Auf Wiedersehen".

Die Heime waren auf der Grundlage von zwei simplen prähistorischen Parametern, nämlich ‚Geschlecht' und ‚Herkunftsland' organisiert. Demnach wohnten z.B. in einem Wohnhaus ausschließlich Frauen aus der Türkei, in einem anderen ausschließlich Frauen aus Jugoslawien. Ähnlich waren auch die Häuser der Männer nach Herkunftsland getrennt.

Die zwingende Konsequenz dieser Umstände war, dass sich in einer deutschsprachigen Gesellschaft mikroskopische soziale Inseln bildeten, die einsprachig, gleichgeschlechtlich und eben aus diesem Grunde der Außenwelt vielschichtig verschlossen waren – und obendrein auch der minimalen Ausstattung ermangelten, über die die Bewohner hätten verfügen müssen, um sich nach außen öffnen, zu benachbarten sozialen Systemen Beziehungen knüpfen oder sich bei Bedarf verteidigen zu können.

In jedem Zimmer der ursprünglich für eine Person oder Familie vorgesehenen Wohnung dieser geschlossenen Aufenthaltsinseln lebten 4 bis 6 Personen. Die Organisation dieser Zusammenkünfte wurde vom deutschen Personal, dessen Sprache sie nicht sprachen, und das ihre Sprache nicht sprach, entschieden. 12 bis 18 Personen, die in jeder Wohnung zufällig zusammenkamen, und über deren Zusammenkunft durch Anordnungen entschieden wurde, nutzten dieselbe Küche und dasselbe Bad. Wirft man einen verspäteten / zeitverzögerten Blick auf ein beliebiges Frauenheim der damaligen Zeit, wird man mit folgenden Szenen konfrontiert: Nach der Arbeit wird ins Heim zurückgekehrt und gegessen. Danach schreiben alle, soweit sich die Feder beherrschen lässt, ihren Familien in der Heimat Briefe – ihren Ehemännern und -frauen, ihren Kindern, ihren Müttern, Vätern. Wenn Briefe empfangen werden, werden sie gelesen oder vorgelesen. Sind keine neuen Briefe erhalten worden, dann werden die alten – falls welche vorhanden – wieder gelesen bzw. vorgelesen. Der unentbehrliche Begleitumstand der darauf folgenden individuellen sowie Gruppenaktivitäten, wie z.B. Stricken, Unterhaltung etc., ist die türkischsprachige Musik. Das – wenn auch vorübergehende – Greifbar-, Anfassbar-, Wahrnehmbar-, Hörbarwerden der abstrakten Bindung zu einem immer mehr in die Ferne rückenden Ort wird nur noch durch die z.B. im Radio Budapest ausgestrahlte türkischsprachige Musik möglich. Es werden Lieder der Sehnsucht gehört und es wird allein oder in kleinen Gruppen lautlos geweint.

Kurzum kann von einer Relation zwischen ‚Gastarbeitern' und ‚Deutschen' in der prä-Fordstreik-Periode nicht die Rede sein. Diese zwei Sprachgemeinschaften sind einige Lichtjahre voneinander entfernt. Die geographische Nähe sagt noch nichts aus. Unter diesen Umständen, d.h. wenn noch kein Sprach- und sonstiger Kontakt wirklich vorhanden ist, ist es unmöglich, von einem sozialen Konflikt oder ähnlichen Phänomenen zu sprechen. Außer zum Zwecke des Dienens haben die ‚Gastarbeiter' keine weiteren sozialen Kontakte zur deutschen Gesellschaft. Ja es scheint so, dass ein Wunsch ihrerseits nach sozialen Kontakten kaum vorhanden ist. Das ist wohl kaum ein Thema, sie haben keine Zeit dazu. Denn das ganze Jahr hindurch wird die sowieso ziemlich begrenzte arbeitsfreie Zeit der Vorbereitung auf die 3-4 Wochen gewidmet, die im Sommer in der Türkei verbracht werden sollen. Diese Menschen funktionieren problemloser und ergiebiger als die Sklaven des klassischen Kolonialismus. Für die deutschen Arbeitgeber sowie die davon nutznießende deutsche Gesellschaft erweist sich dieser Zustand selbstver-

団的に虐殺、惨殺された。

旧約聖書の原文と全く同じように、武装した集団が道を塞ぎ、町や村のなかに検問所を設けて、「朝鮮人」は特定の音素gとjを「日本人」とは異なって発音するという一般的な見方を根拠に、日本人は通行人に「十五円 (jū-go-en)」あるいは「五十五銭 (go-jū-go-sen)」と言わせ、自己流の音声学者としての権限によって、彼らがその場で虐殺されるかどうかを決定した。

　文明の見せかけは、どこでもそうであるように、日本でも、突風の一撃で簡単に一掃されうるような、ただ薄い層をなすにすぎなかったようである。その後ろに、むき出しの、計り知れない暴力が待ち構えていた。十日ばかりの間に六千人余りの朝鮮人が虐殺された。朝鮮人は、日本人と外見上では即座には差異が見られないので、朝鮮人の「識別特徴」と記載された文書が配布された。朝鮮人であることを正確に確認する手っ取り早い方法として、母音の組み合わせを含むある言葉や文を、発音させることが役立った。なぜならそれらは朝鮮語の形式の中には、朝鮮人にとっては習得するのが難しいのであった。よく使用された成句(熟語)は、日本語で「じゅうごえんごじゅうごせん」と発音され、朝鮮人にはいわゆる正しく習得できない金銭数の「十五円五十五銭」であった。疑わしいものが来た場合、「じゅうごえんごじゅうごせん」と暗唱することを強制した。次の瞬間に、銃剣か刀が彼の身体を切り裂くかどうかは、発音の正確さにかかっていた。混乱して、とっさにうまく反応できなかったすくなからぬ数の日本人

至るまでの人類史のほとんどあらゆる時代に再発見することができる。比較的最近の例のひとつは、東京や横浜そしてその周辺地域を荒廃させた一九二三年の関東大震災後の日本で起こった。

一九二三年昼に表層マグニチュード七・九の地震が起こった。大地震とそれに引き続く火災旋風で、約十万人余が死亡。加えて四万人が行方不明になったとされ、死亡数は約十四万から十五万人と推定される。

当時、東京と横浜の多くの地域に約二万人の朝鮮人が住んでいた。

朝鮮における日本統治のいわゆる「土地調査事業」の間に、自分の国を失い、日本に仕事と食物を求めて来た、大部分の朝鮮人は農民たちだった。少し前に移住してきた彼らの多数は、したがって日本語が出来なかったので、工場、又は建設現場で働くしかなく、集合下宿屋の哀れな状況の下で暮らしていた。日本人との接触はなく、朝鮮人は労働に対して、日本人の報償のほんの一部に相当する額だけを受け取っていた。

地震と大火のあと、いくつかの新聞の記事、貼り紙、又はメガホンによる布告などで、彼らがこの大災害によって利益を得ており、火を放って強奪と略奪を行っているとの噂が広められ「朝鮮人」たちは火災だけでなく、事実上地震の責任も負わされたのだ。その結果として、公式な数字によれば六千人余りの「朝鮮人」、約七百人の「中国人」が「日本人」によって町のそこかしこで集

ständlich als ideal, weshalb es keinem von dieser Seite einfällt, sich darüber zu beschweren. Andererseits wiederum spricht vieles dafür, dass dieser Zustand einige Vorteile für die ‚Fremden' mit sich bringt. Sie wurden relativ in Ruhe gelassen, die Belästigungen und Belehrungen hielten sich in bescheidenen Grenzen.

Nach dem Fordstreik, der wenig überraschend gleichzeitig mit den ersten Vorzeichen einer ökonomischen Stagnation vonstattengegangen war, änderte sich die Lage dramatisch. Nicht nur in Deutschland, sondern auch im gesamten Europa und nicht nur auf der linguistischen Ebene, sondern auch auf der Ebene der gesetzlichen Regulationen fing das Verhalten der Mehrheitsgesellschaft gegenüber den migrantischen Arbeitern an sich vielschichtig zu ändern. Diese Periode könnte sich als eine kennzeichnen lassen, in der Ärger, Geringschätzung und ähnliche Vernichtungsgesinnungen seitens der Mehrheitsgesellschaft gegenüber den migrantischen Minderheiten kodiert wurden. Diese Kodierung erfolgte vermöge des Ingroup-Antriebs und war ausschließlich dem Gebrauch innerhalb der Gruppengrenzen bestimmt. Mit anderen Worten ist die post-Fordstreik-Periode in Deutschland im Zusammenhang mit der hier zur Debatte stehenden Problematik die Zeit, in der der soziale Konflikt zu brüten anfängt, wobei – es versteht sich von selbst – nicht nur das Nestei, sondern auch der Nistkasten und das angehende Ei vor Allem Sprache sind.

Die Episode nach der Wiedervereinigung zeugte davon, dass die Inkubationsperiode ihr reifes Ende erreichte und das Ei im Nistkasten ankam. Es war nicht mehr für den Ingroup-Verbrauch, sondern mit einer Sendung geboren, höheren Zielen zu dienen. Die Eingravierung des Unerwünschten, des Feindes, auf die Gebrauchssprache der dominanten Gesellschaft in Form von Chiffren reifte aus, und die Sprachhandlung fing im Einklang mit dem Geist der Kodierung an zu vernichten. Scheinbar urplötzlich verwandelte sich Deutschland in einen Ort der Pogrome gegen die türkischsprachigen Migranten und Asylsuchenden. Innerhalb einer relativ kurzen Zeitspanne von den Anfängen der neunziger bis zu den Anfängen der zweitausender Jahre fanden nach offiziellen Angaben mehr als 100.000 sogenannter rassistischer

Angriffe statt und wurden mehr als 130 migrantischer Arbeiter oder Asylsuchender ermordet.

Die Perlen der sprachlichen Kodierung aus den späten siebziger und achtziger Jahren sind, wenn sie überhaupt gelesen werden und adäquat gelesen werden, geschwätzige Vorboten von den todbringenden Taten der post-Wiedervereinigungsphase. Ich will im Folgenden ohne Überleitung ein paar zentrale semantische Routen, unter welchen ich die sprachlichen Kodierungen der post-Fordstreik-Periode subsumiert habe, umrisshaft vorstellen.

Die gewichtigste semantische / kommunikative Komponente einer Teilmenge von Kodierungen, die vornehmlich für den Ingroup-Verbrauch vorgesehen waren, die aber dennoch gelegentlich – um die innere Einheit zu gründen und zu sichern oder aber die Grenzen der Gruppe abzustecken und zu befestigen – auch in der Offensive gegen das Außen eingesetzt werden, ist ‚Parasitismus'. Eine weitere Teilmenge von Kodierungen baut sich um das Semantem ‚Zurückgebliebenheit' auf. Obwohl das, was damit primär gemeint ist, geistige ‚Zurückgebliebenheit' ist, taucht gelegentlich auch eine Variante auf, die dem Adressaten soziale und / oder ökonomische ‚Zurückgebliebenheit' zuschreibt. Eine dritte Route wird anhand solcher Schlüsselwörter wie ‚Unrat', ‚Abfall', ‚Müll' usw. konstruiert, die vor Allem die Wertlosigkeit, Nutzlosigkeit und Minderwertigkeit zum Ausdruck bringen. Eine vierte Gruppe von Kodierungen basiert auf Phantasien und Vorstellungen über ‚Türken', die mit bestimmten Tieren Geschlechtsverkehr haben. Asozialität und Kriminellsein existieren in allen vier Routen als implizite Komponenten und bilden darüber hinaus eine eigenständige weitere Route.

Es braucht wohl nicht eigens darauf hingewiesen zu werden, dass nicht ein einziges von diesen Kodierungspattern und -chiffren neu ist. Es gibt gar nichts Neues in diesem Zusammenhang. Der gesamte Vorrat besteht aus den gleichen alten Codes, die die Sprache der deutschen Gesellschaft nicht nur vor und zwischen den beiden Kriegen und während der großen industriellen Tötung, sondern auch – auf der Ingroup-Ebene – nach dem Holocaust ununterbrochen verzierten. Der einzige Unterschied besteht in der Tat in dem Umstand, dass diese Kodierungen damals für andere soziale Gruppen wie Ju-

軍隊、民兵組織、警察機関の中にその起源を持っていただろうという観点にとって最も重要な証拠となる。[42] 簡潔にいえば、議論の他の側面は、次のように語る。武装した自警団が朝鮮人の識別のため、通行人に「jū-go-en」、又は、「go-jū-go-sen」と発音する事を強制している。その状況は、それ故に、朝鮮人に対する集合的な憎悪、総体的な偏見の存在が問題であることを示している。朝鮮語で特定の有声音の連続が不可能という問題、事実、特有の音響鎖を明瞭に発音出来ないこと、そして「jū-go-en」あるいは「go-jū-go-sen」の代わりに「chū-ko-en」、又は「ko-chu-ko-sen」と発音されることは、全く純粋な言語的、言語的基礎の、又は中心の物事である。言語が「国家」そのものであるのなら、事件の言語的特徴は、日本において深く普遍的な朝鮮人への憎悪の性向が、大惨事の前にすでに存在したであろうという事を示している。[43]

姜徳相は、大虐殺へと導いた噂の源が、社会でなく、国家機関の意図の中に見られるという見解である。その証拠は、前述された、国家によって作成され、配布された「朝鮮人の識別」[44]の文書である。一九一三年、つまり朝鮮半島併合の三年後に、内務省、警察の権限のための当局によって作成され、全地域の役所に送られたのである。この文書の英訳は、Michael Weiner の日本における韓国の自治体の起源についての出版物の付録に見つけられる。[45]

――も、朝鮮人とみなされ同様に殺された。言葉の役割は、植民地的文脈でも、このような死の次元があった(※三九)。

ヨルダン川での歴史的な事件と同様に、ここでも、殺害への願望やこれを厭わない感情、すなわち大災害の後に動的なエネルギーへと転じた、潜在的迫害エネルギーというのは地震のずっと以前から存在していた(※四〇)。――言語的にコード化され(※四一)、殺人犯の自己概念における日本人性と朝鮮人性の概念を構成し、合法化し、維持する集団にうまく差し込まれていた――。ここにおいても、日本人性の全要素は単純な言語的コードに基づいた根拠の上に構成されている、言い換えれば、日本人性は一つ二つの音素が「朝鮮人」だと判断される人々と異なって発音されるというだけの事実の上に成り立っているのだ。

先の一節で述べられた、大惨事の際に配布された朝鮮人の「識別特徴」の記載された文書は、ここで扱われている問題に関連して、二つの点で注目に値する。一番目として、この文書は、どのような理由で「朝鮮人」が国の敵と宣言されたのか、というマイナーな議論のなかで中心的役割を担っている。具体的には、朝鮮人が井戸を毒で汚染している、爆弾を投げている、日本の女性らを凌辱している等というものである。これらの噂の発端は、社会に深く根付いた朝鮮人への憎悪に起因するのか、それとも、当局に原因があるのか。

前述の文書は、その噂が通常の人々の考え方の中ではなく、政治制度とこれに付随する安全機構、

den, Sinti, Roma, Homosexuelle, Kommunisten, Behinderte usw. gebraucht wurden.

Schlussbemerkungen

Die vorliegende Arbeit wurde von der Beobachtung motiviert, dass es einen bidirektionalen kausalen Link zwischen langgezogenen gewaltsamen Konfliktsituationen und einer Reihe von Begebenheiten und Transformation gibt, die sich im Allgemeinen in der Gesamtheit der globalsozialen Zeichensysteme und darunter insbesondere in der Alltagssprache der beteiligen bzw. betroffenen Gesellschaften niederschlagen. Die Reflexionen über die Natur und Funktionsweise dieser kausalen Beziehung im Rahmen der vorliegenden Untersuchung führte zu der Einsicht, dass Ereignisse und Transformationen in den Alltagssprachen der miteinander kontaktierenden Sprachgemeinden kodierte Anzeichen bzw. Vorzeichen von sozialen Konflikten sein und somit als Frühwarnhinweise gelesen bzw. dechiffriert werden könnten.

Wenn nun vor dem Hintergrund dessen, was im theoretischen Teil dieser Abhandlung argumentiert worden ist und mithilfe des hier präsentierten und erläuterten Begriffsapparats versucht würde, eine grobe Bestandsaufnahme der Unterscheidungsmerkmale zu machen, die in der Vergangenheit wie in der Gegenwart das Differential des Menschen ausmachen, müssten der von mir zu diesem Zweck entwickelten Verfahrensweise zufolge drei elementare Schritte unternommen werden. Als erstes muss die Aufmerksamkeit / der Blick weg vom Phänomen selbst gelenkt werden, d.h. sowohl vom statistisch gegebenen Humanoiden als physikalischer Einheit als auch von den Narrativen, mit denen es gern auf sich selbst Bezug nimmt, und stattdessen auf den betroffenen inter-phänomenalen Subraum gerichtet werden.

Als zweites muss sowohl diachron als auch synchron untersucht werden, wie die Phänomene in ihrer sozialen und physischen Umgebung agieren und miteinander interagieren. Der dritte und vermutlich entscheidendste Schritt ist aufzuzeigen und zu bewerten, welche Effekte und Auswirkungen ihre Aktionen und Handlungsweisen auf benachbarte Phänomene haben, mit denen sie inter-phänomenalen Subraum teilen. Denn um die Bedeutung des historisch-statistisch gegebenen Menschen rekonstruieren und die auf ihn bezogenen konzeptuellen Werkzeuge und Vorrichtungen entwerfen, entwickeln, akzeptieren oder ablehnen zu können, ist es unumgänglich, des Verstandes Blick auf das benachbarte Umfeld, auf das unmittelbare Außen zu lenken bzw. zurückzulenken. Denn der verbindliche Maßstab zum Beurteilen und Bewerten der Taten und Handlungen der menschlichen Akteure ist nicht und kann nicht ihr eigenes Selbst sein. Im Gegenteil, um zu verstehen und beurteilen zu können, was ‚menschlich' ist, muss man die Wirkungen ihrer Handlungen auf ihre soziale und natürliche Umgebung in den Blick nehmen, d.h. die Spuren ihres Eingriffs und Eindringens, ihre Destruktivität, den Schaden, den sie anrichten: das endlose Blutvergießen, die zertrümmerten Knochen, das faule und verbrannte Fleisch.

Mit anderen, konkreteren Worten: Der einzig zuverlässige Weg um beispielsweise ein bestimmtes Mitglied einer bestimmten Gesellschaft erkennen, verstehen und bewerten zu können, ist, auf die Spuren, Abdrücke, Risse, Narben derer zu schauen, die – freiwillig oder unfreiwillig – den gleichen oder sich partiell überlappenden inter-phänomenalen Subraum teilen, und damit zur Textur der sozialen Existenz des Ersteren gehören und diese mit bilden.

Zuallerletzt muss darauf hingewiesen werden, dass nicht nur die Gebrauchssprache, sondern auch die betreffende Metasprache, d.h. der Jargon desjenigen Sektors der Wissensproduktionsindustrie, der die Sprache selbst zu seinem Rohstoff bzw. Produktionsgegenstand macht, sich radikal ändern muss. Die sozialwissenschaftliche und darin vor Allem die sprachwissenschaftliche Praxis müssen sich vor und bei jedem Produktionsakt kritisch hinterfragen und ihn im Voraus auf mögliche potenzielle Täterschaft / Mittäterschaft testen

Eine der dringendsten Aufgaben des Sektors ist, vehement und unmissverständlich darauf hinzuweisen, dass Monolingualismus nicht die Norm, sondern eine Anomalie ist. Ich bin der Überzeugung, dass das Phänomen und das Konzept des Multilingualismus den Spracherwerbsprozess und die

二〇〇〇年頃から、ある比較的新しいタイプのソシーム (sociéme) が数の上で増加し始めた。この新しいタイプのソシームは、後世代の移民家庭に生まれ、多言語を操ってヨーロッパの国籍を有し、いわゆる「出生国」ないしは「ルーツをもつ社会」にはアイデンティティを持たず、自らを多数派社会に数えることなしに、その地域の住民だと考えている。

トルコ語・ドイツ語間の関係史的な観点からこれらの時代を簡単に振り返ると、フォードストライキ前の時代には、この二言語のつながりにおいては何ひとつ起こっていなかったと言っても間違いではないだろう。多数派社会の構成員と移民労働者そしてその家族のあいだの社会的すなわち言語的な相互作用はほとんどなかった。移民労働者たちは、就業後は原則として寮に戻ったため、多数派社会の人々と彼らの関係は職場に限定されていた。こうした職場でのふれあいという枠組み内における言語生産は全体としてわずかで、「はい」や「いいえ」、「おはようございます」、「こんにちは」、「さようなら」などのような主に形式的な決まり文句からなっていた。

寮は「性別」と「母国」という二つのパラメータに基づいて組織されていた。これはつまり、あるアパートメントには通常の状況下では、トルコからやってきた女性たちのみが居住しており、そしてもうひとつのアパートメントはユーゴスラビアからやってきた女性たちのみによって使用されていた。同様に男性の住居も出身国によって分けられていた。こうした状況の必然の結果として、比較的短期間のうちにドイツ語社会の中に、単一言語的、単一性別的に生活し、そしてそれゆえに外部世界に対して閉ざされた極めて小さな社会的孤立集団が現れた。その上、これらの社会言語的

83

社会的葛藤と言語行為

戦後の労働移民における
トルコ語・ドイツ語間の対立

　私の考えでは、戦後の労働移民というコンテクストにおけるトルコ語・ドイツ語間の接触と対立の歴史は、三つあるいは四つのセグメントに分けることができる。最初二つのセグメントはいわゆる「フォードへの乱暴なストライキ (Wilder Streik bei Ford)」を基準点として見分けることが可能である。第一セグメントは、大体一九六〇年からちょうど一九七三年の「乱暴なストライキ」が起きるまでの期間であるが、この時代はフォードストライキ前、あるいは「高貴なる野蛮人」の時代と呼ぶことができる。一九七三年から一九九〇年は、フォードストライキ後時代と名づけられる。この時期は、移民労働者たちが―心理的、社会心理的、そして言語的にドイツとトルコの間で揺れ動いたのち―結局はドイツに生涯住むことになるのだという事実に気づかされ、自身を納得させなければならなかった。

　一九九〇年から現代に至るまでの段階に顕著な特徴は、冷戦終結と現存社会主義陣営の衰退後の東西ドイツの再統一に伴って、多数派社会と少数派社会、多数派言語と少数派言語の対立と相互影響における急激な変化が起こったという事実である。この段階は二〇〇〇年を境界線とすることで二つのサブ・セグメントに分けることもできる。

sprachliche Ausstattung der Sozieme – der humanoiden Individuen – viel angemessener repräsentieren und beschreiben. Monolingualismus ist nicht die Norm, er ist ganz im Gegenteil ein relativ neues und der modernen Gesellschaft eigentümliches Phänomen, das überdies im Zusammenhang mit den soziopolitischen Bedingungen, denen er entspring, ein ziemlich begrenztes Phänomen ist. Global gesprochen sind die modernen Gebieter der Erde und in Bezug auf die einzelnen Länder die Mehrheitsgesellschaften souveräner Staaten monolingual. Die nachhaltige Lösung der in diesem Buch thematisierten Probleme liegt vor allen anderen Dingen im Widerstand gegen moderne Monolingualisierung und in der Förderung des Multilingualismus.

Endnoten

1 Vgl. ‚new global trade order' (Patterson 2008).
2 Ich konstruiere und verwende dieses Kompositum mit der Absicht, eine Kontinuität bezüglich der sozialen Funktion und Position zwischen dem Priester des altmesopotamischen Tempels und dem Wissenschaftler der modernen Gesellschaft zu postulieren bzw. erkennen zu lassen.
3 Der gesamte Wissensproduktionssektor wird unmittelbar oder mittelbar von dem Potentaten oder dem Machtblock finanziert. Der Wissenschaftler sitzt im figurativen Sinne auf dem Schoß des Herrschers. Die ‘echte Wahrheit' ist vor allen anderen Dingen ein Produkt dieser Allianz. Diese Allianz – die stets da war und sich um kein Jota bewegt hat – konstituiert eine unverrückbare Symbiose, auf der sich jede historisch nachweisbare Abart des einen und einzigen Organisationsmodus humanoider Gesellschaften gründet.
4 Diesen übergeordneten Organisationsmodus nenne ich ‚todgetriebene Phallokratie'. „I tend to refer to this paramount mode of social organisation as a 'death-driven phallocracy,' with death being its covert motive force, its supporting plinth, its tacit legitimation, and the strongest card up its sleeve, ready for foolproof, gratifying use, whenever a social negotiation threatens to get out of control. This phallic power is fed by death, whereby death, in this respect, is far more the murderability of the human mammal than its mortality." (Gülbeyaz 2011c, S. 107)
5 Der Begriff ‚Kultur', der vor Herder und den deutschen Idealisten von englisch- und französischsprachigen Aufklärern gebraucht worden war, war ein gänzlich anderer. Er hatte noch die älteste belegte Bedeutungskonfiguration und war in dem althergebrachten Sinne benutzt worden, also als ein von Verben wie anbau-

en, züchten, kultivieren, entwickeln, verfeinern, pflegen, bilden etc. abgeleitetes Deverbativ. Der neue Herdersche Begriff der deutschen Idealisten bedeutete und bedeutet etwa „Gesamtheit der geistigen, künstlerischen etc. Ausdrucksformen eines bestimmten Volkes" und hat mit seinem Namensvetter nichts zu tun, außer dass sie Homonyme sind.

6 — Der humane Handelnde der Semiosphäre – den ich im Zusammenhang mit dem gegenwärtigen Kontext auf den Namen „Zeichenling" („signling") umtaufen würde – ist noch nicht in der Lage, sich mit der Frage, ob es eine nicht von Menschen verarbeitete äußere Realität geben könnte, effektiv zu befassen. Er – der Zeichenling – verfügt nicht einmal über die Ausrüstung, die ihn zur Formulierung der adäquaten Frage in diese Richtung ermöglichen könnte. Also ist das, was hier Semiosphäre genannt wird, de facto das einzig mögliche Universum.

7 — „Alles, was ist, ist also aufgrund der irreduzibel spezifischen Existenzweise des humanen Handelnden notwendig ein Zeichen bzw. ein Zeichenphänomen. Von dem Standpunkt des Verfassers dieser Zeilen aus gesehen sind aus diesem Grund der Begriff ‚Zeichen' und der Begriff ‚Phänomen' als Synonyme anzusehen. Kein Zeichen kann für sich selbst stehen, sonst wäre es kein Zeichen. Ein Zeichen bzw. ein Phänomen steht stets für etwas Anderes außer sich. Es zeigt auf etwas, wobei dieses ‚Etwas', zeichensystemisch / sozialhistorisch oder auch synchron gesellschaftlich bedingt, im unterschiedlichen Grade instabil, nicht fixiert sein kann bzw. praktisch ist, was zugleich bedeuten würde, dass das semiotische Objekt in einem gegebenen Zeitraumpunkt alles Mögliche sein kann, wechselhaft und kurzlebig sein kann. Hierin ist ein weiterer signifikanter Anteil der Nachvollziehbarkeit und somit der Legitimität des sogenannten – beinahe jedem zeichentheoretischen Ansatz als zentraler Baustein quasi axiomatisch vorhandenen – Arguments der ‚Arbitrarität' begründet. Was aber aus dem dieser Arbeit zugrundeliegenden Ansatz ausgeschlossen ist, ist die Annahme, dass das Zeichen auf sich selbst zeigen könnte. (Eine unausweichliche Konsequenz dieser Einsicht wäre selbstverständlich die Implikation der Unhaltbarkeit des Identitätskonzeptes.) Im Absoluten Gegenteil ist das Selbst gerade das, was das Zeichen / Phänomen notwendig versperrt. Vergleichbar mit dem blinden Fleck des menschlichen Gesichtsfelds ist das Zeichen / Phänomen der blinde Fleck dessen, was sein Selbst ausmacht." (Gülbeyaz 2011a, S. 167, 168) Jedes Zeichen / Phänomen ist also notwendig nur durch ein Anderes bzw. mehrere Andere zugänglich. Jedes Zeichen / Phänomen sagt über etwas Anderes etwas, allein über sich selbst vermag es nicht irgendetwas zu sagen.

8 — Vgl. ebenda.

9 — Mit diesem theoretisch konstruierten ersten Akt der Nennung entsteht der schmale Urspalt zwischen dem Vorgänger des Humanoiden und der Natur. Der Begriff ‚Denaturalisation' soll auf den Prozess der Menschwerdung hinweisen, indem die umgekehrt proportionale Reziprozität zwischen Naturwerdung und

は不可能なのだ。「移民労働者」は仕事以外にドイツ共同体への社会的接触はなかった。彼らには社会的接触の望みがなかったように映るが、それは、時間がなかったからというのは自明である。なぜなら、年間を通してかなり制限された、夏にトルコで過ごされる為に用意された休暇はどのみち三～四週間しかなかった。この移民労働者たちは伝統的な植民地主義の奴隷よりずっと生産的に問題を起こすことなく機能していた。ドイツの雇用者にとって、また彼らから利益を得ているドイツ社会にとって、この状態は当然のごとく理想的であり、したがって嘆く者など誰もいなかった。一方で、この状態は「外国人」にとって幾つかの長所をもたらしたことを示唆する。彼らは大抵とやかく言われることもなく、嫌がらせや戒めは最小限に停まった。

意外でもないが経済不況の最初の兆しと同時に起こったフォードストライキ後、状況は劇的に変化した。ドイツだけでなくヨーロッパ全体で、そして言語的なレベルだけでなく法的規制のレベルで、移民労働者に対する多数派社会の怒りや軽視、類似した破壊的感情が多数派の言語の中でコード化された時代と分類することができる。このコード化は主に内集団のダイナミクス的原動力によって起こり、そして集団の境界内における制限された消費という排他的目的に適うものであった。言い換えれば、ドイツにおけるフォードストライキ後時代は、社会葛藤が孵化をはじめた時代であり、そしてこの社会葛藤とは――言うまでもないが――巣の卵だけでなく巣箱そして将来的な卵まで、何を差し置いても、言語であった。

孤立集団は、いざというときに住人たちが外部へ開けて周辺の社会システムと接触を試みることのできる、あるいは必要が生じれば彼ら自身を守ることのできるインフラを欠いていた。

元々独り、又は家族を想定した閉鎖的場所の住居の各部屋には、四、又は六人が暮らしていた。この集合の組織は、ドイツ語の話せない移民労働者と、そして彼らの言葉の話せないドイツ人によって決められていた。偶然一緒の住居になる十二から十八人は、その集合の指示を通して決定され、同じ台所と洗面所を使用した。あの当時の女子寮に時間を巻き戻して見てみると、次の情景に対面できる。仕事の後、寮に帰り食事をする。その後全員が、ペンを使えるのならば、それぞれの家族――故郷の夫、妻、子供達、母、父に手紙を書く。手紙を受け取った場合、それを声に出して読んだりもした。新しい手紙を受け取らなかった人は、昔の、もしくはすでにある手紙をもう一度読んだ。編み物やおしゃべりといったような個人的あるいは集団的活動に欠くことの出来ないものは、トルコ言語の音楽だった。つかの間であれ、徐々に遠くなる地との抽象的な結びつきを捉え、触れ、知覚し、聞けるのは、ブダペストのラジオから流れるトルコ語音楽を通してのみ可能だった。ノスタルジックな歌が聞かれ、人々は独りあるいは小さなグループで忍び泣いた。

フォードストライキ前時代におけるある種のトルコ語とドイツ語間の関係を語ることは不可能である。なぜならばこの二つの言語共同体というのは互いに数光年も離れているからだ。地理的な近さというのはしかしながらまったく意味をもたない。こうした前提条件と状況を考慮すれば、つまり事実上言語的接触や関係がない状況では、社会的な葛藤やこれに類似した現象について語ること

86

アブドゥルラッハマン・ギュルベヤズ

Menschwerdung hervorgehoben und augenscheinlich gemacht wird.

10 Diese Interaktion kann in der Tat schwerlich als solche bezeichnet werden. Sie besteht nämlich ausschließlich in den einseitigen und noch immer vergeblichen Bemühungen des Humanoids, sich durch Durchtrennung der die zwei ontologisch miteinander verbindenden zähen Nabelschnur von der Natur zu befreien. Seine Bemühungen sind vergeblich, da das Instrument oder die Technologie für eine erfolgreiche Nabelschnurdurchtrennung immer noch darauf wartet, erfunden bzw. entwickelt zu werden.

11 Das multidimensionale Gitterwerk kann einfachheitshalber und zur Erhebung des Verständlichkeitsgrads als ein zweidimensionales gravitationales Netzwerk gedacht werden.

12 In dem Netzwerk ist eine Reihe von unterschiedlichen Kraftfeldern am Werk, von deren jeweiliger Konfiguration sowohl die Gesamtheit des sozialen Gefüges als auch die einzelnen Vorgänge in einem bestimmten soziohistorischen Raumzeitpunkt maßgeblich abhängen.

13 In meinen englischsprachigen Texten nenne ich diesen ‚the matrical social space'.

14 D.h. sie sind imstande mit den Anhängseln der jeweils kontaktierten bzw. kontaktierenden Felder zu interagieren.

15 In meinen englischsprachigen Arbeiten gebrauche ich die Bezeichnungen ‚social synaptic spots' und ‚bonding-capable adhesive threads'.

16 Vermittels zentraler Konzepte wie Produktionsprozess, Position im Produktionsprozess, Koordinaten der Produktionszeitraum.

17 Bei Bourdieu macht das Konzept ‚soziales Feld', das als eine Art von dreidimensionalem Koordinatensytem konstruiert wird, präzise den Sockel aus, der das gesamte theoretische Gebäude der Bourdieuschen Soziologie trägt.

18 Den Begriff ‚präliminal' benutze ich im Sinne von ‚vor der Schwelle stehend'.

19 Es dürfte ausreichend klar geworden sein, dass ich den Prozess der Menschwerdung ‚Denaturalisationsprozess' nenne, wobei das Wort ‚Denaturalisation' in seinem ursprünglichen Sinne gebraucht wird. Es bedeutet also einfach die Eliminierung, Beseitigung, Herauslösung, Entfernung usw. des Natürlichen, des natürlich Gegebenen.

20 Wobei hinzuzufügen ist, dass ich jegliche Kommunikation, deren Funktionalität auf eine Art von Vehikel und Verarbeitungsverfahren angewiesen ist, als Fernkommunikation betrachte.

21 S. hierzu Gülbeyaz 2010, S. 343 ff. und ders. 2011a, S. 163.

22 „Die Geschichte aller bisherigen Gesellschaft ist die Geschichte von Klassenkämpfen. Freier und Sklave, Patrizier und Plebejer, Baron und Leibeigener, Zunftbürger und Gesell, kurz, Unterdrücker und Unterdrückte standen in stetem Gegensatz zueinander, führten einen ununterbrochenen, bald versteckten, bald offenen Kampf, einen Kampf, der jedes Mal mit einer revolutionären Um-

gestaltung der ganzen Gesellschaft endete oder mit dem gemeinsamen Untergang der kämpfenden Klassen." (Marx / Engels 1872, S. 5)

23 „Wenn es also mit der menschlichen Freiheit keine Naturgeschichte der Menschheit geben kann, wenn mit dem Individuum als unfreiem Wesen nicht operirt werden kann (sei es auch nur aus Unzulänglichkeit unserer geistigen Erkenntnissmittel): giebt es dann noch, und welche sind es die festen Elemente in der Geschichte der Menschheit auf die man rechnen kann; die stets und unfehlbar jenen ‚ewigen ehernen Gesetzen' folgen, unfehlbar und unabweichbar?" (Gumplowicz 1883, S. 37)

24 Ebenda.

25 Nietzsche 1954, Volume 1, S. 197.

26 „‚Don't trust the man who comes to put things in order', said Diderot, whose position has just been stated. For him the history of our race could be summed up as follows: ‚Once there was natural Man. Within that natural Man, an artificial Man was later introduced. Between the two, war broke out, and will go on raging till life comes to an end.' This conception is absurd. Whoever says ‚Man', says ‚Language', and whoever says ‚Language', says ‚Society'." (Levi-Strauss 1961, S. 388 f.)

27 „In the first part we have the anger of Bel, the father of the gods, at the sin of those who were building the walls of Babylon and the mound of tower or palace. [...] The builders were punished by the deity, and the walls that had been set up in the day were destroyed at night. [...] They were, however, confounded on the mound, as well as their speech (tammasle). It is interesting to find the very same word signifying ‚to confound' used in the Babylonian as in the Hebrew account, namely balal, or rather bâlâh. We may also notice that the Hebrew writer once (Gen. XI. 7.) adopts the polytheistic language of the Accadian scribe; the Lord being made to say ‚Let us go down', and there confound their language." (Smith 1880, S. 166 f.)

28 „Es hatte aber alle Welt einerlei Zunge und Sprache. / Da sie nun zogen gen Morgen, fanden sie ein ebenes Land im Lande Sinear, und wohnten daselbst. / Und sie sprachen untereinander: Wohlauf, laß uns Ziegel streichen und brennen! und nahmen Ziegel zu Stein und Erdharz zu Kalk / und sprachen: Wohlauf, laßt uns eine Stadt und einen Turm bauen, des Spitze bis an den Himmel reiche, daß wir uns einen Namen machen! denn wir werden sonst zerstreut in alle Länder. / Da fuhr der HERR hernieder, daß er sähe die Stadt und den Turm, die die Menschenkinder bauten. / Und der HERR sprach: Siehe, es ist einerlei Volk und einerlei Sprache unter ihnen allen, und haben das angefangen zu tun; sie werden nicht ablassen von allem, was sie sich vorgenommen haben zu tun. / Wohlauf, laßt uns herniederfahren und ihre Sprache daselbst verwirren, daß keiner des andern Sprache verstehe! / Also zerstreute sie der HERR von dort alle Länder, daß sie mußten aufhören die Stadt zu bauen. / Daher heißt ihr

に基づいているものである。第四のコードサブグループは、「トルコ人」がある動物と性交するという空想からくるものである。上述の四つのサブグループ全てには反社会性と犯罪性の両方が暗黙の成分として存在し、それ自身で付加的なサブグループを確立している。

これらのコード化パターンや暗号の一つとして目新しいものではないことは言うまでもない。この関係に新しいものはない。これらすべては、二つの大戦の戦前、戦間期、大規模な産業的破壊期間中においてのみならず—内集団のレベルで—ホロコースト以降絶え間なくドイツ社会の言語を飾った古いコードなのだ。唯一の相違点は、こうしたコード化がユダヤ人、シンティ（北部イタリア、中央ヨーロッパのロマの一部）やロマ、同性愛者、共産主義者、身体・精神障碍者など他の社会グループにも使用された事実にある。

結語

私の現在の仕事は、長く引き続いた暴力的な葛藤状況と、一般にグローバル社会の記号システム全体とそれに関して、とりわけ参加、あるいは関与する共同体の日常言語の中に現れる一連の出来事と変化の間に、双方向性因果リンクがあるという観察から動機づけられた。現在の研究の枠内において、これらの因果関係の性質と機能様式についての省察は、次の認識へと導かれる。すなわち、互いが接触している言語共同体の日常言語の中での出来事と変化は、社会的紛争のコード化された

ドイツ再統一の後のエピソードは、抱卵の時期が成熟した結末を迎え、卵が巣箱で孵るというものである。この卵というのは、内集団にとっての消費などではなく、より高尚な目的を果たす運命をもって生まれたものであった。有力派社会の言葉における言語的暗号の形をとった不必要なものと敵の彫り込みが成熟し、言語行動がこのコード化の精神に従って破壊を始める。突然にドイツはトルコ語話者移民と亡命者大虐殺の舞台に変わってしまう。一九九〇年代初頭から二〇〇〇年代はじめ頃までの比較的短期間で、公式な発表によると十万件以上のいわゆる人種差別主義的な攻撃が起こり、百三十人以上の移民労働者と亡命者たちが殺害された。

七〇年代後半から八〇年代の言語的コード化の目立った点は、もししっかりと適切に読み取れば、再統一後の段階の破壊的行動の騒々しい前兆であったことだ。また準備部分は省くが、ここではフォードストライキ後時代の言語的コード化を組み込んだいくつかの中心的な意味論的道筋を紹介したい。

主に内集団に使用されるが、—内部の結合を確立し維持する、あるいは集団の境界を示し確固たるものにする目的で—ときに外部に対しても同様に攻撃においても利用されるコード化のサブグループの中で、意味の上で、またコミュニケーションにおいて最も中心的な成分は「寄生」である。もう一つのコード化のサブグループは、本来精神的な発達遅滞を意味する語だが、時に「社会的遅れ」と同時に／あるいは「発達の遅れ」という意義素を中心に構築されている。三つめは「くず」、「ごみ」といった無価値、無意味さ、劣等感を強調したキーワード

90

アブドゥルラッハマン・ギュルベヤズ

Name Babel, daß der HERR daselbst verwirrt hatte aller Länder Sprache und sie zerstreut von dort in alle Länder." (AT, Martin Luther-Version, Das 1. Buch Mose 11:1 – 11:9)

29 „It is the spell of Nudimmud! / One day there will be no snake, no scorpion, / There will be no hyena, nor lion, / There will be neither (wild) dog nor wolf, / And thus there will be neither fear nor trembling, / For man will then have no enemy. / On that day the lands of Subur and Hamazi, / As well as twin-tongued Sumer—great mound of the power of lordship— / Together with Akkad—the mound that has all that is befitting— / And even the land Martu, resting in green pastures, / Yea, the whole world of well-ruled people, / Will be able to speak to Enlil in one language! / For on that day, for the debates between lords and princes and kings / Shall Enki, for the debates between lords and princes and kings, / For the debates between lords and princes and kings, / Shall Enki, Lord of abundance, Lord of steadfast decisions, / Lord of wisdom and knowledge in the Land, / Expert of the gods, / Chosen for wisdom, Lord of Eridug, / Change the tongues in their mouth, as many as he once placed there, / And the speech of mankind shall be truly one!" (Vanstiphout 2003, S. 65)

30 „Semiotische Verschiebungen innerhalb eines trotz seiner notwendig hybridischen Natur als einheitlich zusammenhängend wirkenden Zeichensystems, die hier — insofern sie sich innerhalb der Grenzen des gleichen Zeichensystems vollziehen — ' intrasystemische Transformationen' genannt werden, bestimmen die Bedeutungszuweisung auf der operationellen Ebene mit. Das heißt, jegliche Verschiebung innerhalb eines Zeichensystems ist zugleich bedeutungskonstitutiv." (Gülbeyaz 2011a, S. 166)

31 AT, Martin Luther-Version, das Buch der Richter 12:4 – 12:6.

32 „In other parts of Tokyo and throughout much of the adjacent prefectures that comprised the Kanto region, rumors began to spread as quickly as the fires; by the next day, as Funaki recounted, they were ‚flying around like arrows'. Often relayed by refugees, some stories suggested that Mt. Fuji had erupted or was about to erupt, while others claimed that a large tsunami had washed away Yokohama or that all cities from Tokyo to Nagoya had been devastated." (Schencking 2013, S. 26)

33 Vgl. Reilly 1971, S. 100.

34 Seelmann 2011, S. 286.

35 „Tales that bands of lawless Koreans had started fires, looted shops and homes, poisoned wells, murdered women and children, and even organized an assault on what remained of the capital all found adherents. Rumors of Korean uprisings and violence spread as far afield as Hokkaido, some 800 km from Tokyo. Such rumors, as Michael Weiner has illustrated, were given legitimacy by the actions of select government officials. A message broadcast by Goto Fumio to every prefectural governor by the government's wireless transmitter at Funabashi is just

one case in point. It read: ‚organized groups of Korean extremists have taken advantage of the disaster and attempted to commit acts of sedition.'" (Reilly 1971, S. 26 f.) – Siehe auch Reilly 1971, S. 100; Cybriwsky 1998, S. 81.

36 „By the middle of September, 3,689 vigilance groups emerged and operated under the pretext of preventing fires, stopping looting, and undertaking night watch and protection activities. Military personnel reported that posters and other announcements that encouraged the formation of neighborhood watch groups often warned of illegal and seditious activities being carried out by Koreans. Tanaka Kotaro remembered that as early as September 2 he saw posters that further unnerved anxious residents to be on guard against "bands of lawless XXX [Koreans] who were throwing small bombs and starting fires" in many parts of Tokyo. Tanaka admitted being moved to join an armed neighborhood brigade after reading a poster that claimed XXX [Koreans] had been caught scheming around the elementary school near his home." (Schencking 2013, S. 27)

37 „It is well known that approximately 6,000 Koreans were killed by the Japanese military, police and populace in the aftermath of the earthquake. The fact that Chinese were also killed received much less attention until recently. According to a recent survey, almost 700 Chinese were killed by the Japanese, mainly in Tokyo and Yokohama (Niki 1993, S. 85), where almost half of the Chinese workers in Japan were living in 1923 (Table 2.3)." (Douglass / Roberts 2000, S. 43)

38 „Usually these neighborhood vigilance groups armed themselves with makeshift weapons, including clubs, iron pipes, swords, and bamboo spears, to repel what they claimed to be anticipated attacks by Koreans. On more than a few occasions, however, neighborhood vigilance groups stopped – and murdered without reason or warning – Koreans or those mistaken as Koreans who attempted to enter an area. Motivated by fear, anger, hatred, or opportunism, other individuals and loosely organized bands of rabble sought out Koreans and murdered them under the pretext of either fire prevention or punishment for the fires that many erroneously claimed that Koreans had ignited. Though an estimated 6,000 Koreans were murdered, only 125 members of vigilance groups were ever prosecuted for crimes committed after the disaster." (Schencking 2013, S. 27 f.)

39 Vgl. u. a. Weiner 1989, S. 207 und Cybriwsky 1998, S. 81.

40 Seelmann 2011, S. 287.

41 „The first large-scale conflict between Japanese and Korean workers took place on 18 November 1910, in Yamanashi Prefecture. More than 100 workers were involved in a fight in which dynamite was used and four workers were killed (Kim, 1990). This was followed by a series of small-scale conflicts. According to the Volume Eight of Nihon Rōdō Nenkan (Labor Almanac of Japan), published in 1927, the causes of antagonism between the Japanese and Koreans were: first, emotional friction, originating from differences in language, customs, and living conditions; second, the contempt and fear by the Japanese, the ruling people, of

した侵害と侵入の足跡、破壊性、被害も直視しなければならない。終わりのない流血、打ち砕かれた骨、腐敗し焼け焦げた肉にも視線を向けなければならないのである。

もう一度別の表現に置き換えてみよう。つまり、「人間」という現象を、ある社会の構成員として承認し、理解し、評価できるためには、彼らの足跡、刻印、断絶、傷痕も見なければならないのだ。望むと望まざるとにかかわらず、彼らが同一の、又は部分的に重なる部分空間を共有している以上、人間は自分と隣り合う現象についても考慮しなければならず、それによって人間は社会に所属し、これを共に構築するのである。

最後に、力説すべきは、日常使用言語だけではなく、関連したメタ言語も、つまりは、言葉そのものを原料にあるいは生産対象にする知識産業の部門が使用する用語も、根本的に変わらなければならないことである。社会学的、中でも言語学的実装はそれぞれの生産行為の前にも、そしてその間にも、自らに対して異議を唱えて、潜在的な加害行為または共犯の可能性をチェックしなければならない。この部門の最も緊急な任務の一つは、単一言語主義という現象が標準・基準ではなく、逆に変則であることを、あくまでそして明白に指摘することである。

私は単一言語主義が標準的ではないと考える。むしろ、多言語主義の現象と概念こそが言語習得プロセスや、社会素─人間個人─の言語装備をよりずっと適切に表現し説明しているという考えである。単一言語主義は標準ではなく、それどころかこれは現代社会特有のかなり新しい現象であって、さらには、これが生じた社会政治的状況の観点からすれば、まだ非常に限られた現象に過ぎな

社会的葛藤と言語行為

徴候、又は前兆であり、したがって早期警戒情報として読み取られ、解読されることが出来る、という認識である。

前述の「人間」という概念についての話はひとまずおくことにして、過去および現在において、「人間」というカテゴリーに対しどのような区別の基準が与えられてきたのかを見ることにしよう。つまり、どのような特徴によって人間は人間らしく見えるのだろうか。この特徴を認識するためには、次の三つのステップが必要だと思われる。第一に「人間」という現象そのものから目をそらし、その周囲に目を向けること。つまりヒューマノイドからも、物理的構成単位からも、ナラティブなものからも視線を逸らせることである。これらは互いに関連を持ちたがるが、それに反して現象間の部分空間を形成することになる。

第二に、個々の人間という現象が、社会的・物的環境においてどのような役割を演じ、いかに互いにまとまり合っているかを、通時的かつ共時的に調べることである。第三に、おそらくこれが最も重要なステップだと思われるが、「人間」という現象の行為や行動の仕方が、部分空間を共有する周囲の現象に対しどのような効果や作用を与えているのかを調べ、評価することである。つまり「人間」が何かを記述しようとするなら、「人間」それ自体を見つめるのではなく、「人間」が他者に、つまり周囲の現象にどのような影響を与えるのかを調べなければならないのである。なにが「人間」なのか理解し評価するためには、人間の行為や行動を判断し評価するのは、自分自身ではありえないからだ。人間は人間の行為を社会と自然環境の中で観察し、自らが引き起こ

94

アブドゥルラッハマン・ギュルベヤズ

the Koreans, the ruled people; third, troubles originating from employment relations, involving such issues as wages not being paid." (Douglass / Roberts 2000, S. 44 f.)

42 „Nachdem das Japanische, nach der Annexion Koreas, als ‚Nationalsprache' auf der koreanischen Halbinsel eingeführt worden war, wurde das Koreanische immer mehr an den Rand gedrängt. Ab 1938 wurde der Gebrauch der koreanischen Sprache nicht nur in Japan, sondern auch auf der kolonisierten Halbinsel total verboten. Sogar innerhalb der Familie sollten die Koreaner ihre Muttersprache nicht mehr gebrauchen. Wenn kleine Kinder auf dem Schulhof miteinander koreanisch sprachen, wurden sie hart bestraft. Die ‚Gedankenpolizei' hielt Kinder dazu an, den Behörden Meldung zu machen, wenn innerhalb der Familie zu Hause koreanisch gesprochen wurde. Eine weitere Zwangsmaßnahme war das ‚Namensverbot'. [...] Die Maßnahme zwang alle Koreaner ihre eigenen Namen in japanische umzuwandeln." (Vogt 2009, S. 53)

43 „Zu dieser Zeit kommen die 1., die 2. und die 3. Kompanieabteilungen angeblich mit dem Ziel Katastrophenopfern zu helfen zum Einsatz; auch die 4. Kompanieabteilung, Iwanami Abteilung, marschiert zwar am Anfang mit dem Ziel, Katastrophenopfern zu helfen, aber am Zweiten vormittags gegen 9 Uhr beginnen sie in Komatsugawa mit dem Morden. Dies bedeutet, dass zu dieser Zeit Ausnamezustand ausgerufen wurde. Es kann ja nicht angehen, dass ein Kommandeur eigenhändig die Entscheidung träfe und Morde beginge; so gab es etliche ähnliche Fälle. Im Ausnahmezustand begann das Militär, Menschen zu töten. Gleichzeitig ging die Polizei mit Megaphonen herum und machte warnend die Meuterei der Koreaner bekannt.

Die Leute, die es mitkriegten, wollten auch ihrem Land Beistand leisten; diese waren vornehmlich heimgekehrte Soldaten, Mitglieder von Jugendorganisationen, Feuerwehrleute, und sie bildeten Bürgerwehrtruppen. Sie erachteten sich aus eigener Iniative und aktiv als authorisiert, mit Amtsgewalt gesegnet, weil diese Leute in der Vergangenheit Militärautorität ausgeübt hatten, also Old Boys der Amtsgewalt waren. In Korea, in China oder in Sibirien hatten sie Menschen getötet. In diesem Sinne wurde der Ausnahmezustand zur antikoreanischen Nationalfront." (Kan 2014, S. 10)

44 Zu Deutsch: ‚Bürgerwehr' oder ‚Selbstschutzgruppe'.
45 Vgl. Kan 2014, S. 11.
46 Vgl. Ebenda.
47 „Chōsenjin Shiki betsu Shiryō ni Kunsuru Ken [Materials for the Identification of Koreans]: October 1913 – The following are examples taken from a circular sent by the Home Ministry Police Affairs Bureau Chief to all prefectural authorities in Japan. – 1. Although there is little difference in height between them and Japanese, Koreans are more erect in stance and there are few of them who are stooped or hunchbacked. – 2. They find it difficult to pronounce voiced conso-

nants like ga - gi - gu - ge - go. – 3. They find it difficult to sit on their heels Japanese style, so they sit cross-legged. – 4. It is their custom not to look directly at women but from the side. – 5. When they retire, Koreans do not wear bed clothes. – 6. When walking they put their heels down first and put little weight on their toes, therefore walking splay-footed and giving the impression of having a very bold attitude. – Source: Pak, Z.K.S.S., Vol. 1, pp. 27-29." (Weiner 1989, S. 207)

Quellennachweise

Cybriwsky, Roman A.: Tokyo: the shogun's city at the twenty-first century. World cities series. New Jersey: Wiley & Sons 1998

Douglass, Mike; Glenda S. Roberts (Hg.): Japan and Global Migration: Foreign workers and the advent of a multicultural society. London, New York: Routledge 2000

Gülbeyaz, Abdurrahman: Küresel-Toplumsal Dönüşüm Süreçleri ve Dillerin Devinimi. In: Hamza Zülfikar; Rasim Özyürek (Hg.): V. Uluslar arası Büyük Türk Dili Kurultayı Bildirileri. Ankara: Bilkent Üniversitesi Yayınları 2010, S. 343-353

Gülbeyaz, Abdurrahman: Ungenierte Meditationen über Zeichentheorie mit Schwerpunkt auf Komplexen Zeichenprozessen. Journal of the Research Institute for World Languages; No. 6/2011, S. 159-173 [2011a]

Gülbeyaz, Abdurrahman: Toplumsal Çatışma ve Dilsel Davranış: Türkçe ve Almancanın İlişkisi Örneğinde. In: Hamza Zülfikar; Rasim Özyürek (Hg.): VI. Uluslararası Büyük Türk Dili Kurultayı Bildirileri. Ankara: Bilkent Üniversitesi 2011 [2011b]

Gülbeyaz, Abdurrahman: Musicalization of Language as a mode of social memory construction and as a strategy of self-preservation of the oppressed: Exemplified by the language and music of the Alevi. In: Yoshiyuki Takashina (Hg.): Toward Hetero-Symbiosis and Tolerance: Lingua-Culture Contextual Studies in Ethnic Conflicts of the World. Lahore: Sang-e-Meel 2011, S. 102-114 [2011c]

Gülbeyaz, Abdurrahman: Transformation Processes in Languzage and Music Behaviour: In Connection with Power- and Bio-Political Modes of Operation. In: Hisao Komatsu u.a. (Hg.): Central Eurasian Studies: Past, Present and Future. İstanbul: Maltepe University 2011, S. 259-266 [2011d]

Kan, Dokusan: Ikkokushi wo Koete. Zs. des Ohara Instituts für Sozialforschung an der Hosei Universität. Sonderausgabe, Großes Kantō-Erdbeben 90 Jahre – Geschichte und Gegenwart der Forschung und Bewegung um das Massaker an Koreanern – No. 668/2014

六 む」「発達させる」「教育する」(grow', 'breed', 'cultivate', 'develop', 'refine', 'nurse', 'educate')などといった動詞に由来する動詞派生語として使用された。新規の革命的概念は、「ある特定の民族の心的、精神的、知的、芸術的、その他諸々の表現形式の総体」を表し、これら二つは同音語であるという以外何ら関わりを持たない。人間が処理していない、この方面においては、適切な問の公式化を可能にしうる道具さえ備えていない。つまり、ここで「記号界」と呼ばれるものは記号界の仲介者は、私はこの場合、「記号者」という名を付け直したいと思っているが、彼はこの方向において、そして唯一のあり得る宇宙なのである。外側にある現実が存在しうるかどうか等についての疑問を今のところ効果的に扱うことできない。

七 人間の単純化できない特定の存在様式により、存在するあらゆるものは全て、すなわち、記号もしくは記号現象である。その理由で、筆者の観点からは、「記号」という概念は同義語と見なされ得る。あらゆる記号はそれ自身で存在しえず、そうなった場合それはもはや記号ではない。ある記号や現象は常に他の何か、その外部にあるものを表わす。それは何かを示し、そうしてこの「何か」は記号体系的・社会歴史的に、もしくは社会同時的にさえも設定され、可変的に不安定で、束縛されることはなく、実用的であり、そしてこれらは同時に、記号対象は与えられた時空点においてどんなものでもあり得るし、変わりやすくそして短命であるということを意味するのである。そしてここにおいて、──中心的構成要素もしくは準公理としての記号への理論的アプローチのほとんど全てに見られる──所謂「恣意性」の議論の包含性及び正当性の更に重要な側面が発見される。しかしながら、本研究における基礎研究法から除外されているのは記号はそれ自身を指示し得るという想定である(そしてこの洞察の不可避な帰結は、アイデンティティの概念の維持不可能性への暗示につながらざるを得ない)。自身は、記号／現象が必然的にそこへの道を塞ぐ絶対的対称である。人間の視野の盲点との比較して、記号／現象は自身を構成する物の盲点である。個々の記号／現象はそれ故必然的に一つ以上の他を介してのみ到達可能である。あらゆる記号／現象は、他の何かについて何かを伝えるが、自身について何をも伝えることはできない。

八 同前書参照。

九 この理論的に構成された初の命名行為と同時にヒューマノイドの祖先と自然の間にそのかすかな原始的裂け目が出現する。「非自然化」の概念は、「自然化」と「人間化」の間にある反比例の返報性を強調してはっきりさせながら、人間化過程を指摘する。

い。地球規模で言えば地球の新たな支配者、そして個々の国家レベルでは主権国の多数派社会は、いずれも単一言語主義的なのである。この本でテーマとされている問題の恒久的解決方法は、何よりもまず、現代的単一言語化に対する抵抗にあり、多言語主義の推進にある。

(翻訳協力：竹内仁奈子)

註

一　new global trade order (Patterson, 2008)

二　真実の魔術師——私はこの複合名詞を、旧メソポタミアの寺院の聖職者と現代の科学者との間の社会的機能に関して並置を行い、そしてそこに見られる連続性を示す為に、考案し適用するものである。

三　全ての知識産出領域は、直接又は間接的に、権力者もしくは国家集団によって経済支援を受けている。科学者たちは比喩的な意味合いで支配者の膝の上に座っている。「真実」とは、他でもなく、この結託関係の産物である。この同盟関係は、常にそこに存在し少しも動じず一壮大な相利共生を成り立たせている。

四　この総括的な上位組織モードを、私は「死の駆動する男根制」と呼ぶ。„I tend to refer to this paramount mode of social organisation as a 'death-driven phallocracy', with death being its covert motive force, its supporting plinth, its tacit legitimation, and the strongest card up its sleeve, ready for foolproof, gratifying use, whenever a social negotiation threatens to get out of control. This phallic power is fed by death, whereby death, in this respect, is far more the murderability of the human mammal than its mortality." (Gülbeyaz 2011c, S. 107)

五　ドイツ理想主義以前に採用されていた「文化 (culture)」という概念は、その本来の意味で、つまりは「育てる／育

Langdon, Stephen Herbert: Semitic. The Mythology of All Races in Thirteen Volumes, Volume V. Reprint of Boston, 1931 original. New York: Cooper Square 1964

Levi-Strauss, Claude: Tristes Tropiques (Translated by John Russel). New York: Criterion Books 1961

Marx, Karl; Engels Friedrich: Das kommunistische Manifest. Mit einem Vorwort der Verfasser. Leipzig: Verlag der Expedition des „Volksstaat" 1872

Nietzsche, Friedrich: Nietzsche-Werke in drei Bänden. Hg. von Karl Schlechta, München: Hanser 1954

Reilly, Benjamin: Disaster and Human History: Case Studies in Nature, Society and Catastrophe. Jefferson, NC: McFarland 1971

Schencking, J. Charles: The great Kanto earthquake and the chimera of national reconstruction. New York u.a.: Columbia University Press 2013

Seelmann, Hoo Nam: Lautloses Weinen: der Untergang des koreanischen Königshauses. Würzburg: Königshausen & Neumann 2011

Smith, George: The Chaldean Account of Genesis. A New Edition, Thoroughly Revised and Corrected (with Additions) by A. H. Sayce, with Illustrations. London: Sampson Low, Marston, Searle & Rivington 1880

Vanstiphout, Herman: Epics of Sumerian Kings: The Matter of Aratta. Edited by Jerrold S. Cooper. Society of Biblical Literature, Atlanta 2003

Vogt, Matthias Theodor u.a. (Hg.): Die Stärke der Schwäche. Frankfurt am Main: Peter Lang 2009

Weiner, Michael: The Origins of the Korean Community in Japan, 1910-1923. Manchester: University Press 1989

一〇 ──その相互関係は実際、相互関係とは呼べない。というのも、基本的には一方向的に、前者にとって存在論的に双方を繋ぐ固いへその緒を切ることによって自身を後者から解放する目的には無益な努力によって構成されるからである。その努力は無駄である。なぜならばコード切断を成功させ得るのに求められる道具や技術は未だに発展・開発を必要としているからである。

一一 ──三次元の格子構造は、必要があれば、簡単に理解しやすくするために二次元の重力構造として考えることも可能である。

一二 ──このネットワークの中で一連のさまざまの力場が作用中であり、ある社会歴史的時空時点における総社会組織も個々の全ての過程がこれらの力場の各自の構成や設定に決定的に依存する。

一三 ──私が英語で書いたテキストの中では「the matrical social space」を使用する。

一四 ──すなわち、接触した場の付属物や影響しあうことが可能である。

一五 ──英語で書くとき「social synaptic spots（社会的シナプス点）」や「bonding-capable adhesive threads（結合可能な粘着性の触手）」使って来た。

一六 ──「生産過程」、「生産過程における地位」又は「生産時空での座標」等のような──マルクス理論に中心的な──概念を用いて。

一七 ──ピエール・ブルデューにおいては、ある種の三次元の座標系として組み立てられる「場」の概念は彼の社会学理論全体の土台となる。

一八 ──前閾的な（pre-liminal）という単語はここで、基本的な表示意味としては（時間的にも空間的にも）閾値より前にという意味で使用されており、この閾値とは記号領域と前記号領域のあいだ、すなわち──普通の言葉でいえば──人間と非人間のあいだの境界線のことである。

一九 ──私が人間化の過程を「非自然化（denaturalisation）」と呼んでいることがすでに十分に明らかになったに違いない。この原始的な意味で用いられる概念は、ただ、自然的なこと、又は自然に与えられたことの除去・処分・排除等という意味である。

二〇 ──それにより、──疑いようなく、幾分正統的ではないが──ある種の媒体やある形態の処理措置に左右される機能性を持ついかなる伝達システムも遠隔コミュニケーションと見なすということを私は読者に前もって断っておかなけれ

アブドゥルラッハマン・ギュルベヤズ

二八 ——そしてわれわれは名を上げて、全地のおもてに散るのを免れよう」。/五.時に主は下って、人の子たちの建てる町と塔とを見て、/六.言われた、「民は一つで、みな同じ言葉である。彼らはすでにこの事をしはじめた。彼らがしようとする事は、もはや何事もとどめ得ないであろう。/七.さあ、われわれは下って行って、そこで彼らの言葉を乱し、互に言葉が通じないようにしよう」。/八.こうしてその町の名はバベルと呼ばれた。主がそこから彼らを全地のおもてに散らされたからである。主はそこから彼らを全地のおもてに散らされたのでに、彼らは町を建てるのをやめた。" (旧約聖書、創世記、第一一章、一〜九)

二九 ——"It is the spell of Nudimmud! / One day there will be no snake, no scorpion, / There will be no hyena, nor lion, / There will be neither (wild) dog nor wolf, / And thus there will be neither fear nor trembling, / For man will then have no enemy, / On that day the lands of Subur and Hamazi, / As well as twin-tongued Sumer – great mound of the power of lordship – / Together with Akkad – the mound that has all that is befitting – / And even the land Martu, resting in green pastures, / Yea, the whole world of well-ruled people, / Will be able to speak to Enlil in one language! / For on that day, for the debates between lords and princes and kings, / Shall Enki, for the debates between lords and princes and kings, / For the debates between lords and princes and kings, / Shall Enki, Lord of abundance, Lord of steadfast decisions, / Lord of wisdom and knowledge in the Land, / Expert of the gods, / Chosen for wisdom, Lord of Eridug, / Change the tongues in their mouth, as many as he once placed there, / And the speech of mankind shall be truly one!" (Vanstiphout 2003, S. 65)

効果的に統一され首尾一貫して活動する記号的システムの中での記号的置換は、同一記号体系の境界内で発生する限りにおいて「体系内」変形とここで名付けられるその必然的混成性にも関わらず、作用可能なレベルで意味付与を共同決定する。これは、記号体系の中のあらゆる置換は同時に意味の組成分であるということを示す。(Gülbeyaz 2016, S. 159ff)

三〇 ——旧約聖書、士師記、第一二章、四〜六。

三一 ——"In other parts of Tokyo and throughout much of the adjacent prefectures that comprised the Kanto region, rumors began to spread as quickly as the fires; by the next day, as Funaki recounted, they were ,flying around like arrows.' Often relayed by refugees, some stories suggested that Mt. Fuji had erupted or was about to erupt, while others claimed that a large tsunami had washed away Yokohama or that all cities from Tokyo to Nagoya had been devastated." (Schencking 2013, S. 26)

ばならない。(Gülbeyaz 2010c, S. 103)

二一──Gülbeyaz 2010c, S. 343 ff. und ders. 2011a, S. 163.

二二──„Die Geschichte aller bisherigen Gesellschaft ist die Geschichte von Klassenkämpfen. Freier und Sklave, Patrizier und Plebejer, Baron und Leibeigner, Zunftbürger und Gesell, kurz, Unterdrücker und Unterdrückte standen in stetem Gegensatz zueinander, führten einen ununterbrochenen, bald versteckten, bald offenen Kampf, einen Kampf, der jedes Mal mit einer revolutionären Umgestaltung der ganzen Gesellschaft endete oder mit dem gemeinsamen Untergang der kämpfenden Klassen." (Marx / Engels 1872, S. 5)

二三──„Wenn es also mit der menschlichen Freiheit keine Naturgeschichte der Menschheit geben kann, wenn mit dem Individuum als unfreiem Wesen nicht operirt werden kann (sei es auch nur aus Unzulänglichkeit unserer geistigen Erkenntnissmittel): giebt es dann noch, und welche sind es die festen Elemente in der Geschichte der Menschheit auf die man rechnen kann; die stets und unfehlbar jenen ‚ewigen ehernen Gesetzen' folgen, unfehlbar und unabweichbar?" (Gumplowicz 1883, S. 37)

二四──同上書参照。

二五──„Don't trust the man who comes to put things in order', said Diderot, whose position has just been stated. For him the history of our race could be summed up as follows: ‚Once there was natural Man. Within that natural Man, an artificial Man was later introduced. Between the two, war broke out, and will go on raging till life comes to an end.' This conception is absurd. Whoever says ,Man', says ‚Language', and whoever says ‚Language', says ‚Society'." (Lévi-Strauss 1961, S. 388 f.)

二六──„In the first part we have the anger of Bel, the father of the gods, at the sin of those who were building the walls of Babylon and the mound of tower or palace. […] The builders were punished by the deity, and the walls that had been set up in the day were destroyed at night. […] They were, however, confounded on the mound, as well as their speech (tammaśe). It is interesting to find the very same word signifying ,to confound' used in the Babylonian as in the Hebrew account, namely balâl, or rather balàh. We may also notice that the Hebrew writer once (Gen. XI. 7.) adopts the polytheistic language of the Accadian scribe; the Lord being made to say ,Let us go down', and there confound their language." (Smith 1880, S. 166 f.)

二七──「一．全地は同じ発音、同じ言葉であった。／二．時に人々は東に移り、シナルの地に平野を得て、そこに住んだ。／三．彼らは互に言った、「さあ、れんがを造って、よく焼こう」。こうして彼らは石の代りに、れんがを得、しっくいの代りに、アスファルトを得た。／四．彼らはまた言った、「さあ、町と塔とを建てて、その頂を天に届かせよう。

三八 Koreans had ignited. Though an estimated 6,000 Koreans were murdered, only 125 members of vigilance groups were ever prosecuted for crimes committed after the disaster." (Schencking 2013, S. 27 f.)

三九 数ある中で Weiner 1989, S. 207 und Cybriwsky 1998, S. 81.

四〇 Seelmann 2011, S. 287.

„The first large-scale conflict between Japanese and Korean workers took place on 18 November 1910, in Yamanashi Prefecture. More than 100 workers were involved in a fight in which dynamite was used and four workers were killed (Kim, 1990). This was followed by a series of small-scale conflicts. According to the Volume Eight of Nihon Rōdō Nenkan (Labor Almanac of Japan), published in 1927, the causes of antagonism between the Japanese and Koreans were: first, emotional friction, originating from differences in language, customs, and living conditions; second, the contempt and fear by the Japanese, the ruling people, of the Koreans, the ruled people; third, troubles originating from employment relations, involving such issues as wages not being paid." (Douglass / Roberts 2000, S. 44 f.)

四一 „Nachdem das Japanische, nach der Annexion Koreas, als ‚Nationalsprache' auf der koreanischen Halbinsel eingeführt worden war, wurde das Koreanische immer mehr an den Rand gedrängt. Ab 1938 wurde der Gebrauch der koreanischen Sprache nicht nur in Japan, sondern auch auf der kolonisierten Halbinsel total verboten. Sogar innerhalb der Familie sollten die Koreaner ihre Muttersprache nicht mehr gebrauchen. Wenn kleine Kinder auf dem Schulhof miteinander koreanisch sprachen, wurden sie hart bestraft. Die ‚Gedankenpolizei' hielt Kinder dazu an, den Behörden Meldung zu machen, wenn innerhalb der Familie zu Hause koreanisch gesprochen wurde. Eine weitere Zwangsmaßnahme war das ‚Namensverbot'. […] Die Maßnahme zwang alle Koreaner ihre eigenen Namen in japanische umzuwandeln." (Vogt 2009, S. 53)

四二 「その時は避難民を救護するという目的で第一、第二、第三小隊と兵隊が出てきますが、第四小隊岩波隊の出動も当初は避難民救護目的が途中、二日の午前九時頃から彼らは小松川で人殺しを始めるのです。これはその時、戒厳令が発布されたと言うことです。出先の将校が勝手に判断して人殺しをするということはないわけですから、そういう例がたくさんありました。戒厳令で軍隊が人殺しを始めた。同時に警官がメガホンを持って朝鮮人暴動を宣伝し廻ります。

それを見た民衆たちが自分たちもお国のために力を尽くすという、これも主として在郷軍人、青年団氣消防団員が

三二 ──── Reilly 1971, S. 100.

三三 ──── Seelmann 2011, S. 286.

三四 ──── „Tales that bands of lawless Koreans had started fires, looted shops and homes, poisoned wells, murdered women and children, and even organized an assault on what remained of the capital all found adherents. Rumors of Korean uprisings and violence spread as far afield as Hokkaido, some 800 km from Tokyo. Such rumors, as Michael Weiner has illustrated, were given legitimacy by the actions of select government officials. A message broadcast by Goto Fumio to every prefectural governor by the government's wireless transmitter at Funabashi is just one case in point. It read: ,organized groups of Korean extremists have taken advantage of the disaster and attempted to commit acts of sedition.'" (Reilly 1971, S. 26 f.) – Reilly 1971, S. 101; Cybriwsky 1998 S. 81.

三五 ──── „By the middle of September, 3,689 vigilance groups emerged and operated under the pretext of preventing fires, stopping looting, and undertaking night watch and protection activities. Military personnel reported that posters and other announcements that encouraged the formation of neighborhood watch groups often warned of illegal and seditious activities being carried out by Koreans. Tanaka Kotaro remembered that as early as September 2 he saw posters that further unnerved anxious residents to be on guard against ,,bands of lawless XXX [Koreans] who were throwing small bombs and starting fires" in many parts of Tokyo. Tanaka admitted being moved to join an armed neighborhood brigade after reading a poster that claimed XXX [Koreans] had been caught scheming around the elementary school near his home.

三六 ──── „It is well known that approximately 6,000 Koreans were killed by the Japanese military, police and populace in the aftermath of the earthquake. The fact that Chinese were also killed received much less attention until recently. According to a recent survey, almost 700 Chinese were killed by the Japanese, mainly in Tokyo and Yokohama (Niki 1993, S. 85), where almost half of the Chinese workers in Japan were living in 1923 (Table 2.3)." (Douglass / Roberts 2000, S. 43)

三七 ──── „Usually these neighborhood vigilance groups armed themselves with makeshift weapons, including clubs, iron pipes, swords, and bamboo spears, to repel what they claimed to be anticipated attacks by Koreans. On more than a few occasions, however, neighborhood vigilance groups stopped – and murdered without reason or warning – Koreans or those mistaken as Koreans who attempted to enter an area. Motivated by fear, anger, hatred, or opportunism, other individuals and loosely organized bands of rabble sought out Koreans and murdered them under the pretext of either fire prevention or punishment for the fires that many erroneously claimed that

アブドゥルラッハマン・ギュルベヤズ

Gülbeyaz, Abdurrahman: Toplumsal Çatışma ve Dilsel Davranış: Türkçe ve Almancanın İlişkisi Örneğinde. In: Hamza Zülfikar; Rasim Özyürek (Hg.): VI. Uluslararası Büyük Türk Dili Kurultayı Bildirileri. Ankara: Bilkent Üniversitesi 2011 [2011b]

Gülbeyaz, Abdurrahman: Musicalization of Language as a mode of social memory construction and as a strategy of self-preservation of the oppressed: Exemplified by the language and music of the Alevi. In: Yoshiyuki Takashina (Hg.): Toward Hetero-Symbiosis and Tolerance: Lingua-Culture Contextual Studies in Ethnic Conflicts of the World. Lahore: Sang-e-Meel 2011, S. 102-114 [2011c]

Gülbeyaz, Abdurrahman: Transformation Processes in Language and Music Behaviour: In Connection with Power- and Bio-Political Modes of Operation. In: Hisao Komatsu u.a. (Hg.): Central Eurasian Studies: Past, Present and Future. Istanbul: Maltepe University 2011, S. 259-266 [2011d]

姜徳相『一国史を超えて――関東大震災における朝鮮人虐殺研究の五十年』「関東大震災九十年――朝鮮人虐殺をめぐる研究・運動の歴史と現在（特集）」大原社会問題研究所雑誌、No.668/2014.6/ 項 10/2014

Langdon, Stephen Herbert: Semitic. The Mythology of All Races in Thirteen Volumes, Volume V. Reprint of Boston, 1931 original. New York: Cooper Square 1964

Levi-Strauss, Claude: Tristes Tropiques (Translated by John Russel). New York: Criterion Books 1961

Marx, Karl; Engels Friedrich: Das kommunistische Manifest. Mit einem Vorwort der Verfasser. Leipzig: Verlag der Expedition des „Volksstaat" 1872

Nietzsche, Friedrich: Nietzsche-Werke in drei Bänden. Hg. von Karl Schlechta, München: Hanser 1954

Reilly, Benjamin: Disaster and Human History: Case Studies in Nature, Society and Catastrophe. Jefferson, NC: McFarland 2011

Schencking, J. Charles: The great Kanto earthquake and the chimera of national reconstruction. New York u.a.: Columbia University Press 2013

Seelmann, Hoo Nam: Lautloses Weinen: der Untergang des koreanischen Königshauses. Würzburg: Königshausen & Neumann 2011

Smith, George: The Chaldean Account of Genesis. A New Edition, Thoroughly Revised and Corrected (with Additions) by A. H. Sayce, with Illustrations. London: Sampson Low, Marston, Searle & Rivington 1880

Vanstiphout, Herman: Epics of Sumerian Kings: The Matter of Aratta. Edited by Jerrold S. Cooper. Society of Biblical Literature, Atlanta 2003

Vogt, Matthias Theodor u.a. (Hg.): Die Stärke der Schwäche. Frankfurt am Main: Peter Lang 2009

中心となり自警団となるわけです。彼らは率先的かつ能動的に権力と結びつく。何故ならこの人たちはかつて軍事権力を行使した人たち、権力のOBだということです。朝鮮や中国やシベリアで人を殺した人たちです。そういう意味で戒厳令が対朝鮮人の国民連合となったと言うことです。」

四三 Kan 2014, S. 11.
四四 同前書参照。
四五 „Chōsenjin Shiki betsu Shiryō ni Kansuru Ken [Materials for the Identification of Koreans]; October 1913 – The following are examples taken from a circular sent by the Home Ministry Police Affairs Bureau Chief to all prefectural authorities in Japan. – 1. Although there is little difference in height between them and Japanese, Koreans are more erect in stance and there are few of them who are stooped or hunchbacked. – 2. They find it difficult to pronounce voiced consonants like ga - gi - gu - ge - go. – 3. They find it difficult to sit on their heels Japanese style, so they sit cross-legged. – 4. It is their custom not to look directly at women but from the side. – 5. When they retire, Koreans do not wear bed clothes. – 6. When walking they put their heels down first and put little weight on their toes, therefore walking splay-footed and giving the impression of having a very bold attitude. – Source: Pak, Z.K.S.S., Vol. 1, pp. 27-29." (Weiner 1989, S. 207)

主要参考文献

Cybriwsky, Roman A. Tokyo: the shogun's city at the twenty-first century. World cities series. New Jersey: Wiley & Sons 1998

Douglass, Mike; Glenda S. Roberts (Hg.): Japan and Global Migration: Foreign workers and the advent of a multicultural society. London, New York: Routledge 2000

Gülbeyaz, Abdurrahman: Küresel-Toplumsal Dönüşüm Süreçleri ve Dillerin Devinimi. In: Hamza Zülfikar; Rasim Özyürek (Hg.): V. Uluslar arası Büyük Türk Dili Kurultayı Bildirileri, Ankara: Bilkent Üniversitesi Yayınları 2010, S. 343-353

Gülbeyaz, Abdurrahman: Ungenierte Meditationen über Zeichentheorie mit Schwerpunkt auf Komplexen Zeichenprozessen, Journal of the Re-

Theresa Specht

Sprachliche Markierungen der ‚Kurden'
im deutschsprachigen Kontext
Zwischen Nichtbeachtung und Kriminalisierung

Deutschland hat nicht nur enge politische Beziehungen in die Türkei und ist der wichtigste Befürworter für ihren EU-Beitritt, die deutsche Sichtweise auf politische Belange der Türkei hat auch Einfluss auf eine allgemeine europäische Perspektive. In diesem Beitrag werde ich einige Beispiele sprachlicher Markierungen in Bezug auf die ‚Kurden' – bzw. ‚Kurdisch', ‚Kurdistan', ‚türkisch-kurdischer Konflikt' usw. – im deutschsprachigen Kontext aufzeigen, die Hintergründe dieser sprachlichen Festlegungen offenlegen sowie die Konsequenzen skizzieren, die sich aus den Kodierungen ergeben. Dabei werde ich einige dominante und wiederkehrende Statements aus Politik und Medien in Deutschland und EU-Europa herausgreifen, aus denen sich die Haltung der Bundesrepublik bzw. der EU zum sogenannten türkisch-kurdischen Konflikt ablesen lässt, und diese mit Positionen aus Gegendiskursen kontrastieren (zum Beispiel mit kritischen Stellungnahmen, Berichten von Menschenrechtsorganisationen sowie von Delegationsreisen in die mehrheitlich kurdischsprachigen Regionen). Drei Punkte sind auffällig, nach denen sich die folgenden Ausführungen gliedern: erstens der Erhalt des Status quo der Türkei, zweitens die Kriminalisierung der pro-kurdischen politischen Bewegung und drittens ‚blinde Flecke' in der Argumentation.

Erhalt des Status quo der Türkei

Als im Jahr 1999 Abdullah Öcalan, der Vorsitzende der Arbeiterpartei Kurdistans (PKK[1]), in einem internationalen Komplott gefangengenommen und an die Türkei ausgeliefert wurde, äußerte sich die EU folgendermaßen:

> Die Europäische Union hält in vollem Umfang an der territorialen Integrität der Türkei fest. Gleichzeitig erwartet sie von der Türkei, dass diese ihr Problem mit politischen Mitteln löst – unter voller Respektierung der Menschenrechte, der Rechtsstaatlichkeit und weiterer Grundsätze.[2]

13 Jahre später heißt es im Verfassungsschutzbericht 2012, der jährlich die Aktivitäten vom Verfassungsschutz beobachteter Organisationen, so auch der

ドイツ連邦共和国は、単にトルコと政治的に緊密な関係にあり、トルコのEU加盟国の最大の支持者であるだけではない。トルコの政治的利害に対するドイツの見解が、欧州全体の視点にも影響を与えるのである。私は本稿において、ドイツ語の文脈における「クルド人」——または「クルド人の」「クルディスタンの」「トルコ・クルド紛争」等——の言語的標識化について、いくつかの例を提示し、この言語的固定化の背景を明らかにするとともに、この符号化から生じる帰結を略述したいと思う。その際、ドイツおよびEU加盟国の政治やメディアにおいて、繰り返される主要な言説をとりあげ、そこからドイツとEUの、いわゆるトルコ・クルド紛争に対する態度を読み取り、反論(例えば、批判的な態度表明、人権擁護団体やクルド語が主要な言語である地域に派遣された代表団によるレポート等)と対比させたいと思う。トルコの現状維持、親クルド政治運動の犯罪化、論証の「盲点」、という三つの問題点が顕著であるため、本稿もこの三点から構成することにする。

トルコの現状維持

一九九九年にクルド労働者党(PKK)の党首アブドゥッラー・オジャランが国際的諜報機関に拘束されトルコに身柄を送致された際、EUは以下のコメントを発表した。

一 欧州連合はトルコの領土不可侵性を全面的に堅守する。同時に欧州連合は、トルコが——基本

ドイツ語における「クルド人」の言語的標識化
―― 無視と犯罪化の狭間で

テレーザ・シュペヒト

PKK dokumentiert:

> Führende PKK-Kader betonen immer wieder, die Organisation habe die früher vertretenen separatistischen Ziele aufgegeben. Gleichwohl strebt die PKK weiterhin einen länderübergreifenden föderalen Verbund aller Kurden im Nahen Osten an. Eine solche Föderation würde die Souveränität der betroffenen Staaten erheblich einschränken. Inwieweit die derzeitigen Veränderungen in der Region Auswirkungen auf dieses Ziel haben, kann noch nicht beurteilt werden. Dies gilt insbesondere für Syrien, wo in einigen Provinzen im Osten des Landes PKK-nahe Kräfte Teile der staatlichen Kontrolle übernommen haben. Die PKK hat – auch und gerade in Deutschland – diesen Prozess unterstützt.[93]

Was ich mit diesen Zitaten zeigen möchte ist: Seitens der Bundesregierung und der EU wird an gegebenen Stellen stets die Anerkennung des Status quo der Türkei betont. Das heißt, sowohl die politische Struktur als auch die territoriale Festlegung, wie sie seit der Gründung der Türkei 1923 bestehen, werden nicht infrage gestellt.[94] Was ist das aber für ein Status quo?

An den Grenzziehungen im Nahen Osten zu Beginn des 20. Jahrhunderts sind die europäischen Großmächte maßgeblich beteiligt, die in den politischen Umwälzungen in der Region des Osmanischen Reiches mitmischen. Nach dessen Kapitulation 1918 wird ein Großteil des Reiches (als Verlierer an der Seite Deutschlands) an die alliierten Siegermächte Großbritannien, Frankreich und Russland verteilt. Die Versprechungen, die die Alliierten während des Krieges einzelnen Bevölkerungsgruppen im osmanischen Vielvölkerreich machten um deren Unterstützung zu bekommen, wurden dabei nicht eingehalten. Bereits während des Krieges hatten die Alliierten im Sykes-Picot-Abkommen (16. Mai 1916) eine dreifache Teilung der kurdischen Gebiete beschlossen, wonach Anatolien an Russland, der größte Teil Mosuls an Frankreich und der westliche Teil Mosuls an Großbritannien fallen sollte. Nachdem das geheime Abkommen infolge der russischen Oktoberrevolution an die Öffentlichkeit gelangte, versuchten England und Frankreich in einer Deklaration vom 7. November 1918 das Vertrauen der betroffenen Bevölkerungsgruppen wiederzugewinnen, indem sie als Kriegsziel die Befreiung und Anerkennung der nationalen Verwaltungen der im Osmanischen Reich unterdrückten Völker angaben. Im Vertrag von Sévres (10. August 1920) spiegelt sich dies nur bedingt wider: Anders als Armenien, dessen unabhängiger Staat im Vertrag anerkannt wurde,⁶⁵ sollte Kurdistan zwar gemäß Artikel 62 Autonomie erhalten, und durch Artikel 64 wurde eine mögliche staatliche Unabhängigkeit in Aussicht gestellt, aber die Bedingungen dafür waren so, dass eine Staatengründung nicht wahrscheinlich war.⁶⁶ Zudem konnte der Vertrag nie durchgesetzt werden, da das osmanische Parlament inzwischen aufgelöst worden war und Mustafa Kemal mit seiner *nationalen Befreiungsbewegung* bereits in Ankara eine neue Regierung gebildet hatte, die jenen nicht anerkannte.

Vier Jahre später wurde ein neuer Friedensvertrag unter völlig neuen Bedingungen unterzeichnet (Friedensvertrag von Lausanne, 24. Juli 1924). Für die einige Monate zuvor gegründete türkische Republik bedeutete er die völkerrechtliche Anerkennung als souveräner Staat. Die Aufteilung des kurdischen Gebiets unter den drei neu gegründeten Staaten Irak, Syrien und Türkei sowie dem bereits existierenden Persien (heute: Iran) fand dadurch internationale Anerkennung. ‚Kurden' werden im Vertrag nicht erwähnt: Die Klauseln zur Regelung der Minderheitenrechte im Staatsgebiet (Artikel 39-45) beziehen sich allein auf religiöse Minderheiten, womit die überwiegend muslimische kurdische Bevölkerungsgruppe – ebenso wie muslimische Araber, Azeri, Lasen usw. – davon ausgeschlossen bleibt.

Während die Türkei bis zur Vertragsunterzeichnung davon spricht, dass sie die ‚Heimat zweier völlig gleichberechtigter Bevölkerungsgruppen': der ‚Türken' und der ‚Kurden' sei, ändert sie ihre Politik nach Abschluss des Vertrags, verhaftet kurdische Regierungsvertreter, verbietet das Kurdische als Amtssprache und ignoriert die Interessen der kurdischsprachigen Bevölkerung weitgehend. Es wird ein Staatsmodell nach dem Vorbild des westeuropäischen Nationalstaats deklariert, womit eine gewaltvolle Assimilierungspolitik beginnt: die Ermordung pro-kurdischer politischer VertreterInnen und führender Persönlichkeiten, Schließung kurdischsprachiger Schulen, Verbot

二〇世紀初頭の近東における国境策定には、オスマン帝国の政治変革に介入した欧州列強が参与し、決定的な役割を演じた。一九一八年の敗戦後、オスマン帝国の大部分は（ドイツ側に味方した敗者として）、戦勝国である連合国イギリス・フランス・ロシアによって分割された。この際、連合国が戦時中に多民族国家オスマン帝国の個々の民族集団からの支持を取り付けるためになされてきた数々の約束は反故にされた。連合国はすでに戦時中に、サイクス・ピコ協定（一九一六年五月十六日）によって、クルド地域を三分割することを取り決めており、この協定によればアナトリア地方はロシアに、モスルの大部分はフランスに、モスル西部はイギリスの手中に落ちることになっていた。ロシアの十月革命の帰結として、この秘密協定の存在が明るみに出て以降、イギリスとフランスは当事者である民族集団の解放と自治権の承認を戦争の目的としていることを宣言した。セーヴル条約されている民族集団の信頼を回復するため、一九一八年十一月七日、オスマン帝国において抑圧（一九二〇年八月十日）は、このことを限定的にしか反映していない。条約によって独立国家が承認されたアルメニアとは違い、クルディスタンは第六二条の規定に従って自治権を獲得し、第六四条の規定によって国家としての独立の可能性を示されたものの、国家建設のための条件は実現の見込みのないものであった。結局のところ、この条約は実現されなかった。オスマン帝国議会が解散させられ、ムスタファ・ケマルが国民解放運動を率いて、すでにアンカラに新政府を設立していたが、この新政府が条約を承認しなかったからである。

四年後、新しい講和条約が新規の条件の下で調印された（一九二四年七月二十四日『ローザンヌ講和条

──的人権・法治国家性・その他の原則を最大限に尊重しつつ──問題を政治的に解決することを希望する。[※二]

連邦憲法擁護庁の監視下にある諸団体の活動を毎年記録する憲法擁護報告書は、この十三年後の二〇一二年版でPKKについて下記のように記している。

PKK指導部は、従来主張してきた分離主義的目標を放棄すると繰り返し強調している。しかし、PKKは依然として近東の全てのクルド人による超国家的連合設立を目的としており、そのような連合は当事者国家の主権を著しく制限し得るものである。該当地域における目下の変化が、今後この目的にどれほどの効果を与えるのかは今のところ定かではない。これは特に、東部のいくつかの州において、親PKK勢力が部分的に国家の統治権を制圧しているシリアに該当することである。PKKはドイツにおいても、いや、まさにここドイツにおいて、この経過を支援しているのである。[※三]

この引用で私が示したいのは、ドイツ政府とEUによるトルコの現状に対する容認が、文中で終始強調されていることだ。つまり、一九二三年のトルコ建国以来の政治体制および領土画定に対し、何の疑問も呈されていないということである。[※四]この「現状」とはどのようなものなのだろうか。

114

テレーザ・シュベヒト

kurdischer Zeitschriften, gewaltvolles Vorgehen gegen die sich formierenden Widerstandsbewegungen, Massenhinrichtungen (z.B. auch durch Verhängung der Todesstrafe in den eingerichteten sogenannten ‚Freiheitsgerichten'), Deportierung von Millionen Menschen aus den östlichen Gebieten in die Westtürkei usw. Ohne jegliche Kritik von außen kann Mustafa Kemal mit den repressivsten und die Menschenrechte aufs Massivste missachtenden Methoden einen Staat nach westlichem Vorbild gründen, der sich darauf beruft, das Territorium einer ‚Nation' abzubilden, und der die Bevölkerungsteile anderer sprachlicher und sozialer Realitäten entweder versucht zu assimilieren oder zu töten.

> Unter dem Begriff Kemalismus wurde nach und nach u.a. ein gegen Minderheiten im Inneren gerichteter, rassistisch-chauvinistischer Nationalismus etabliert. Vor allem die kurdische Minderheit sollte, u.a. auch durch Anwendung von Zwangsmaßnahmen wie das Verbot der kurdischen Sprache und Umsiedlungen, ‚türkisiert' werden.⸿7

Diese ‚Realität' des Staates *einer* Nation wird auch massiv sprachlich hergestellt: Mit Slogans wie *Ein Türke ist einer Welt gleichzusetzen* (*Bir Türk dünyaya bedeldir*) oder *Wie glücklich wer sich Türke nennen kann!* (*Ne mutlu Türküm diyene!*) wird die Idee des Nationalstaats in die Köpfe der Menschen eingetrichtert. Es wurde verboten, die Begriffe ‚Kurdisch' und ‚Kurde' zu verwenden, die kurdischsprachige Bevölkerung wurde als ‚Bergtürken' diffamiert, die lediglich einen schlechten Dialekt des Türkischen sprächen.⸿8

Diese Situation ist in ihren Grundzügen bis heute so, und das ist der Status quo, den die Bundesrepublik bzw. die EU anerkennen. Ein Status quo, der seit seiner Etablierung zu einem bis dato andauernden kriegerischen Konflikt innerhalb der Grenzen der Republik Türkei geführt hat.

> Der grösste Teil des kurdischen Volkes sieht sich 1923 in den Grenzen des eben gegründeten türkischen Nationalstaates eingeschlossen und jeglicher, und sei es nur kultureller eigenständiger Entwicklungsmöglichkeit beraubt. Dabei beruft sich gerade dieser Staat auf europäische Prinzipien. Die Tiefenstruktur der Aufteilung und Marginalisierung in einem Nahen Osten junger nationalistischer Zentralstaaten ist bis heute dieselbe geblieben. Die von Eu-

ropa wenig beachteten blutigen kurdischen Aufstände in der Türkei der Zwischenkriegszeit, die Appelle kurdischer Intellektueller an den Westen (Völkerbund, UNO), die Mahabad-Episode, der bewaffnete Kampf der Kurden im Irak (mit Unterbrüchen) seit den 1960er Jahren und derjenige in der Türkei seit den 1980er Jahren wie auch die humanitäre Operation „Provide Comfort" mit der Einrichtung der UNO-Schutzzone im kurdischen Nordirak (1991) haben an dieser Grundstruktur nichts ändern können. Und selbst das seit 1991 de facto laufende eingegrenzte Autonomie-Experiment der nordirakischen Kurden kann wegen des internen Zwistes kaum als geglückt bezeichnet werden.49

Kieser schreibt dies im Jahr 1997. Auch heute, 17 Jahre später, hat sich an der Grundsituation nichts geändert. Zwar hatten viele Menschen die Hoffnung gehegt, dass mit den Ende 2012 begonnenen Gesprächen zwischen dem türkischen Geheimdienst und dem PKK-Vorsitzenden Abdullah Öcalan eine friedliche politische Lösung in naher Zukunft möglich sei. Doch im Jahr 2014 ist der Konflikt mit dem Krieg des *Islamischen Staats* (IS) gegen die kurdische Bevölkerung im Norden des Iraks und Syriens wieder gewaltvoll an die Oberfläche getreten.

Welchen Anteil haben die EU und insbesondere Deutschland an diesen Entwicklungen? Die deutsche Politik richtet sich bei Belangen, die die kurdische Minderheit betreffen, im Wesentlichen nach der politischen Linie der Türkei. Besonders deutlich wird dies an ihrer Haltung zur PKK. Das Verbot der deutschen Organisation der PKK durch das Bundesinnenministerium 1993 hat weitreichende Konsequenzen, die ich im Folgenden skizziere.

Kriminalisierung der pro-kurdischen Bewegung: Das PKK-Verbot und die Folgen

Dazu zunächst wieder zwei Zitate, diesmal aus aktuellen Pressemeldungen:

Die als Terrororganisation eingestufte verbotene Arbeiterpartei Kurdistans PKK droht mit der Wiederaufnahme des bewaffneten Kampfes in der

ケマル主義という概念の下で、とりわけ内なる少数者に向けられた人種主義的・国粋主義的なナショナリズムが次第に形成された。特にクルド人少数民族は、クルド語使用の禁止や移住などの強制措置により「トルコ化」されるべきとされた。[注七]

この単一民族による国家という「現実」は、言説によって作り出された部分が大きい。『一人のトルコ人は一つの世界と同じ価値がある (Bir Türk dünyaya bedeldir)』『私はトルコ人だ、と言えることは幸いである (Ne mutlu Türküm diyene!)』などのスローガンは、国民国家の理念を人々の頭の中に刷り込んだ。「クルドの」とか「クルド人」という概念を使用することは禁じられ、クルド語話者の住民は、トルコ語の粗悪な方言を話すに過ぎない「山岳地方のトルコ人」という蔑称で呼ばれた。[注八] これが、ドイツ政府およびEUが承認している「現状」なのである。そしてこの「現状」が、その開始以来、トルコ共和国内で今日まで継続している戦闘的紛争を招いたのである。

クルド民族の大部分は、一九二三年のトルコの国民国家設立時に策定された国境の内部に閉じ込められており、自主的な文化的発展の機会に至るまで、あらゆる発展の機会を奪い去られていると感じている。ここでトルコは、まさに欧州の理念を引き合いに出すのである。近東にお

ドイツ語における「クルド人」の言語的標識化

約》。調印の数か月前に建国されたトルコ共和国にとって、この条約は独立国家としての国際法的な承認を意味した。イラク、シリア、トルコの新興三国、および既存国家であるペルシア（現イラン）によるクルド地域の分割は、この講和条約によって国際的に承認されたのである。講和条約は「クルド人」については言及していない。領土内の少数民族の権利に関する条項は、宗教的少数者に関するもののみで、大多数がイスラム教徒であるクルド人住民は――イスラム教徒であるアラブ人、アゼリー人、ラズ人等と同様――権利規定から除外されたのだった。

トルコは、講和条約締結までは「トルコは完全に同等の権利を有する二つの民族集団、すなわちトルコ人とクルド人の故郷である」と表明してきたが、条約締結後は政治的態度を豹変させ、クルド人の政府代表者を逮捕し、公用語としてのクルド語使用を禁じ、クルド語を母語とする住民の利益を無視し続けた。西欧の国民国家を国家モデルとすることが宣言され、同時に暴力的な同化政策が始まった。親クルド的な政治の代表者や指導的人物の殺害、クルド語を使用する学校の閉鎖、クルド語雑誌の廃刊、組織されつつあった抵抗運動に対する暴力的な措置、大量の死刑執行（これには、新設されたいわゆる「自由裁判所」の死刑宣告に基づく処刑も含まれていた）何百万人もの東部住民のトルコ西部への強制移住、等々である。外国からの批判を全く受けることなく、弾圧的で、基本的人権を最も激しく蹂躙する手段で、ムスタファ・ケマルは西欧のモデルに倣った国家を設立し、この国家が一つの「国民」の領土を体現していると標榜し、異なる言語や社会の現実に生きる一部の住民を同化させるか、殺害しようとした。

Türkei.¶10

Mit Waffengewalt und Anschlägen versucht die terroristische Arbeiterpartei Kurdistans ihre Ziele durchzusetzen, sowohl in der Türkei als auch in angrenzenden Ländern. Lesen Sie hier alle aktuellen Beiträge zur Terrororganisation PKK.¶11

Dass das Verbot der 1978 gegründeten PKK, das nach dem Militärputsch 1980 alle politischen Parteien in der Türkei betraf, bis heute besteht, ist nicht verwunderlich, betrachtet man die lange Reihe von Restriktionen und Verboten politischer Parteien in der Türkei, durch die eine demokratische Teilhabe pro-kurdischer Kräfte an politischen Entscheidungsprozessen verhindert wird.¶12 Die Gerichtsverfahren, die gegen sie sowie ihre Vertreter eingeleitet werden, sind bizarr: Meist beruhen sie auf dem Vorwurf des Separatismus, der bereits gilt, wenn Parteien sich nicht ausdrücklich von der PKK distanzieren oder politische Vertreter in öffentlichen Reden Kurdisch sprechen.¶13

Aus der Sicht eines demokratischen Staates, der freie Meinungsäußerung zu den Grundrechten seiner Bürger zählt, müssten derartige Praktiken scharf kritisiert werden. Dennoch funktionieren in der Bundesrepublik seit den 1990er Jahren ganz ähnliche Mechanismen. Sehr deutlich ist dies an den Verurteilungen zu sehen, die in der direkten Konsequenz des PKK-Verbots in der Bundesrepublik 1993 vorgenommen wurden. Denn mit dem Verbot der PKK geht eine sprachliche Markierung als *Organisation des Terrors* einher, die sich in der Berichterstattung bis heute niederschlägt und die sich nicht nur auf die Organisation und deren Mitglieder, sondern auch auf ihr nahe stehende Vereine und Personen bezieht. Unter dem Vorwurf, eine verbotene Organisation zu unterstützen, wurden zahlreiche weitere kurdische Vereine geschlossen,¶14 Flüchtlingen wurde aufgrund ihrer politischen Aktivitäten der zuvor zugesprochene Asylstatus wieder aberkannt, Mitglieder der PKK sowie ihr nahe stehender Organisationen wurden wegen dieser Mitgliedschaft verurteilt. So geschieht es beispielsweise Muzaffer Ayata, Gründungsmitglied der PKK, der bereits im Jahr 1980 in der Türkei verhaftet wurde – also bevor es 1984 zu den bewaffneten Auseinandersetzungen der PKK mit türkischen Sicherheitskräften kam. Über 20 Jahre, bis zu seiner Freilassung auf Bewährung im Jahr 2000 ist Ayata als politischer Gefangener in Haft und erleidet dort schwerste Folter, von der ihm irreparable körperliche Schäden bleiben. Nach seiner Entlassung geht er nach Deutschland und tritt der zu der Zeit in der Türkei noch nicht verbotenen pro-kurdischen HADEP[15] bei. Die Bundesrepublik lehnt nicht nur seinen Asylantrag ab, sondern verurteilt Ayata im Jahr 2006 obendrein zu einer Freiheitsstrafe von dreieinhalb Jahren wegen Mitgliedschaft in einer kriminellen Vereinigung. Dieser wie auch ähnlichen Verurteilungen liegen keine rechtswidrigen Handlungen in Deutschland zugrunde, sondern allein der Verdacht der Unterstützung einer ‚kriminellen Vereinigung'. So werden Exilmedien unter dem Vorwurf, Propaganda für eine illegale Organisation zu betreiben, mit hohen Geldstrafen belegt und verboten – neben zahlreichen Printmedien insbesondere auch die Exil-Sender MED TV (Entzug der Sendelizenz 1999), MEDYA TV (Entzug der Lizenz 2004) und Roj TV (Geldstrafe 2012, der Sender stellte den Betrieb vorerst ein).

Dominant im deutschsprachigen Diskurs ist die implizit in der Sprache festgelegte Verurteilung kurdischer Aktivitäten, die eng mit dem PKK-Verbot verknüpft ist. Die Markierung als *Terrororganisation* wird in der medialen Berichterstattung stets ins Gedächtnis gerufen, das Verbot somit immer wieder bestätigt und erneuert. Die PKK findet breite Unterstützung nicht nur in der Türkei, sondern auch in Europa und insbesondere auch in Deutschland.[16] Menschen, die mit den Ideen der PKK sympathisieren und dies öffentlich bekennen, werden zu potentiellen Akteuren krimineller Handlungen. Anhand eines weiteren Beispiels aus der aktuellen Presse möchte ich aufzeigen, wie diese Kriminalisierung funktioniert. Am 11. Oktober 2014 berichtete der Spiegel über eine Protestdemonstration in Düsseldorf gegen den Angriff des IS auf die türkisch-syrische Grenzstadt Kobane:

> Aus Solidarität mit den bedrohten Menschen in Syrien und im Irak haben sich in Düsseldorf mehr als 20.000 Kurden versammelt. […] Die Demonstranten brachen am Mittag vom Rheinufer zu einer Kundgebung gegen die Terrormiliz „Islamischer Staat"(IS) auf. Auf Transparenten fordern die Pro-

対する態度において明らかである。ドイツにおけるPKK組織は、一九九三年にドイツ内務省によって禁止されたのだが、これがもたらした広範な帰結について下記に述べることにする。

親クルド運動の犯罪化——PKK禁止令とその帰結

この点について、最新の二つの報道から引用する。

・テロ集団として認定・禁止されたクルディスタン労働者党PKKは、トルコにおいて武装闘争を再開すると威嚇した。[一〇]

・テロ組織クルディスタン労働者党は、トルコおよびトルコと国境を接する全ての国において、武力と攻撃によって目的を果たそうとしている。当サイトでPKKに関する全ての最新記事をご参照下さい。[一一]

トルコにおいて、政党に対する大量の制限や禁止令が出されていることに鑑みれば、トルコでの政党に対して適用され、今日まで存続し続けていることは驚くにあたらない。これによって親クルド勢力は、政治的決定の過程への民主主義的参加を阻止されているのだ。[一二] PKKとその指導者

いて支配的な新生国民国家内部での分割と周辺化という根本構造は、今日に至るまで変わっていない。欧州ではそれほど注目を受けなかった戦間期のトルコにおけるクルド人の流血蜂起、クルド人の知識人による西欧（国際連盟、国際連合）に向けてのアピール、マハーバード共和国独立のエピソード、イラク在住のクルド人による一九六〇年代から（中断を含み）続く武装戦闘、トルコ在住のクルド人による一九八〇年代から続く同様の戦闘、一九九一年にイラク北部のクルド人地域に国連による保護地域を設立した人道支援「プロヴァイド・コンフォート」作戦、これらをもってしても、上記の根本的構造を変えることはできなかった。そして一九九一年以来、イラク北部のクルド人に対して事実上導入されている限定的かつ実験的自治でさえ、内部軋轢のため、とうてい成功したとは言えないのである。[九]

キーザーがこれを書いたのは一九九七年のことだが、十七年後の今日においても、基本的な状況は何一つ変わっていない。二〇一二年末に始まったトルコの諜報機関とPKK議長のアブドゥッラー・オジャランの対話は、近い将来、平和的な政治解決が可能になるのではないかという希望を多くの人々に抱かせた。しかし二〇一四年に、この紛争はイスラム国（IS）対イラク北部およびシリア在住のクルド人住民の戦争として、暴力的な形で再び表面化したのである。ドイツは、クルド人少数民族に関する問題の進行にEUと特にドイツはどの程度関与したのだろうか。このことは特にPKKに依拠している。

122

テレーザ・シュペヒト

testteilnehmer „Freiheit für Kobane" und „Stoppt das Massaker in Kobane".
[...]

Die Demonstranten erwarten von der Bundesregierung ein stärkeres Einwirken auf die Türkei, die den Kurden in Kobane beistehen müsse. Sie fordern zudem die Freilassung des in der Türkei inhaftierten PKK-Führers Abdullah Öcalan. Die Kurdenpartei PKK ist in Deutschland verboten. Bei dem Protestzug in Düsseldorf zeigten sich auch Gruppierungen, die der Verfassungsschutz zum Umfeld der PKK rechnet.¶17

Der Hinweis auf das PKK-Verbot und die Beteiligung von Gruppen an der Demonstration, die unter Beobachtung des Verfassungsschutzes stehen, kann nicht als sachliche Feststellung bewertet werden. Durch diesen Zusatz wird die Großveranstaltung, mit der Menschen friedlich gegen den Angriff auf Kobane protestierten, nicht nur in ein negatives Licht gerückt. Die Teilnehmenden an der Demonstration werden dadurch auch implizit unter den Generalverdacht krimineller Aktivitäten gestellt.

Wie sehr durch sprachliche Bezugnahmen ‚Realitäten' geschaffen und in deren Folge politische Handlungen begründet werden, zeigt ein Vergleich sprachlicher Bezugnahmen aus dem Jahr 1999 auf die PKK und die paramilitärische Organisation UCK, die für die Unabhängigkeit des Kosovo kämpfte. Ich zitiere im Folgenden vier Punkte einer längeren Aufstellung Mehmet Şahins, der sich wiederum auf einen Vergleich stützt, welcher am 24.4.1999 in der *Frankfurter Rundschau* veröffentlich wurde:

> — Die UCK wird als eine Befreiungsorganisation gern gesehen und gilt als salonfähig. Die PKK wird als Terrororganisation beschimpft und bekämpft. [...]
> — Wenn die UCK Kämpfer anwirbt, nennt man sie Freiwillige und stellt Sondermaschinen zur Verfügung, um diese Freiwilligen zur Front zu befördern. Wenn die PKK anwirbt, heißt es Freiheitsberaubung, Zwangsrekrutierung und Entführung. [...]
> — Im Fall Kosovo wird die UCK mit Waffen, Technik und Geldern versorgt, auch mit deutschen. Im Fall Kurdistan wird die türkische Regierung militärisch, politisch und wirtschaftlich unterstützt. [...]

— Wenn die UCK in Deutschland Gelder sammelt, nennt man es Steuer und fördert es. Wenn die PKK Spenden sammelt, nennt man es Erpressung.¶18

Obwohl das PKK-Verbot auf einer fragwürdigen rechtlichen Grundlage zustande kommt¶19, besitzt es bis heute seine Gültigkeit. Zudem sind dem Beispiel Deutschlands weitere Länder gefolgt: Vor allem nimmt auch die EU 2004 die PKK in ihre Terror-Liste auf, womit das Verbot verbindlich für alle EU-Länder gilt, auch wenn diese sie nicht selbst als Terrororganisation einstufen.

Missachtet wird bei der Aufrechterhaltung des Verbots vehement, dass die PKK seit der Inhaftierung Öcalans ihre politische Linie vollkommen geändert hat: Sie strebt eine friedliche politische Lösung an und steht mit ihrem Programm in keiner Weise im Widerspruch zu demokratischen Grundrechten beispielsweise jenen der Bundesrepublik Deutschland. Die Forderung der Aufhebung des Verbots zur Ermöglichung eines Dialogs wird seit dem Inkrafttreten immer wieder gestellt. So beispielsweise von Manni Stenner in einem Artikel aus dem Jahr 1998:

> Will man den Dialog und eine Lösung, kann man eine dafür nötige politische Gruppierung nicht verbieten. Öcalan und die PKK haben ihr Versprechen, die rechtlichen Bestimmungen der Bundesrepublik zu respektieren, in den letzten Jahren gehalten. Die Demonstrationen für Öcalan verlaufen friedlich und in der Hoffnung auf Unterstützung der Bundesrepublik für eine politische Lösung. Jetzt ist der richtige Zeitpunkt, das „PKK-Verbot" aufzuheben.¶20

Jüngst wiederholte Ulla Jelpke, Abgeordnete der LINKS-Fraktion, die Forderung (in einem Interview mit *Hintergrund-online* am 26.08.2014) im Anschluss an eine Delegationsreise durch kurdische Gebiete in der Türkei, Syrien und im Irak im August 2014: „Das PKK-Verbot muss weg. Es kriminalisiert Kurden in Deutschland seit zwanzig Jahren. Und im Übrigen: Heute geht man selbst in der Türkei liberaler mit der PKK um als hierzulande." Die politische Linie der Bundesrepublik hat sich seit den 1990er Jahren jedoch in keiner Weise geändert, und Entscheidungsträger reagieren auf die Forderungen der Ver-

のみならず、犯罪者集団に加わった廉で二〇〇六年にアヤタに有罪判決を下し、三年半の自由刑を科した。これに類する一連の有罪判決は、ドイツ国内における犯罪行為に対して下されたのではなく、「犯罪者集団」を支援したかもしれないという容疑に対して下されたのである。亡命メディアは、違法組織のプロパガンダを行った廉で高額の罰金を科され、禁止された。そこには、数々の印刷メディアと並んで、亡命テレビ局MED（一九九九年に放送権はく奪）、テレビ局MEDYA（二〇〇四年に放送権はく奪）、テレビ局Roj（二〇一二年に罰金刑、放送局閉鎖）が含まれていた。

ドイツ語による議論で支配的だったのは、クルド人の諸活動の有罪化が言語内に含意されていることであり、これはPKKの禁止と密接な関係にあった。「テロ組織」という標識化がメディアの報道において常に記憶に刷り込まれ、それが禁止されているということが繰り返し確認され、刷新されるのである。PKKはトルコにおいてだけでなく、欧州、特にドイツにおいて広範な支持を得ている。[16] しかし、PKKの理念に共感し、これを公表する者は、潜在的な犯罪行為の実行者とされるのだ。この犯罪化がどのように機能するのか、最新のプレス報道の一例を挙げて下記に説明することにする。二〇一四年十月十一日、シュピーゲル誌は、デュッセルドルフで行われた「イスラム国」によるトルコ・シリア国境の町コバニへの攻撃に反対するデモについて、次のように報道した。

――シリアとイラクで脅威にさらされている同胞への連帯を示すため、二万人以上のクルド人がデュッセルドルフに集結した。［中略］正午、ライン川岸からテロ軍団「イスラム国（IS）」に

に対して起こされる裁判は奇妙なものだ。大半は「分離主義」に対する非難を訴えの根拠としているのだが、ある政党がPKKと関わりを持っていないと明示していない場合や、代表者が公の場でクルド語を話したというだけでも「分離主義者」と見なされてしまうのである。[13]

言論の自由が市民の基本権の一つとされる民主主義国家の見地からすれば、このような措置は厳しく非難されなければならないはずだ。ところが、一九九〇年代以降、ドイツにおいてもこれと非常に似通ったメカニズムが機能している。このことが最も顕著になったのは、ドイツの一九九三年のPKKに対する禁止令を受けて出された有罪判決においてである。なぜなら、PKKの禁止は「テロ組織」という言語的標識化を伴うものであり、この標識化は今日まで報道で用いられていて、組織の構成員のみならず、その周辺にいる団体や個人にまで及んでいるからだ。さらに、禁止されている組織を支援しているとして、多数のクルド人団体が活動停止に追い込まれ、[14]避難民は政治活動を行った経歴のせいで、一度は得た庇護民の地位を再びはく奪され、PKKや周辺団体の構成員らはそれらの団体に所属しているために有罪判決を受けた。例えば、PKKの設立メンバーであるムザファー・アヤタは、一九八〇年にすでにトルコで拘束されていたが、これは一九八四年にPKKとトルコ治安当局の間で武装衝突が起こる以前のことだった。二〇〇〇年の保護観察付釈放に至るまで二十年以上にわたり、アヤタは政治犯として投獄され、猛烈な拷問に苦しめられてきた。そのため彼の体には完治不可の障害が残った。釈放後、彼はドイツに渡り、当時トルコではまだ禁止されていなかった親クルド団体「HADEP」[15]に加わった。ドイツ政府は彼の庇護民申請を却下した

botsaufhebung stets abschlägig. So antwortet die Bundesregierung auf eine Kleine Anfrage von Abgeordneten der LINKS-Fraktion zum *Beitrag der Bundesregierung zur politischen Lösung des türkisch-kurdischen Konflikts* vom 19. März 2007 auf die Frage: „Erwägt die Bundesregierung angesichts des einseitigen Waffenstillstandes der PKK eine Aufhebung der Einstufung der PKK als terroristische Vereinigung, um damit nationale und internationale Friedensbemühungen zu unterstützen? Wenn nein, mit welcher Begründung?" Antwort:

> Die Klassifizierung der PKK beruht auf einer einstimmigen Entscheidung der zuständigen EU-Gremien. Eine Aufhebung der Entscheidung setzte ein ebenso einstimmiges Votum dieser Gremien voraus. In der Sache besteht zu einer solchen Aufhebung keine Veranlassung: die PKK verfügt, unbeschadet ihrer wiederholten Waffenstillstandserklärungen, über die Fähigkeit zu terroristischen Aktionen und die Entschlossenheit, sich dieser Mittel zu bedienen.[21]

Nicht terroristische Handlungen also sondern allein die *Fähigkeit* dazu veranlassen die Regierung, das Verbot aufrechtzuerhalten und stets zu erneuern. So verkündet ein Sprecher des Innenministeriums im Juli 2008: „Die PKK war und ist eine terroristische Vereinigung."

Auffällig ist, dass die Terrorismus-Markierung stets einseitig vergeben wird und der staatlicherseits verübte Terror demgegenüber nicht zur Sprache gebracht wird. Diesen und weitere ‚blinde Flecke' im deutschsprachigen Diskurs möchte ich im abschließenden dritten Teil thematisieren.

‚Blinde Flecke' in der Argumentation

Am 8. Oktober 2014 heißt es in einer kurzen Notiz in der Tagesschau des ersten deutschen Fernsehens (ARD) zum EU-Beitritt der Türkei:

> Brüssel bescheinigte Ankara in einem Bericht Fortschritte bei der Integration der kurdischen Minderheit. Trotz Kritik, z.B. in Rechtsfragen, rät die

Kommission dazu, die Beitrittsverhandlungen mit Ankara fortzusetzen. Die Gespräche über einen EU-Beitritt der Türkei hatten vor knapp zehn Jahren begonnen.[22]

Die Verbesserung der menschenrechtlichen Situation und der politischen Teilhabe der kurdischen Minderheit spielt eine Schlüsselrolle für den EU-Beitritt im Bereich der Kriterien, die unter dem Stichwort *Menschenrechte und Schutz von Minderheiten* festgelegt sind. Im Beschluss des Rats der Europäischen Union aus dem Jahr 2008 sind dort unter den kurzfristigen, d.h. in 1-2 Jahren umzusetzenden Prioritäten unter anderem folgende genannt:[23] Zur „Verhütung von Folter und Misshandlung" die „Durchführung der im Rahmen der „Nulltoleranz"-Politik beschlossenen Maßnahmen gegen Folter und Misshandlung" sowie ein „verstärktes Vorgehen gegen Straflosigkeit", durch „Gewährleistung zeitnaher und effizienter Ermittlungen durch die Staatsanwaltschaft bei Verdacht auf solche Fälle mit dem Ziel der Identifizierung und Bestrafung der Täter durch die Gerichte". „Im Hinblick auf die umfassende Achtung der Meinungsfreiheit, Überarbeitung und Umsetzung der Rechtsvorschriften in Bezug auf die Meinungsfreiheit, einschließlich der Pressefreiheit". „Gewährleistung der kulturellen Vielfalt und der Achtung und des Schutzes von Minderheiten". Und schließlich zur Situation in der Ost- und Südost-Türkei:

> — Entwicklung eines umfassenden Konzepts zum Abbau des Regionalgefälles, insbesondere zur Verbesserung der Lage in der Südost-Türkei, mit Blick auf die Förderung der wirtschaftlichen, sozialen und kulturellen Chancen für alle türkischen Bürger, einschließlich türkischer Bürger kurdischer Abstammung.
> — Abschaffung des Dorfwächtersystems in der Südost-Türkei.
> — Beseitigung der Landminen.[24]

In den jährlich erscheinenden Fortschrittsberichten der EU-Kommission wird bemängelt, dass die türkische Regierung kaum oder nur oberflächlich Schritte zur Umsetzung der Prioritäten unternehme[25] und teilweise sogar Rückschritte[26] zu verzeichnen sind. Ungeachtet dessen plädiert die Bundes-

――UCKは解放組織として好意的にみなされ、社交界に通用すると考えられている。PKKはテロ組織としてなじられ、攻撃される。[中略]
――UCKが兵士を募るとそれは志願兵だとされ、彼らを前線に送るための特別機が用意される。PKKが兵士を募るとそれは自由の剥奪で、強制的徴兵だとされる。[中略]
――コソヴォ紛争においてUCKは武器・技術・(ドイツからのものも含む)資金の提供を受けたが、クルディスタン紛争においては、トルコ政府が軍事的・政治的・経済的支援を受けた。[中略]
――UCKがドイツで資金集めをすると、それは援助と呼ばれ提供されるが、PKKが募金を集めると、それは脅迫と呼ばれる。[注一八]

PKK禁止令は、その法的根拠さえ疑問視されているにもかかわらず、今日まで効力を維持している。それどころか、他の国々までドイツの例に従っているのである。とりわけEUは、二〇〇四年にPKKをテロ集団のリストに記載した。これによってPKKの禁止令はEUの、これまでPKKをテロ集団とはみなしてこなかった加盟国を含む全加盟国において、拘束力を持つこととなったのである。PKKがオジャランの拘束以後、政治方針を完全に変更していたことは、PKK禁止令が継続されるにあたり甚だしく軽視された。PKKは平和的政治解決を目標としており、その綱領は、例えばドイツにおける民主主義的基本権と何ら矛盾しない。その発令の日から今日に至るまで、PKK禁止令を廃止して対話を可能にすることが繰り返し要求され続けてきた。例えば、マンニ・

反対するためのデモが出発した。デモ参加者は横断幕に「コバニの解放」と「コバニの虐殺の停止」を掲げた。［中略］

デモ参加者は、ドイツ政府がトルコに強く働きかけ、トルコにコバニのクルド人を支援させることを希望し、また、トルコで拘束されているPKK議長のアブドゥッラー・オジャランを解放するよう要求した。クルド人の政党PKKはドイツでは禁止されている。しかし、デュッセルドルフのデモ行進では、憲法擁護庁がPKKの周辺団体と見る集団も姿を現した。

PKKが禁止されていることと、憲法擁護庁の監視下にある集団がデモに参加したことを並べて指摘することは、客観的な報道とは言えないだろう。この一文を付することによって、コバニの攻撃に平和的に反対した大規模イベントが否定的色合いで見られることになっただけではない。このことによってデモ参加者は、犯罪的活動に関わる容疑者だと暗示されることとなったのである。

「現実」というものが、いかに言語的な関連付けによって作り出され、政治的行為がその「現実」の帰結として正当化されるかということを、PKKと、コソヴォ独立のために戦った「コソヴォ解放軍（UÇK）」に関する一九九九年の言説の比較は示している。私は下記に、メーメト・シャヒンの長文の論説の四つの論点を引用する。これもまた比較を論拠としたもので、一九九九年四月二十四日にフランクフルター・ルントシャウ紙に掲載された。

regierung nach wie vor für den Beitritt der Türkei und verbürgt sich für deren ‚guten Willen' zur Orientierung an demokratischen, rechtsstaatlichen und menschenrechtlichen Grundsätzen. Der in Aussicht gestellte EU-Beitritt dient der Bundesregierung als Argument für eine grundsätzlich positive Einschätzung türkischer Politik, gegenteilige Aussagen werden dabei ausgeblendet. Dies wird beispielsweise in der Stellungnahme der Bundesregierung zum bevorstehenden Gerichtsurteil Öcalans nach dessen Verhaftung und Auslieferung an die Türkei im Jahr 1999 deutlich:

> Die Bundesregierung will alles ihr Mögliche tun, um die Vollstreckung eines möglichen Todesurteils gegen Öcalan zu verhindern. Sie werden den Fortgang des Prozesses und die Haftbedingungen Öcalans weiterhin mit großer Aufmerksamkeit verfolgen. Bundesinnenminister Otto Schily warnte unterdessen in einem Gespräch mit der Berliner Morgenpost, ein Todesurteil gegen den Kurdenführer würde einen Beitritt der Türkei zur Europäischen Union erschweren. Die Regierung in Ankara solle die durch die aktuelle Lage gebotene historisch einmalige Chance nutzen, das Kurdenproblem in einer friedlichen Form zu lösen.[27]

Das Urteil des Prozesses, den internationale Beobachter als nicht fair kritisieren, wird in nur neun Tagen gefällt und lautet: Todesstrafe.[28] Es wird später in lebenslänglich umgewandelt, und das ist auch der aktuelle Stand. Seit über 15 Jahren sitzt Öcalan auf der Gefängnisinsel İmralı im Marmarameer in Einzelhaft. Die zahlreichen Demonstrationen für seine Freilassung mit ebenso zahlreichen Teilnehmenden zeigen, dass seine Unterstützung und Anerkennung als politischer Vertreter ungebrochen ist.

Aber zurück zur Argumentationsstruktur der Bundesrepublik, die mit dem Verweis auf den EU-Beitritt der Türkei mögliche Zuwiderhandlungen der türkischen Republik gegen demokratische, rechtsstaatliche und menschenrechtliche Grundsätze ausschließt. Diese Argumentation führt sie bis heute. So wird sie ebenfalls in der Stellungnahme des entscheidenden Gerichts im Abschiebeurteil eines aus der Türkei stammenden Asyl-Antragstellers vom Februar 2011 angewandt und damit die Annahme begründet, dass bei der Rückkehr in die Türkei für den Abgeschobenen keinerlei Folter oder Misshandlungen zu erwarten seien:

> Zudem hat die türkische Regierung alle gesetzgeberischen und administrativen Mittel eingesetzt, um Folter und Misshandlungen im Rahmen ihrer „Null-Toleranz-Politik" zu unterbinden. Es kann davon ausgegangen werden, dass die Türkei, als Vertragsstaat der Europäischen Menschenrechtskonvention (EMRK), Folter und Misshandlung bei aus einem Mitgliedsstaat der Europäischen Union zurückgeführten türkischen Staatsangehörigen bereits deshalb unterbinden wird, um den Beitritt zur Europäischen Union, für die sie große Anstrengungen unternimmt, nicht zu gefährden. Es wäre zu erwarten, dass in diesen Fällen Folter oder Misshandlung durch türkische Bedienstete bekanntwerden würden, angesichts der besonderen Beobachtung, unter der die Türkei wegen ihres angestrebten EU-Beitritts hinsichtlich der Einhaltung der Menschenrechte steht. Jedenfalls könnte dies – auch aus türkischer Sicht – nicht ausgeschlossen werden. Damit wäre eine umfangreiche negative Publizität verbunden, die eine erhebliche Belastung des EU-Beitrittsprozesses der Türkei zur Folge haben würde. Es kann daher davon ausgegangen werden, dass die Türkei schon aus politischen Motiven das mit Folter und Misshandlung eines aus der Europäischen Union zurückgeführten türkischen Staatsangehörigen verbundene Risiko für den EU-Beitrittsprozess nicht eingehen wird und deshalb alles Erforderliche tun wird, um Folter und Misshandlung gerade bei diesem Personenkreis zu unterbinden.[29]

Die Bundesrepublik verlegt sich darauf – auch das ist an beiden Beispielen oben ablesbar –, die politischen Handlungen der Türkei genau zu „beobachten". Ihre Darstellungen weisen jedoch blinde Flecke auf, und so kommt beispielsweise Martin Dolzer, Teilnehmer an zahlreichen Menschenrechtsdelegationen in die Türkei, zu folgendem Schluss: Die Argumentation der Bundesrepublik, „dass sich die menschenrechtliche Situation in der Türkei verbessert habe, ist nur als zynisch zu bezeichnen."[30] Berichte des in der Türkei ansässigen Menschenrechtsvereins IHD[31] sowie internationaler Menschenrechtsorganisation (wie ai und Human Rights Watch), bei denen die Türkei stets oben auf der Liste der Menschenrechtsverletzungen steht, zeichnen dagegen ein anderes Bild.

れに対する答えは次の通りだ。

——PKKに対する裁定はEUの所轄委員会の全会一致によるものだ。よって決定の廃止も、当委員会の全会一致の決議をその前提とする。しかし、本件に関しては決定を廃止する理由がない。なぜなら、休戦宣言を繰り返しているにもかかわらず、PKKにはテロ活動を起こし得る能力も、強固な意志もあるからだ。[注3]

つまりテロ行為ではなく、テロを起し得る「能力」が、ドイツ政府が禁止令を維持・更新し続けている理由だというのだ。内務省のスポークスマンは二〇〇八年七月に次のように述べている。「PKKは過去においても、現在においてもテロ集団である」と。

奇妙なのは、テロリズムの標識化は常に一方的に与えられるのだが、それに対し、国家の側で行われる「テロ」は話題に上らないということだ。私は、このこととドイツ語による議論のさらなる「盲点」について第三部で採り上げ、まとめとしたいと思う。

議論における「盲点」

二〇一四年十月八日、ドイツ第一テレビのニュース番組『ターゲスシャウ』でトルコのEU加盟

シュテナーは一九九八年の記事で次のように記述している。

——対話と解決を望むのであれば、そのために必要な政治的団結を禁ずることはできない。オジャランとPKKは、ドイツの法令を尊重するという約束をここ数年守ってきた。オジャランを支持するデモは平和的に進行し、ドイツが政治的解決に向けた支援を行うことを望んでいる。今こそ『PKK禁止令』を廃止すべき時である。

左派党の国会議員ウラ・イェプケも、二〇一四年八月に行われたトルコ・シリア・イラクへの議員団視察旅行の直後に行われたインタビューで、この要求を繰り返した。「PKK禁止令は廃止すべきである。禁止令はドイツのクルド人を二十年間も犯罪者扱いしてきた。それに今日では、PKKに対してはトルコにおいてさえ、ここドイツよりリベラルな扱いをしているほどだ」と（二〇一四年八月二十六日付オンライン新聞『ヒンターグルンド』でのインタビュー）。しかし、ドイツの態度は一九九〇年代から全く変わっていない。決定権者がPKK禁止令廃止の要求を拒絶し続けているのだ。ドイツ政府は左派政党議員団による「トルコ・クルド紛争の政治的解決のためのドイツ政府の貢献」と題する二〇〇七年三月十九日の小質問に対し回答した。質問内容は以下の通りである。「ドイツ政府はPKKの単独休戦に鑑み、PKKをテロ集団とする裁定を廃止し、ドイツ国内外の平和に向けて尽力することを検討しているのか？ 検討していないというなら、その理由は何か？」こ

134

テレーザ・シュペヒト

Dolzer, die Berichte auswertend sowie eigene Beobachtungen schildernd, beschreibt die Situation in der Türkei folgendermaßen:

> Auch nach der Machtübernahme durch die AKP im Jahr 2002 kam es nach Auskunft des IHD nicht zu wesentlich weniger Menschenrechtsverletzungen. Es haben sich im Wesentlichen nur die Strategien der Repression verändert. In diesem Rahmen kommt es zu mehr Polizeibrutalität und unberechtigten Festnahmen auf und nach Demonstrationen. Auch Folter ist noch immer an der Tagesordnung. [...] Trotz der juristischen Reformen sind die Menschen noch immer ungeheuerlichen Repressionen ausgesetzt. Auch die Zahl der extralegalen Hinrichtungen und der Morde unbekannter Täter nahm seit Ende 2004 wieder zu.[32]

Dolzer bemerkt abschließend, dass „die Anzahl der gravierenden Menschenrechtsverletzungen im Jahr 2009 mehr als bedenklich zugenommen" habe, wobei die Sicherheitskräfte in Regionen mit mehr internationaler Öffentlichkeit subtiler und ‚juristisch' vorgingen, in Regionen der militärischen Auseinandersetzungen würden „die Menschenrechtsverletzungen offener und brutaler[,] teilweise mit großem Sadismus und Zynismus durchgeführt."[33] In den Argumentationen der Bundesregierung finden solche Berichte keine Erwähnung. Weiterhin drückt sie ihr ungebrochenes Vertrauen in die türkische Regierung aus. Mehr noch: In Bezug auf die nach wie vor schlechte menschenrechtliche Situation im Südosten des Landes ist sie in der Schuldzuweisung einseitig und eindeutig; die Schuld sieht sie auf Seiten der pro-kurdischen Kräfte, allen voran der PKK. In den Antworten auf die Kleine Anfrage vom März 2007 heißt es:

> Die Menschenrechtslage in der Türkei hat sich in den vergangenen Jahren allgemein verbessert durch die im Zuge der EU-Heranführung betriebene Reformpolitik der türkischen Regierung. Seit Aufkündigung des einseitig erklärten „Waffenstillstands" durch die von der EU als terroristische Organisation eingestufte PKK im Juni 2004 verübte diese Organisation verstärkt Anschläge in der Südosttürkei, die ihren bisherigen Höhepunkt im Jahr 2006 fanden und sich negativ auf die Menschenrechtslage in der Region auswirkten.[34]

Die Antworten der Bundesregierung zeigen eine grundsätzlich positive und unkritische Sichtweise auf die Politik der Türkei, staatliche Repressionen werden mit keinem Wort erwähnt. Was an den obigen Beispielen deutlich wurde, ist die ‚Blindheit' der deutschen Politik einerseits gegenüber systematischen Menschenrechtsverletzungen und Repressionen seitens des türkischen Staates, über die beispielsweise Menschenrechtsorganisationen sowie Berichte von Delegationen Zeugnis geben, sowie andererseits Blindheit gegenüber dem offensichtlichen Nicht-Bemühen der türkischen Regierung, den geforderten Kriterien zur Verbesserung der menschenrechtlichen Situation nachzukommen – ein Nicht-Bemühen, das von der EU-Kommission selbst in den jährlichen Berichten festgestellt wird. Dessen ungeachtet zeigt die Bundesregierung ein unverbrüchliches Vertrauen in den guten Willen der türkischen AKP-Regierung,[135] die sich – so die Argumentation – nach Kräften mühe und auch Verbesserungen vorzeigen könne; die Verschlechterung der Menschenrechtslage im Südosten der Türkei wäre jedoch auf terroristische Aktionen der PKK zurückzuführen.

Blinde Flecke sind jedoch nicht nur in Argumentationen und Stellungnahmen zur Politik der Türkei zu finden, sondern auch in Bezug auf die deutsche bzw. europäische Politik. Deren Anteil an den Entwicklungen in der Region des Nahen Ostens wird in offiziellen Aussagen meist verschwiegen oder gar abgestritten. Abgesehen von der Kriminalisierung der ‚Kurden' im Umfeld des PKK-Verbots gibt es eine weit offener liegende Beteiligung Deutschlands am bewaffneten Konflikt innerhalb der Grenzen der Türkei. Nämlich: Deutschland ist der wichtigste Waffenlieferant[136] der Türkischen Republik und trägt damit direkte Mitverantwortung am gewaltvollen Vorgehen der türkischen Sicherheitskräfte gegen die Bevölkerung im Südosten des Landes. Denn obwohl diese Waffen laut Bestimmung der NATO-Verteidigungshilfe nur defensiv nach außen eigesetzt werden dürfen, ist ihr offensiver Einsatz gegen die Zivilbevölkerung vielfach durch Berichte und Fotos dokumentiert. So wurden Anfang der 1990er Jahre Fälle eklatant, bei denen nachweislich deutsche Waffen und Panzer aus NVA-Beständen eingesetzt wurden: so bei den Massakern in Cizre im März 1992 und in Sirnak im August 1992

―― 地域間格差を解消するためのコンセプト、特にトルコ南東部の状況を改善するための包括的なコンセプトを発展させること。これには、クルドの出自を持つトルコ国民を含む全トルコ国民に対する、経済的・社会的・文化的機会の助成が視野に入れられなければならない。

―― 南東トルコにおける村落監視人制度を廃止すること。[二四]

―― 地雷を撤去すること。

EU委員会が毎年発行する進捗報告書は、トルコ政府が、優先事項の実行にほとんど着手していないか、表面的にしか着手しておらず、部分的には後退さえ認められると非難している。[二五] それにもかかわらず、ドイツ政府は従来通りトルコのEU加盟を支持しており、トルコが民主主義・法治国家主義・基本的人権の尊重に向かおうとする「善意」を保証しているのである。[二六] 将来約束されているトルコのEU加盟は、ドイツ政府がトルコの政治に対して基本的にポジティブな評価のみを下すための論拠となっている。この際、それに反対する発言は弱められ見えなくなっている。これは例えば、オジャランが一九九九年に逮捕されトルコへ身柄を移送された後の判決宣告を目前にして、ドイツ政府が発表した下記の意見表明で明らかとなった。

―― ドイツ政府はオジャランに対して下されるかもしれない死刑判決の執行を回避するためにあらゆる努力をする。ドイツ政府は、オジャランに対する裁判の経緯と勾留状況を、今後も多大な

――ブリュッセルはアンカラに対し、クルド人少数民族の統合の進捗を報告書で証明した。法的問題などに対する批判があるにもかかわらず、欧州委員会は、アンカラとの加盟交渉を継続するよう助言した。トルコのEU加盟交渉は十年前から始まっていた。

基本的人権の擁護状況の改善とクルド人少数民族の政治参加がEU加盟のための鍵となるのだが、これは「基本的人権と少数民族の保護」という評価基準に明記されていることだ。欧州連合理事会が二〇〇八年に出した決定には、短期、つまり一、二年のうちに優先して実現化すべき事柄の中でも、とりわけ下記の事柄について言及されている。つまり、「拷問と虐待に対する予防」のために『ゼロ容認』政策枠で決定された、拷問と虐待に反対する手段を実行」すること、および「犯罪者が刑を逃れることに対するより強力な措置」を「犯罪の容疑がある場合には、犯罪者が法廷において特定され、断罪されることを目的として、検察庁による現代的かつ効率的な捜査が保証されること」を通して実行すること、「言論の自由を広範に尊重し、報道の自由を含む言論の自由に関する法規を改定・実行すること」、「文化の多様性を保障し、少数民族を尊重し保護すること」。そして末文で、東部および南部トルコについて次のように記述されている。

sowie bei der Ermordung von Mesat Dünder im September 1992 durch türkische Sicherheitskräfte.¶37 Der öffentliche Druck auf diese Bekanntmachungen bewirkte zwar, dass der damalige Verteidigungsminister Stoltenberg zurücktrat und ein kurzfristiger Waffenlieferstopp verhängt wurde, dieser wurde jedoch nach wenigen Monaten wieder aufgehoben,¶38 Strafanzeigen wegen Beihilfe zum Völkermord durch Rüstungsexporte (1991 und 1993) wurden abgelehnt. Die Waffenlieferungen Deutschlands in die Türkei haben sich seit 1993 noch verstärkt, nun auf Grundlage des PKK-Verbots mit dem neuen impliziten Legitimations-Argument der Bekämpfung des Terrorismus. In Stellungnahmen verfolgt die Bundesrepublik bis heute die Strategie der Verschleierung, indem sie angibt, dass der Einsatz deutscher Waffen gegen die Zivilbevölkerung in der Türkei sowie in offensiven Einsätzen in Nachbarländer nicht erwiesen sei. Vgl. hierzu die entsprechenden Punkte aus der Kleinen Anfrage 2007:

> [Frage] 21. Kann die Bundesregierung ausschließen, dass aus Deutschland gelieferte Munition und Waffensysteme sowie andere Rüstungsgüter von den türkischen Sicherheitsbehörden gegen die kurdische Bevölkerung eingesetzt werden? Wenn ja, wie stellt sie dies sicher?
>
> [Antwort:] Der Bundesregierung liegen keine Erkenntnisse über einen solchen Einsatz vor. Die Türkei ist Partner in der NATO. Ferner hat die Türkei seit 2002 mit neun Reformpaketen die innere Stabilisierung und Demokratisierung gestärkt. Die EU hat 2005 Beitrittsverhandlungen mit der Türkei aufgenommen, da die EU-Kommission festgestellt hat, dass die Türkei die Politischen Kopenhagener Kriterien hinreichend erfüllt.
>
> [Frage] 22. Kann die Bundesregierung ausschließen, dass aus Deutschland gelieferte Waffensysteme und Munition von der türkischen Armee bei einem Einmarsch in den Irak eingesetzt werden? Wenn ja, wie stellt sie dies sicher?
>
> [Antwort:] Zu hypothetischen Fragen nimmt die Bundesregierung nicht Stellung.¶39

Auch diese Argumentation beruht auf der oben bereits skizzierten Strategie der Bundesregierung, die Sichtweise der türkischen Regierung zu übernehmen und deren Aussagen nicht anzuzweifeln. Die Kenntnis gegenteiliger Berichte streitet sie schlicht ab.

Resümee

Zusammenfassend lässt sich sagen: In Bezug auf die politische Linie der Bundesrepublik im Umgang mit den Kurden hat sich – seit den 1990er Jahren bis heute – nichts Grundlegendes geändert. Nach wie vor hält sie am Status quo der Türkei fest und unterstützt diese in ihren politischen Belangen. Die prokurdische politische Bewegung wird kriminalisiert und mit der Markierung des *Terrors* versehen, das systematische gewaltvolle Vorgehen der türkischen Regierung dagegen mittels Wirtschafts- und Waffenhilfe aktiv unterstützt. Der Anteil der deutschen sowie auch der allgemein europäischen Politik am kriegerischen Konflikt im Nahen Osten wird offiziell abgestritten.

Die Bemerkung Michael Schuberts aus dem Jahr 1994 hat nach wie vor Gültigkeit:

> Nicht vergessen werden darf bei aller Befassung mit der Politik des türkischen Regimes und seiner menschenrechtswidrigen Praktiken gegen die kurdische Bevölkerung und die kurdischen Unabhängigkeitskämpfer, daß sie ohne die Waffenlieferungen der NATO-Staaten, ganz besonders der BRD, aber auch ohne die Operationen gegen die kurdische Unabhängigkeitsbewegung in diversen europäischen Staaten selbst und ihre Diskriminierung als „Terroristen" innerhalb dieser Staaten nicht möglich wäre.[140]

Die aktuellen Protestdemonstrationen in Deutschland gegen die Angriffe des IS auf von ‚Kurden' bewohnte Städte im Norden Iraks und Syrien zeigen immerhin in der Bevölkerung eine wachsende Solidarität mit den Menschen dort und mit ihrem Widerstand gegen die gezielten Angriffe auf ihre Rechte und auf ihr Leben. Höchst zweifelhaft ist jedoch, ob sich an der Haltung der

またトルコ政府は「ゼロ容認政策」に則り拷問や虐待を阻むため、あらゆる立法および行政手段を講じた。トルコが欧州人権条約の批准国として、多大な努力を向けているEU加盟を脅かさないためにも、EU加盟国からのトルコ国籍の送還者に対する拷問や虐待を、現時点ですでに禁止することが前提とされる。トルコがEU加盟という観点から基本的人権の擁護について特別な注意の下で監視されていることに鑑みて、上記の状況下でトルコ当局による拷問や虐待が生じた場合には、それが公表されることがトルコ側から見ても、少なくとも起こり得ないことではない。そのような事態はネガティブな世論と結びつき、トルコのEU加盟を著しく困難にするであろう。それゆえ、トルコは政治的動機から、EU加盟国から送還されたトルコ国民に対し拷問や虐待を行うというEU加盟に直結するリスクを冒さないこと、そして、特にそれらの人々に対する拷問や虐待を禁止するために、必要なあらゆる措置をとることを前提とすることができる。

上記の二つの例から読み取れることは、ドイツ政府がトルコの政治行動を「注視する」方針に切り替えたことである。しかし、ドイツ政府の論述には盲点がある。例えば、人権代表団の一員として何度もトルコを訪れたマルティン・ドルツァーは、「トルコにおける基本的人権の擁護状況を改善した、とするドイツ政府の議論は、皮肉以外の何物でもない」と結論付けた。在トルコの人権擁護団体IHDや国際人権擁護団体(アムネスティ・インターナショナル、ヒューマン・ライツ・ウォッチ等)

関心を持って見守るつもりだ。ドイツ内務大臣のオットー・シリーはベルリナー・モルゲンポスト紙上のインタビューで、クルド人の指導者に対する死刑判決はトルコのEU加盟を困難にするだろうと警告し、アンカラのトルコ政府は、目下の状況が与えてくれたクルド人問題の平和的解決という歴史的に貴重な機会を利用すべきだと述べた。[27]

国際監視機関によって不当であると非難されたこの裁判の判決は、わずか九日で下された。死刑であった。[28]この判決は後に無期懲役に減刑されたが、判決は今日も効力を有している。オジャランはすでに十五年以上もマルマラ海に浮かぶイムラル島の独房に収監されている。オジャランの釈放を求める多数のデモと多数のデモ参加者が、政治的リーダーとしての彼に対する支持と名声が今日まで衰えていないことを示している。

話を戻すが、ドイツ政府はトルコのEU加盟を示唆することによって、トルコ政府が起こしているかもしれない民主主義・法治国家主義・基本的人権に対する違反行為を無視するという議論構成を用いてきたのだが、ドイツは今日もこの論拠を用いており、トルコ出身の庇護民申請者に対して、最終審裁判所によって二〇一一年二月に国外退去命令の判決が出された際の判旨にもこの論拠が用いられた。これにより、トルコへ送還されても拷問や虐待を受けるはずがない、という推定が正当化されたのである。

deutschen Politik in Bezug auf den ‚türkisch-kurdischen Konflikt' etwas ändert, wenn der deutsche Innenminister Thomas de Maizière am 12. Oktober 2014 in einem Fernsehgespräch verlauten lässt, zwar habe die deutsche Regierung „mit Freude gesehen, dass die Türkei mit den Kurden einen Friedensprozess begonnen hat, der jetzt möglicherweise ins Stocken gerät", dennoch bleibe die PKK eine terroristische Organisation und an dieser Einschätzung werde sich so schnell auch nichts ändern.

Endnoten

1. Kurdisch: Partiya Karkerên Kurdistan.
2. Presse- und Informationsamt der Bundesregierung Nr. 9 vom 25.2.99, S. 10, zit. n. Şahin 1999, S. 57.
3. Verfassungsschutzbericht 2012, S. 328.
4. Und ggf. auch aktiv geschützt, so bspw. im Rahmen der NATO, deren Mitglied die Türkei seit 1952 ist.
5. Dies entsprach dem Waffenstillstandsabkommen von Mudros 1918.
6. Vgl. dazu Özdemir 2006, S. 56: „Zunächst einmal musste in dieser Region das ‚Vorherrschen des kurdischen Elements' nachgewiesen werden. Dafür sollte die Bevölkerung innerhalb eines Jahres einen Antrag stellen. Dieser Antrag musste jedoch erst genehmigt werden. In dem Vertrag wurden die Gebiete, an denen die Großmächte eigene Interessen verfolgten, wie das erdölreiche kurdische Mosul, erst gar nicht genannt. Die Bevölkerung von Mosul sollte zunächst innerhalb eines Jahres beweisen, dass sie zur Unabhängigkeit fähig sei."
7. Dolzer 2012, S. 24.
8. Ein striktes Verbot des Gebrauchs der kurdischen Sprache bestand in der Türkei von 1982 bis 1991.
9. Kieser 1997, S. 8
10. Tagesschau.de (10.10.2014).
11. Internetseite der Berliner Tageszeitung *Tagesspiegel* (12.10.2014).
12. Für einen Überblick über pro-kurdische demokratische Parteien in der Türkei seit Anfang der 1990er Jahre siehe Dolzer 2012, S. 44-54, und Brauns / Kiechle 2010, S. 140-152.
13. Die Beispiele sind zahlreich, exemplarisch sei auf zwei Fälle verwiesen: Zum einen auf den prominenten Fall Leyla Zana, Parlamentsabgeordnete der HEP, die im Jahr 1994 unter dem Vorwurf des Separatismus zu 15 Jahren Haft verurteilt wurde. Sie war 1991 die erste, die es gewagt hatte, im Parlament Kurdisch zu spre-

chen: Im Anschluss an die Eidesformel, sich für die *unteilbare Einheit des Landes und der türkischen Nation* einzusetzen, die neu gewählte Parlamentarier sprechen müssen, fügte sie auf Kurdisch hinzu, dass sie diesen Eid für die Brüderlichkeit des türkischen und kurdischen Volkes leiste, und löste damit einen Tumult aus (vgl. Seyfert 1996, S. 63-66). Für ein Beispiel aus jüngerer Zeit sei auf die Verhaftungswelle seit 2010 verwiesen, die unter dem Namen der KCK-Prozesse bekannt ist, und bei der über 150 kurdische Politiker, Rechtsanwälte, Journalisten und Aktivisten inhaftiert wurden.

14 — Vgl. dazu Schmitz 1994, S. 41 f.: „Das Verbot der kurdischen Vereinigungen überzog die schätzungsweise 500.000 in Deutschland lebenden Kurdinnen und Kurden mit einer Repressionswelle. Über 100 Vereins-, Geschäfts- und Wohnräume wurden durchsucht, die Büros der Vereine leergeräumt und versiegelt."

15 — Kurz für Türkisch: Halkın Demokrasi Partisi (Partei der Demokratie des Volkes); seit 2001 waren die Mitglieder der Partei in der Türkei massiven Repressionen ausgesetzt, im Jahr 2003 wurde sie vom türkischen Staat verboten (vgl. Dolzer 2012, S. 47).

16 — Der Verfassungsschutzbericht von 2013 gibt die Zahl der Mitglieder mit 13.000 an (vgl. S. 265).

17 — Spiegel.de (11.10.2014).

18 — Şahin 1999, S. 119 f.

19 — Siehe dazu ausführlich: Schmitz 1994.

20 — Stenner 1998, o.S.

21 — Bundestag: Drucksache 16/4732, 5. April 2007, S. 8.

22 — Tagesschau.de (8.10.2014).

23 — Die folgenden Zitate aus: Beschluss des Rates der EU 2008, S. 8 f.

24 — Beschluss des Rates der EU 2008, S. 9.

25 — Im EU-Fortschrittsbericht 2007 heißt es in Bezug auf die Sicherung der Grundrechte: „As regards fundamental rights, there has been limited progress in legislation and in practice. No major issue has been addressed and significant problems persist. Finally, the atmosphere in the country in particular as regards issues related to minorities and religion has not been conductive to the full respect of fundamental rights and might *de facto* restrict their exercise." (S. 63)

26 — Vgl. die Abschlussresolution der Vierten Internationalen Konferenz zum Thema „Die EU, die Türkei und die KurdInnen" (4. Dezember 2007, Europäisches Parlament, Brüssel): „Die Beziehungen zwischen der Türkei und der EU befinden sich im Moment in einer kritischen Phase. Der Beitrittsprozess wird von den Akteuren als stagnierend oder zumindest stark verlangsamt fortschreitend wahrgenommen. Die Reformen, die zu Beginn des Prozesses umgesetzt wurden, sind mittlerweile in weite Ferne gerückt und es sieht so aus, dass sogar Rückschritte gemacht werden." (Zit. n. Dolzer 2012, S. 169)

27 — AFP (23.6.99), zit. n. Şahin 1999, S. 197.

とりわけPKKのせいだというのであある。二〇〇七年三月の連邦議会における小質問に対して、政府は以下のように回答した。

　　トルコにおける人権擁護の状況は近年全般的に改善された。これは、EU加盟への手引きに従って実施されたトルコ政府の政策改革によるものである。EUがテロ組織としているPKKが、二〇〇四年六月に単独宣言した「休戦」を取り消してから、PKKはトルコ南東部における攻撃を強め、二〇〇六年には最悪の状況になった。このことがこの地域における人権擁護の状況に否定的な影響を与えることとなった。(三四)

　ドイツ政府の回答は、基本的にトルコの政治に対して肯定的で無批判であることを示しており、ここでは国家による弾圧には一言も触れられていない。上記の例から明らかになったのは、ドイツの政治の表向きの「盲目性」である。一方では人権擁護団体ならびに派遣団の報告書により証明されている、トルコ国家側の組織的な人権侵害と弾圧に対するものであり、他方、この「盲目性」は、EU委員会自身の年次報告書により確認されたトルコ政府が、要求されている人権擁護の基準を満たすための改善の努力を明らかに怠っていることに対するものである。それにもかかわらず、ドイツ政府は、トルコのAKP政府の善意に対して確固不動の信頼を表明している。というのも、ドイツ政府によれば、AKP政府は精いっぱいの努力と改善を示しており、トルコ南東部における人権

147

ドイツ語における「クルド人」の言語的標識化

の人権侵害のリストにおいてはトルコが常に上位に位置しているのだが、これらの団体による報告書は上記とは違った姿を描き出している。ドルツァーはこれら報告書を吟味し、また自らの観察を記し、トルコにおける人権擁護の現状を次のように描写している。

　　IHDの情報によれば、二〇〇二年のAKPの政権獲得以降も、人権侵害の件数は大きくは減少しておらず、本質的に弾圧の手法が変わっただけだという。例えば、デモ中やデモ後の警察による暴力や不当逮捕が増加したことが挙げられる。拷問も日常茶飯事だ。〔中略〕法改革にもかかわらず人々は今も猛烈な弾圧に曝されており、超法規的な死刑執行や犯人不明の殺人事件の件数も二〇〇四年末以降、再び増加しているのである。

　ドルツァーはこの後で、「著しい人権侵害の件数は、二〇〇九年以降、憂慮を超える程度にまで増加した」。また、地域の治安部隊は世界から注視されるため、より巧妙かつ「適法に」行動するようになり、軍事的紛争が起きている地域では、「人権侵害は、より公然と暴力的に、時にはサディズムとシニシズムをもって行われるようになった」とコメントしている。ドイツ政府の議論ではこれらの報告について全く言及されていない。これだけではない。ドイツ政府は依然として、トルコ政府に全面的な信頼を表明し続けているのである。「トルコの南東部における劣悪な状況」について、ドイツ政府は依然として単純で一方的な責任転嫁をしている。つまり、この状況は親クルド派勢力、

28 — Der Tag der Urteilsverkündung war der 29. Juni 1999. Şahin verweist darauf, dass dieser Tag bewusst gewählt wurde, denn auf den Tag genau 74 Jahre zuvor, am 29.6.1925 waren Scheich Said und 46 weitere Personen in Diyarbakir öffentlich gehenkt worden (vgl. Şahin 1999, S. 73 f.).

29 — Bundesamt für Migration und Flüchtlinge: Bescheid vom Februar 2011 (Privatdokument). – Der Flüchtling hat gegen den Bescheid Widerspruch eingelegt und bei einer erneuten Aufnahme der Verhandlungen gut drei Jahre später – bei nur geringfügig ergänztem Beweismaterial – einen positiven Asylbescheid bekommen.

30 — Dolzer 2012, S. 167.

31 — Türkisch: İnsan Halkları Derneği.

32 — Dolzer 2012, S. 126.

33 — Dolzer 2012, S. 135.

34 — Bundestag: Drucksache 16/4732, 5. April 2007, S. 2. – Siehe auch an späterer Stelle: „Die Bemühungen der türkischen Regierung und zahlreicher anderer Akteure um eine Verbesserung der wirtschaftlichen und sozialen Entwicklungschancen der Region sind jedoch durch die Wiederaufnahme des ‚bewaffneten Kampfes' der terroristischen PKK im Jahr 2004 und durch die damit einhergehende Verschlechterung der Sicherheitslage deutlich erschwert worden. Die PKK bleibt aufgefordert, den Einsatz von Gewalt zur Durchsetzung politischer Ziele endgültig zu beenden." (Ebd., S. 3)

35 — Auffällig ist auch, dass offizielle Aussagen der türkischen Regierungspartei AKP meist unkritisch übernommen und nur selten angezweifelt werden. So wird beispielsweise in Bezug auf die Angriffe des IS auf die nordsyrische Stadt Kobane im Oktober 2014 berichtet, verwundete kurdische Kämpfer würden in türkischen Krankenhäusern behandelt (z.B. in faz.net [8.10.2014]). Einzelne Experten und Korrespondenten berichten dagegen vom genauen Gegenteil: Die Türkei unterstütze den IS und behandelte deren verwundete Kämpfer in türkischen Krankenhäusern (vgl. Aussagen der Bundestags-Vizepräsidentin Claudia Roth im ARD-Morgenmagazin [8.10.2014]).

36 — Deutschland ist zuständig für die Aufrüstung des NATO-Partners Türkei. Vgl. dazu den Bericht der Zeitung *Wehrtechnik* Heft 5/89. S. 49 zur NATO-Verteidigungshilfe: „Dabei ist die Bundesrepublik Deutschland das einzige Land im Bündnis, das ständig und fortlaufend seit 1964 den Partnern Türkei ... Ausrüstung in Form von NATO-Verteidigungshilfe, Materialhilfe und Sonderhilfe leistet, und zwar im Unterschied zu den USA – unentgeltlich" (hier zit. n. Schultz 1994, S. 90 f.).

37 — Vgl. u.a. Schultz 1994, S. 91 f.

38 — Vgl. Schubert 1994, S. 61. – Der Briefwechsel der damaligen Außenminister Kinkel (BRD) und Çetin (Türkei), nach dem die Waffenlieferungen wieder aufgenommen werden, zeigt, dass die BRD zwar fordert, die Waffen ausschließlich im

Sinne des NATO-Vertrags zu verwenden, in dem es heißt, dass sie nicht bei inneren Auseinandersetzungen zum Einsatz kommen dürfen. Die Türkei sichert dies in ihrer Antwort zu, verweist aber gleichzeitig auf einen Paragraphen des strategischen Konzepts der NATO zum Schutz der Sicherheitslage der NATO-Partner, womit deutlich wird, dass sie plant, die Waffen mit dem Argument der Terrorbekämpfung durchaus im Landesinneren einzusetzen. (Vgl. ebd., S. 62)

39 Bundestag: Drucksache 16/4732, 5. April 2007, S. 7 f.
40 Schubert 1994, S. 81.

Quellennachweise

Brauns, Nikolaus / Kiechle, Brigitte: PKK – Perspektiven des kurdischen Freiheitskampfes: Zwischen Selbstbestimmung, EU und Islam. Stuttgart 2010
Dolzer, Martin: Der türkisch-kurdische Konflikt. Menschenrechte – Frieden – Demokratie in einem europäischen Land? 2. erweiterte Auflage. Bonn: Pahl-Rugenstein 2012
Kieser, Hans-Lukas: Einleitung: Kurdistan und Europa. In: ders. (Hg.): Kurdistan und Europa. Einblicke in die kurdische Geschichte des 19. und 20. Jahrhunderts. Zürich: Chronos 1997, S. 7-14
Özdemir, A. Kadir: Die Kurden – ein Volk in drei Nationen. Die Geschichte und Entwicklung des Kurdenkonflikts. Marburg: Tectum 2006
Schmitz, Charlotte: Wie in der Türkei, so auch hier: Den Kurden und Kurdinnen wird ihre Stimme genommen. Zu den Hintergründen des PKK-Verbots in Deutschland. In: Heidi Hinz-Karadeniz, Rainer Stoodt (Hg.) Kurdistan – Politische Perspektiven in einem geteilten Land. Gießen: Focus 1994, S. 35-44
Schubert, Michael: Türkei: Mißachtung des humanitären Kriegsvölkerrecht im Krieg gegen die kurdische Befreiungsbewegung. In: Heidi Hinz-Karadeniz, Rainer Stoodt (Hg.): Kurdistan – Politische Perspektiven in einem geteilten Land. Gießen: Focus 1994, S. 60-84
Schultz, Hans-Eberhard: Einsatz deutscher Waffen in Kurdistan – Beihilfe zum Völkermord? Nicht nur „Holocaust" und „ethnische Säuberungen" sind Völkermord". In: Heidi Hinz-Karadeniz, Rainer Stoodt (Hg.): Kurdistan – Politische Perspektiven in einem geteilten Land. Gießen: Focus 1994, S. 85-96
Seyfert, Günter: Leyla Zana – Eine Kurdin im Parlament. In: Albrecht Metzger (Hg.): Zum Beispiel Kurden. Göttingen: Lamuv 1996, S. 63-66
Stenner, Manni: „Die Chance für eine politische Lösung der Kurdenfrage nutzen!" In: FriedensForum 6/1998; URL: www.friedenskooperative.de/ff/ff98/6-03.htm (12.10.2014)

拠に基づいたものであった。ドイツ政府は今日に至るまで、いわゆる隠ぺい工作に終始しており、ドイツ製の武器がトルコ市民や、近隣諸国に対して攻撃的に使用されたことは証明されていないと表明している。

これに関して、二〇〇七年のドイツ連邦議会の小質問の対応箇所を以下に参照する。

【質問21】ドイツ政府は、ドイツから供給された弾薬・武器・その他の軍備施設が、トルコの治安当局によって、クルド人住民に対して使用されていないと言えるのか？ もし言えるというなら、その根拠は何か？

【答】ドイツ政府はそのような武器投入を関知していない。トルコはNATOにおけるパートナーであるだけでなく、二〇〇二年以来、トルコは改革のための一括法案により内政の安定化と民主主義化を強化してきた。EUは二〇〇五年にトルコのEU加盟のための協議を開始した。それはEU委員会が、トルコが政治的には「コペンハーゲン基準」を満たしたことを確認したからである。

【質問22】ドイツ政府は、ドイツから供給された軍備施設と弾薬が、トルコ軍がイラクに侵攻する際に使用されないと言えるのか？ もし言えるというなら、その根拠は何か？

【答】ドイツ政府は仮定の質問には態度を表明しない。

の状況が悪化したのはPKKのテロ行為のせいだというのだ。

このような盲点は、トルコの政治に対する議論と態度表明にのみ見られるのではなく、ドイツおよびヨーロッパの政治に関しても見られるのだ。ドイツやヨーロッパが近東地域における経緯にどのくらい責任があるかについては、公の場での発言は回避されるか、否定される。しかし、PKKの禁止の周辺における「クルド人」の犯罪者扱いの問題を別にしても、ドイツはトルコ共和国に対するに対して、ドイツはより広範な責任を負っているのだ。つまり、トルコ治安部隊による南東部住人に対する暴力的な措置に対し、直接的な連帯責任を負っているのである。これらの武器は、NATOの自衛援助規定により、防衛的かつ国外に対してのみ投入できることになっているにもかかわらず、市民に対する攻撃的使用が繰り返しレポートや写真で記録されている。一九九〇年代初頭、旧東ドイツ国防軍の装備だったドイツ製の武器が使用されている複数の事例が明らかになり、波乱を巻き起こした。例えば、一九九二年三月のジズレの大虐殺、一九九二年八月のシルナクの大虐殺、一九九二年九月のトルコ治安当局によるメスト・ドゥンダー殺害事件などである。確かに、これら事件の公表により生じた世論の圧力によって、当時の防衛大臣シュトレンベルクが辞任に追い込まれ、短期の武器供給停止令が出されはした。しかし、これは数か月後には破棄され、武器輸出による大量殺戮幇助（一九九一年および一九九三年）による刑事告発も拒否された。ドイツのトルコに対する武器供給は一九九三年以さらに強化されるのだが、それはPKK禁止令と、それが新たに暗示するテロ撲滅という正当化の論

Şahin, Mehmet: Türkei-Kurdistan. Eine Reise durch die jüngste Vergangenheit. Ein Dossier über das Jahr 2000-1. Köln: Pro Humanitate 1999

この議論もまた、すでに上記に示したように、トルコ政府の見解を踏襲しその発言に疑問を差し挟まない、というドイツ政府の方針に沿ったものだ。ドイツ政府は、反対論者による報告を完全に否定するのである。

結論

結論として言えることは、ドイツのクルド人に対する政策は、一九九〇年代から今日に至るまで基本的には何一つ変わっていないということだ。ドイツ政府は、依然としてトルコの現状に固執し、政治的利害関係からこれを支援しているのである。親クルド政治運動が犯罪化され「テロ」として標識化されている一方で、トルコ政府による暴力的措置は、経済援助・武器供給によって積極的に支援されており、ドイツおよび欧州全体の、近東における戦闘的な紛争に対する政治責任は公式に否定されている。

ミヒャエル・シューベルトの一九九四年のコメントは今日も妥当性を失っていない。

――クルド人住民とクルド人独立運動の活動家に対するトルコ政府の政策と、基本的人権を蹂躙する行動に向き合う際に忘れてはならないことは、NATO加盟国、特にドイツによる武器供給がなければ、また、欧州諸国におけるクルド独立運動そのものに対抗する行動や、彼らを「テ

三 『憲法擁護報告書二〇一二年』三三八頁参照。

四 例えば、一九五二年以来トルコが加盟しているNATOの枠組みにおいて、積極的に擁護されることさえある。

五 ムドロス休戦協定(一九一八年)に基づく。

六 Özdemir (二〇〇六) 五六頁参照。始めに、この地域で「クルド的要素」が支配的であることが証明されなければならないだろう。そのためには、住民が一年以内に申請書を提出すべきである。しかしまず、この申請が許可されなければならない。この条約では、石油が豊富に産出されるクルドのモスル地方のように、列強が自らの利益を追求する地域については当初全く言及されていなかった。モスルの住民は、まず一年以内に、独立のための能力を具有していることを証明すべきである。

七 Dolzer (二〇一二)、二四頁参照。

八 トルコにおいて、一九八二年から一九九一年まで、クルド語の使用が厳しく禁じられた。

九 Kieser (一九九七)、八頁参照。

一〇 Tagesschau de (二〇一四年十月十日)。

一一 ベルリンの日刊紙 Tagesspiegel 紙のインターネット・サイト (二〇一四年十月十一日)。

一二 一九九〇年初頭以降のトルコにおける親クルド的な民主主義的諸政党の概要については Dolzer (二〇一二)、四四〜五四頁、および Brauns / Kiechle (二〇一〇)、一四〇〜一五二頁参照。

一三 類例は枚挙にいとまがないが、具体例として次の二つのケースを参照する。まず著名人であるレイラ・ザーナの事件である。彼女は「人民労働党」(HEP)の国会議員であり、一九九四年に、分離主義の廉で十五年の禁固刑に処せられた。彼女は一九九一年に、初めて国会において意図的にクルド語を話した人である。宣誓の定型文の末尾で、新しく選出された国会議員が読み上げなければならない「国家の不可分の統一性と、トルコ国民のために尽力する」という一文に、彼女は「トルコ民族とクルド民族の友愛のために宣誓する」とクルド語で付け加え、このことが騒動を引き起こした (Seyferth (一九九六)、六三〜六六頁参照)。二つ目は最近の例で、二〇一〇年以降の大量逮捕についてである。これは「KCK裁判」という名称で知られており、百五十人以上のクルド人の政治家、弁護士、ジャーナリスト、活動家が拘束された。

一四 Schmitz (一九九四)、四一頁以下参照。クルド人に対する結社の禁止は、ドイツに在住する推定五十万人のクルド

——「テロリスト」として差別することがなければ、それは起こり得なかったであろうということだ。[四〇]

ドイツにおいて目下、「イスラム国」によるイラク北部とシリアの「クルド人」居住地域への攻撃に反対して行われているデモの数々は、ドイツ人の中に少なくとも、クルド人住民と、権利と生命を狙う攻撃に対する彼らの抵抗への連帯感が育ちつつあることを示している。しかし、ドイツ内務大臣トーマス・デメジエールが二〇一四年十月十二日のテレビ対話において次のように述べたことからすれば、「トルコ＝クルド紛争」に対するドイツの政治的態度が変化するのかどうかは全く不透明である。つまり、ドイツ政府は、「現在一時的に中断してしまったかもしれないが、トルコがクルド人との平和交渉を開始したことを歓迎していた」。しかし、PKKがテロ組織であることに変わりはなく、この評価はそう容易には変化しないであろうというのである。

（翻訳：阿部津々子）

註

一——クルド語表記：Partiya Karkerên Kurdîstan

二——ドイツ連邦政府報道情報局一九九九年二月二二日付第九号、一〇頁、Sahin（一九九九）、五七頁より引用。

処刑されたからである。Şahin（一九九九）、七三頁以下参照。

二九 ドイツ連邦移民・難民局二〇一一年二月の通知（非公開文書）：一人の難民が決定に対し異議を申し立てた。三年余りが経過した後に手続きが再開され――この際ごくわずかな証拠が補足され――この難民は認定通知を得た。

三〇 Dolzer（二〇一二）、一六七頁参照。

三一 トルコ語表記：İnsan Hakları Derneği

三二 Dolzer（二〇一二）、一二六頁参照。

三三 Dolzer（二〇一二）、一三五頁参照。

三四 ドイツ連邦議会：印刷物 16/4732、二〇〇七年四月五日、二頁以下参照。：トルコ政府と他の数多くの関係者が、地方における経済的・社会的発展の可能性を改善するための努力に、しかし、二〇〇四年のテロ集団PKKによる「武装闘争」の再開、またそれに付随する安全状況の悪化によって目に見えて困難になった。PKKは依然として、政治的目的を遂げるための武力の行使を完全に終結させることを要求されている。（上記文献、三頁参照）。

三五 奇妙なのは、トルコ与党のAKPの公式発言がたいていの場合、無批判に受け入れられ、疑念が差し挟まれるのは稀だということだ。例えば、「イスラム国」によるシリア北部の町コバニへの二〇一四年十月の攻撃に関して、傷ついたクルド人戦士が、トルコの病院で手当てを受けたことが報道された（例えば、faz.net［二〇一四年十月八日］参照）。しかし、少数の専門家や特派員はこの逆の報道をしているのである（「トルコは『イスラム国』を支援し、『イスラム国』の傷ついた戦士がトルコの病院で手当てをしている」（ドイツ連邦議会副議長のクラウディア・ロートのドイツ第一放送『モルゲンマガジン』における発言を参照）。［最終アクセス：二〇一四年十月八日］

三六 ドイツは、NATOの加盟国であるトルコの軍備を担当している。NATOの防衛援助についてはドイツ連邦共和国は加盟国中、一九六四年以来、同盟国であるトルコに、NATOの防衛援助・物資援助・特別援助として、軍備の提供を継続してきた唯一の国であり、これはアメリカ合衆国のそれとは違い、無償で行われた。(Schultz（一九九四）、九〇頁以下より引用）

三七 特にSchultz（一九九四）、六一頁以下参照。

三八 Schubert（一九九四）、九二頁以下参照。――当時の外相キンケル（ドイツ）とチェティン（トルコ）の書簡交換に基づいて武器供給が再開されたのだが、この書簡では次のことが示されている。つまり、ドイツは、武器を国内紛争に

一五 人たちに抑圧の波紋を投げかけた。百を超える団体、商店、住居空間が家宅捜索を受け、団体事務局は立ち退きを命じられ、封印された。

一六 トルコ語による略称：Halkin Demokrasi Partisi（人民民主主義者党）。二〇〇一年以降、この政党の党員は激しい弾圧を受けた。二〇一三年にこの政党はトルコ政府によって禁止された。Dolzer（二〇一二）、四七頁参照。

一七 『憲法擁護報告書』二〇一三年版は、PKKの構成員数を一万三千人と記載している（二六五頁参照）。

一八 Spiegel.de（二〇一四年十月十一日）

一九 Şahin（一九九九）、一一九頁以下参照。

二〇 この詳細に関してはSchmitz（一九九四）参照。

二一 Stenner（一九九八）、頁番号なし。

二二 ドイツ連邦議会：印刷物 16/4732、二〇〇七年四月五日、八頁参照。

二三 Tagesschau.de（二〇一四年十月八日）。

二四 下記は、欧州連合理事会決議二〇〇八年、九頁以下の引用。

二五 欧州連合理事会決議二〇〇八年、八頁参照。

二六 EUの二〇〇七年の『進捗状況報告書』は、基本的人権の擁護に関して下記のように述べている。（六三頁）「基本的人権に関して、立法および実践は限定的な進歩しか遂げなかった。大きな問題は除去されておらず、主要な問題が残されたままである。最後に、特に少数民族と宗教に関するこの国の環境は、基本権に対する最大限の尊重に貢献するものではなく、事実上、基本権の行使を制限しうるものである。」

『EUとトルコおよびクルド人』を議題とする第四回国際会議の最終決議参照（二〇〇七年十二月四日、欧州議会、於ブリュッセル）：「トルコとEUの関係は今まさに岐路に立っている。関係者は、加盟交渉が停滞しているか進歩の速度が落ちたと感じている。交渉の初期に実行された改革は、この間遠くに押しやられ、それどころか後退したように見える。」Dolzer（二〇一二）、一六九頁から引用。

二七 一九九九年六月二十三日フランス通信社。Şahin（一九九九）、一九七頁引用。

二八 判決は一九九九年六月二十九日に宣告された。シャヒンはこの日が意図的に選ばれたのだと指摘する。なぜなら、ちょうど七十四年前の一九二五年六月二十九日にシェイク・サイードが他の四十六名と共にディヤルバクルで公開

sind Völkermord". In: Heidi Hinz-Karadeniz, Rainer Stoodt (Hg.): Kurdistan – Politische Perspektiven in einem geteilten Land. Gießen: Focus 1994, S. 85-96

Seyfert, Günter: Leyla Zana – Eine Kurdin im Parlament. In: Albrecht Metzger (Hg.): Zum Beispiel Kurden. Göttingen: Lamuv 1996, S. 63-66

Stenner, Manni: „Die Chance für eine politische Lösung der Kurdenfrage nutzen!" In: FriedensForum 6/1998; URL: www.friedenskooperative.de/ff/ff98/6-03.htm (12.10.2014)

Şahin, Mehmet: Türkei-Kurdistan. Eine Reise durch die jüngste Vergangenheit. Ein Dossier über das Jahr 2000-1. Köln: Pro Humaniate 1999

使用してはならないと定めているNATO条約にのみ基づいて使用することを要求し、トルコは返信でこれを確約したが、同時にNATOのパートナーの安全状況を保護するための戦略的コンセプトを定めた条文を指摘した。これによってトルコが、武器を、テロ撲滅を理由に何としても国内で使用したいと目論んでいることが明らかとなった。（上記文献、六二頁参照）。

三九 ―― ドイツ連邦議会：印刷物 16/4732、二〇〇七年四月五日、七頁以下参照。

四〇 ―― Schubert（一九九四）、八一頁参照。

主要参考文献

Brauns, Nikolaus / Kiechle, Brigitte: PKK – Perspektiven des kurdischen Freiheitskampfes: Zwischen Selbstbestimmung, EU und Islam. Stuttgart 2010

Dolzer, Martin: Der türkisch-kurdische Konflikt. Menschenrechte – Frieden – Demokratie in einem europäischen Land? 2. erweiterte Auflage. Bonn: Pahl-Rugenstein 2012

Kieser, Hans-Lukas: Einleitung: Kurdistan und Europa. In: ders. (Hg.): Kurdistan und Europa. Einblicke in die kurdische Geschichte des 19. und 20. Jahrhunderts, Zürich: Chronos 1997, S. 7-14

Özdemir, A. Kadir: Die Kurden – ein Volk in drei Nationen. Die Geschichte und Entwicklung des Kurdenkonflikts, Marburg: Tectum 2006

Schmitz, Charlotte: Wie in der Türkei, so auch hier: Den Kurden und Kurdinnen wird ihre Stimme genommen. Zu den Hintergründen des PKK-Verbots in Deutschland. In: Heidi Hinz-Karadeniz, Rainer Stoodt (Hg.): Kurdistan – Politische Perspektiven in einem geteilten Land. Gießen: Focus 1994, S. 35-44

Schubert, Michael: Türkei: Mißachtung des humanitären Kriegsvölkerrecht im Krieg gegen die kurdische Befreiungsbewegung. In: Heidi Hinz-Karadeniz, Rainer Stoodt (Hg.): Kurdistan – Politische Perspektiven in einem geteilten Land. Gießen: Focus 1994, S. 60-84

Schultz, Hans-Eberhard: Einsatz deutscher Waffen in Kurdistan – Beihilfe zum Völkermord? Nicht nur „Holocaust" und „ethnische Säuberungen"

Toshihide Yokoi

Zur Kritik am ‚Sprachimperialismus des Englischen' in Japan
Ihre Bedeutung und die darin liegenden Gefahren

Einleitung

Die Begeisterung der Japaner gegenüber dem Trend, die englische Sprache zu erlernen, scheint immer mehr zuzunehmen. Parallel zum immer lauter werdenden Ruf der „Globalisierung" gewinnt das Englische als unerlässliche Waffe zum Erfolg immer mehr an Wichtigkeit, um auf dieser Welle mitschwimmen zu können.

Die Entwicklung der englischen Sprachfähigkeit ist durch das ‚Verlangen der heutigen Zeit' zu einem von vielen Menschen befürwortetes Dogma geworden. Der Staat hat die englische Sprachfähigkeit als einen der wichtigen Punkte der Sprachpolitik eingestuft und die Einfuhr des Englischen in die Bildung angetrieben. Es gibt sogar Firmen, welche das Englische zur „firmeninternen Amtssprache" bestimmt haben. Während Staat und Firmen das Ziel anstreben, den globalen Wettbewerb für sich zu gewinnen, versuchen einzelne Personen sich einen sicheren Platz in der Arbeitswelt zu verschaffen und einen Drop-out aus der Gesellschaft zu vermeiden. Die unterschiedlichen Gruppen werden dadurch ‚zwanghaft' zur Erlernung des Englischen angetrieben. Und somit wird es zu alltäglichen Erscheinungen, dass sich die jüngeren Menschen große Gedanken über ihre Ergebnisse im TOEFL-Test machen und Firmenangestellte fortlaufend englische Gesprächskurse besuchen. In letzter Zeit macht eine Zeitungswerbung für ein neu erschienenes Buch einer Nachhilfeschule mit dem Titel „Eigo-Shokku [Der Englisch-Schock]" von sich reden. Die karikaturähnliche Werbebotschaft nutzt dabei die Englisch-Besessenheit im heutigen Japan auf clevere Weise: „Es ist kaum noch Zeit. Japan ist an den Klippenrand bedrängt, die Globalisierung wartet nicht!!", „Ohne englische Sprachkenntnisse kann das Leben heutzutage nicht mehr weitergehen". Der Erwerb der englischen Sprache scheint im wahrsten Sinne des Wortes eine ernsthafte und über Leben und Tod entscheidende Angelegenheit geworden zu sein.

Die ansteigende Forderung zur Erlernung des Englischen scheint nicht nur ein Phänomen in Japan zu sein. Der Sturm der Begeisterung für das Eng-

はじめに

近年、日本人の英語熱はとどまるところを知らない。「グローバル化」が声高に叫ばれるなか、英語はその潮流を乗り切るための不可欠の武器として、いよいよ重きをなしつつある。英語能力の開発は、いまや「時代の要請」として、万人の認めるドグマと化している。国家は英語を言語政策の要の一つに位置づけて、教育への英語の導入を推進し、企業のなかには、「英語公用語化」に踏み切るところも登場した。国家・企業は英語能力の習得に国際競争を勝ち抜くために、個人は地位の獲得をめざし、社会からの脱落を免れるために、英語能力の習得に強迫的に駆り立てられる。かくて若者はTOEFLの点数に一喜一憂し、会社員は英会話学校に足しげく通うといった光景が日常化する。最近、某学習塾の理事長が著した『英語ショック』なる新刊書の新聞広告はなかなか振るっている。その一種戯画的な宣伝文句は、崖っぷちの日本、グローバル化は待ってくれない‼ 」「英会話ができなくては生きてはいけない」。英語習得の成否はまさしく生死を賭けた一大事となったかのようである。

英語熱の高まりは日本だけの現象ではない。英語と英語教育の旋風は、たとえば中国をはじめとするアジア諸国でも以前よりいちだんと猛威を振るっている。こうした英語の国際的な普及と浸透

163

日本における「英語帝国主義」批判について

日本における「英語帝国主義」批判について

―― その意義と陥穽

横井敏秀

lische und das Lehren der englischen Sprache tobt auch in anderen asiatischen Ländern wie beispielsweise der Volksrepublik China. Die internationale Verbreitung des Englischen hat historisch gesehen damit begonnen, dass die zwei Weltmächte Großbritannien und die USA über die Welt dominierten. Die Umsetzung der Pax Americana sowie die durch die Globalisierung und den Fortschritt im IT-Wesen begründete Verbreitung des Englischen geben der Sprache Rückendeckung, so dass sie nun eine feste und unangefochtene Stellung als Weltsprache einnimmt.

Daneben werden jedoch seit kurzem auch Zweifel und Ablehnung gegenüber diesem Trend stärker. Seit den 1990er Jahren werden kritische Stimmen lauter, welche auf politische, gesellschaftliche und kulturelle Probleme hinwiesen, die, so wird beklagt, durch das vereinheitlichende Herrschen einer einzelnen Natursprache aufgetreten seien. Demnach habe die globale Verbreitung der englischen Sprache zur Folge, dass den Menschen aus dem englischsprachigem Raum eine Art privilegierte Stellung eingeräumt werde. Gleichzeitig verursache sie den Ländern oder Gebieten des nicht-englischsprachigen Raums verschiedene gesellschaftliche Ungleichheiten oder Diskriminierungen, Nachteile hinsichtlich der Kommunikation, Rückgänge der Minderheitensprachen oder die Überlegenheit der westlichen Kulturen. In diesem Sinne kann man die Verbreitung der englischen Sprache als imperialistisch bewerten (Sprachimperialismus des Englischen).

Es waren Experten der Soziolinguistik bzw. der Englischen Erziehungswissenschaften, welche die Diskussion um den Sprachimperialismus des Englischen in die Welt setzten. Robert Phillipson, einer der repräsentativen Polemiker der westlichen Welt, stuft den Sprachimperialismus in die Untergruppe des „Sprachrassismus" ein und erteilt ihm folgende Definition: „the dominance asserted and maintained by the establishment and continuous reconstitution of structural and cultural inequalities between English and other languages"[1]. Phillipson argumentiert, dass zwischen dem Englischen und anderen Sprachen ein ungleiches Machtverhältnis bestehe und dass die englischsprachigen Länder (= ‚der Mittelpunkt') durch die sprachliche Vorherrschaft des Englischen ihre Ideologien in die nicht-englischsprachigen Länder

(= ‚das Umfeld') einpflanzten, um diese unter ihre Herrschaft zu bringen. Solche imperialistischen Pläne würden durch Großbritannien und die USA als Sprachpolitik ausgearbeitet und durch Institutionen wie das British Council oder das American Center in die Tat umgesetzt₂. Derartige Überlegungen haben dazu geführt, die versteckten politischen Motive und die ‚Gewaltbereitschaft' der englischen Sprache in den Fokus der Aufmerksamkeit zu rücken.

Auch in Japan rief dieser Trend Reaktionen hervor, und fast zeitgleich entstand die Gegenbewegung zum Sprachimperialismus des Englischen. Polemiker wie Yukio Tsuda (Theorie der Internationalen Kommunikation), Kei Nakamura (Theorie der Englischen Spracherziehung) oder Shunichi Ōishi (Englische Literatur) traten nacheinander in die Öffentlichkeit und problematisierten und kritisierten die ideologischen Motive des Englischen.

In dieser Arbeit möchte ich versuchen, auf Kritiken am Sprachimperialismus des Englischen vor allem in Japan einzugehen₃, da diese meines Erachtens interessante Aspekte hinsichtlich des Themas von ‚Sprache und Gewalt' darstellen. Dabei werde ich u.a. folgende Punkte betrachten: den geschichtlichen Verlauf sowie die Art und Weise, auf die das Englische langsam die Herrschaft über Japan ergriffen hat; die Hauptargumente der Kritik am Sprachimperialismus des Englischen sowie die hinter der Kritik liegende Logik; die negative Seite des Englischen. Anschließend möchte ich vor dem Hintergrund der Thematik ‚Sprache und Gewalt' erörtern, worin der Sinn dieser Diskussion besteht. Dabei möchte ich gleichzeitig auch eine genauere Untersuchung über die Schwierigkeiten dieses Diskurses durchführen. Die Problematik liegt, sehr vereinfacht gesagt, in dem Ansatz, der Herrschaft des Englischen mit Sprachnationalismus zu begegnen. Ich möchte in diesem Zusammenhang darauf hinweisen, dass ein solcher Diskurs der Gegenüberstellung die Überzeugungskraft der Kritik am Sprachimperialismus des Englischen erheblich schwächt, weil der Gewaltaspekt in der Sprache, den die Kritik herausgeklaubt hat, im Sprachnationalismus selbst außer Acht gelassen wird.

Letztlich möchte ich auch überlegen, inwiefern der Zwiespalt zwischen dem Sprachimperialismus des Englischen und dem Sprachnationalismus über-

うした考察は、英語という言語のもつ隠された政治性や「暴力性」に照明を当てることになったのである。

日本でも、上記の動向に呼応するように、ほぼ同じ時期に「反・英語帝国主義」ののろしが上がった。津田幸男（国際コミュニケーション論）、中村敬（英語教育論）、大石俊一（英文学）らの論者が相次いで登場して、英語のイデオロギー性、権力性を問題視し、先鋭な批判を展開した。

本稿では、この「英語帝国主義」ないし「英語支配」をめぐる批判的言説、とくに日本における「言語と暴力」という問題系の、一つの興味深い環を構成すると考えられるからである。「英語帝国主義」は、今回のシンポジウムの共通テーマである「言語と暴力」という問題系の、一つの興味深い環を構成すると考えられるからである。日本にした英語支配が浸透した歴史的経緯、英語帝国主義批判のおもな主張は何か、そのロジックと明らかにした英語の負の側面とはいかなるものか、といった諸点の考察をふまえて、この言説の意義がどこに見出されるかを「言語と暴力」の視点に即して論じたい。

だが、これと併せて、この言説がともすれば陥りがちな難点についても、立ち入った検討を行おうと考える。その陥穽とは端的に言って、「英語支配に言語ナショナリズムをもって対峙する」という方向性である。そうした対抗言説は、英語帝国主義批判によってせっかく摘出した言語の権力性という視点を、言語ナショナリズム自身に適用することがないため、批判全体の説得力を著しく損なっている、という視点を提示したい。

最後に、そうした英語帝国主義と言語ナショナリズムの二項対立の隘路をいかに突破するかにつ

は、歴史的にみれば、イギリス・アメリカの二つの大国が世界に覇を唱えて以来着々と進行し、パクス・アメリカーナの確立と近年のグローバル化・IT化における英語の汎用化も追い風となって、いまや英語は「世界共通語」としての地位を不動のものとしている。

だが、そうした趨勢への懐疑と反発も、少し以前から頭をもたげてくるようになった。一九九〇年代以降、英語という特定の自然言語が一元的に世界に君臨することにより生起する、政治的・社会的・文化的諸問題を指摘し告発する見方が生じてきた。すなわち、英語の世界的拡大は、英語圏の人々に特権的な地位を付与する一方で、非英語圏の国や地域に社会的な格差や差別、コミュニケーション上の劣位、少数言語の衰退、欧米文化の優越等のさまざまな不利益をもたらすものであり、その意味できわめて帝国主義的であるという主張（=「英語帝国主義論」）である。

英語帝国主義論の口火を切ったのは、社会言語学や英語教育学の専門家たちだった。欧米におけるその代表的な論客であるR・フィリプソン（R. Phillipson）は、言語帝国主義を「言語差別主義」の下位タイプに分類し、次の定義を与えている。「英語の支配が英語と他の言語間の構造的文化的不平等の構築と継続的な再構成によって打ち立てられ、維持されること」。フィリプソンは、英語とそれ以外の言語の間には不平等な権力関係が厳然として存在し、英語国（=「中心」）は、英語の言語的ヘゲモニーによって自らの思想を非英語国（=「周辺」）に浸透させ、後者を支配の下に置こうとしている、と論じる。そうした帝国主義的な企ては、英米により言語政策として練り上げられ、ブリティッシュ・カウンシルやアメリカン・センター等の機関を通じて実行に移されたという。こ

wunden werden kann. Die wichtigen Schlüsselwörter dazu lauten: Empowerment / Ermächtigung, Mehrsprachigkeit, Sprachrecht und Öffentlichkeit.

Die ‚Ver-Englischung' der japanischen Gesellschaft [4]

Nach der Isolationspolitik unter der Herrschaft des Tokugawa-Shogunats öffnete Japan in der zweiten Hälfte des 19. Jahrhunderts auf Druck der USA und anderer westlicher Staaten das Land und setzte sich den Wogen der Weltpolitik aus. Um in der harten weltpolitischen Lage seine Unabhängigkeit zu bewahren, setzte sich Japan zum Ziel, einen modernen Nationalstaat zu errichten und mit dem Westen als Vorbild eine ‚Zivilisierung', eine Verwestlichung im Sinne einer Abwendung von Asien und Hinwendung zu Europa und Amerika voranzutreiben.

Dies brachte eine Tendenz zur ‚Verherrlichung des Westens' hervor, eine Geisteshaltung, die Überlegenheit der westlichen Werte anzunehmen und sich aus eigenem Antrieb damit zu identifizieren. Die Kehrseite dieser Haltung war die Verachtung gegenüber den anderen ‚rückständigen' asiatischen Ländern. Es war dies die Verinnerlichung der orientalistischen Sicht, bei der Stolz und Minderwertigkeitsgefühle miteinander verwoben sind.

Die vermittelnden Sprachen der Verwestlichung waren die westeuropäischen Sprachen wie Englisch, Deutsch oder Französisch. Jedoch wuchs nach und nach die Bedeutung des Englischen als Nationalsprache von Großbritannien, mit dem Japan verbündet war. So verbreitete sich rasch eine Englisch-Begeisterung im Land. Nicht nur in der öffentlichen Bildung wurde der Englisch-Lehrplan ausgeweitet, auch in der privaten Wirtschaft entwickelte sich eine ‚Englisch-Industrie'. Englisch wurde als Anlaufstelle und Symbol der europäisch-amerikanischen Kultur betrachtet, ferner gewann die englische Sprache selbst an Prestige als ‚Sprache der Zivilisation'.

Während des Krieges, Anfang der 1940er Jahre, war Englisch zeitweilig als Sprache des Feindes verbannt. Mit der Okkupation Japans durch die USA nach dem Krieg kehrte jedoch die Begeisterung der Bevölkerung für das Erlernen der englischen Sprache zurück. Deren Wiedereinführung in den Bildungsplan trug auch dazu bei, dass Englisch bald das tägliche Leben der allgemeinen Bevölkerung durchdrang. Mit der Einfuhr der amerikanischen Massenkultur ging eine Amerikanisierung der japanischen Kultur einher. Europa und Amerika als Vorbild, nachahmenswert und „immer einen Schritt voraus"; unter dieser Vorstellung galt Englisch zu sprechen als eine geistreiche und modische Beschäftigung und übte eine starke Anziehungskraft auf die Menschen in Japan aus.

In den 1950er Jahren wuchs die japanische Wirtschaft rasant. Die Protagonisten dieses Aufschwungs aus Industrie, Handel und Finanz sahen vor allem die Notwendigkeit eines praxistauglichen Englisch, um den Nachwuchs auf die internationale Expansion vorzubereiten. Die neue Didaktik von Übersee, die auf die Kommunikationsfähigkeit fokussierende „kommunikative Herangehensweise" aus der Angewandten Linguistik, kam da gerade zur rechten Zeit. Die Angewandte Linguistik war im Zuge der imperialistisch motivierten Sprachpolitik entstanden, die damals Großbritannien und die USA verfolgten (Stützpunkte waren zum Beispiel das British Council oder das Center for Applied Linguistics in Washington D.C.). Unter ihrem Einfluss herrschte eine geradezu einseitig auf Kommunikation abzielende Didaktik im japanischen Bildungswesen für Englisch.

Der Kommunikationszentrismus, der mit Schlagwörtern wie „praktisches Englisch", „lebendiges Englisch" und „internationale Verständigung" beworben wurde, setzte sich mit Rückendeckung aus Politik und Wirtschaft in der sprachlichen Bildungspolitik durch. Die ‚Reform' der Englisch-Bildung wurde unentwegt vorangetrieben.

Das japanische Bildungsministerium verfasste 1989 einen neuen Lehrplan für die nationale Schulbildung und legte den Schwerpunkt klar auf die verbale Kommunikation. „Angesichts der voranschreitenden Internationalisierung die praxisorientierte Kommunikationsfähigkeit mit dem Schwerpunkt Hören und Sprechen fördern", so der Leitspruch des Lehrplans. 2002 begann die Einführung der Englisch-Sprachstunden in der Grundschule und das Ministerium für Erziehung, Kultur, Sport, Wissenschaft und Technologie verfasste

の占領下に入るや、熱狂的な英語学習ブームが到来し、英語教育体制の再整備とも相まって、英語は一挙に一般民衆の生活に密着したものとなった。アメリカの大衆文化の流入とともに、文化のアメリカナイゼーションが進行する。「一歩先を行く」追求すべきモデルとしての欧米イメージのもとで、「英語を話す」ことは知的でファッショナブルな行為とされ、いよいよ強い憧れの対象となった。

　一九五〇年代以降の日本は経済の飛躍的な成長期を迎える。その主役たる産業界・財界は、国際的発展を担う人材の育成を目的に、より実用的な「使える英語」を求めるようになった。時あたかも、海外から「コミュニケーション」能力の養成を重視した応用言語学的な「コミュニカティヴ・アプローチ」が持ち込まれる。応用言語学は、当時英米が手を携えて展開した帝国主義的な言語戦略（ブリティッシュ・カウンシルやワシントンの応用言語学センターはその拠点である）の一環として登場したという曰くつきのものであった。だが、その影響下でコミュニケーション偏重主義ともいえる理念が日本の英語教育界を風靡するに至った。

　以後、「実用」「生きた英語」「国際理解」等の粉飾を施されたコミュニケーション中心主義は、政財界の意を受けて語学行政に入り込み、英語教育「改革」が慌しく推し進められていく。文部省は一九八九年に新しい学習指導要領をまとめ、オーラル・コミュニケーション重視の方向に舵を切る。「国際化の進展に対応し、『聞く・話す』中心の実践的コミュニケーションの育成を図る」というのがその謳い文句であった。二〇〇二年には小学校への英会話の導入が図られ、また経団連の提

いても模索したい。その際のキーワードは、エンパワメント、多言語主義、言語権と公共圏、といったものになるだろう。

日本社会の「英語化」〔注四〕

　江戸幕府の統治の下で鎖国政策を維持していた日本は、一九世紀後半、アメリカを中心とする西洋列強の圧力によって国を開き、国際社会の荒波に乗り出した。厳しい国際情勢のなかで何とか自立を果たすため、日本は近代的国民国家の建設をめざして、「脱亜入欧」を旗印に、西欧を師表と仰いだ文明化＝西欧化に取り組んだ。

　それは同時に、日本人の精神に、西欧の価値基準の優越性を認め、それに率先して同一化しようとする「拝外主義」の心性を生み出した。そのことはまた、他の「遅れた」アジア諸国への蔑視と表裏一体となった、自尊と自卑のからみあうオリエンタリズム的視点を内面化することでもあった。

　西欧化の言語的媒体は英、独、仏等の西欧諸語であったが、やがて同盟国イギリスの国家語である英語が重要視され、大衆的な英語熱が急速に高まった。公教育における英語科課程の充実はもとより、民間の英語産業も自立・発展をみた。英語は欧米文化の窓口そして象徴とみなされ、それ自体「文明の言語」として権威づけられていった。

　一九四〇年代前半の戦争の時代、英語は敵性語として一時的に排撃の対象となったが、戦後米軍

nach einem Vorschlag des größten japanischen Wirtschaftsverbandes, *Keidanren*, das „strategische Konzept für die Ausbildung von ‚Japanern, die Englisch anwenden können'", das unter anderem die Einführung des Hörverstehenstests in Hochschulaufnahmeprüfungen sowie den intensiven Einsatz von Assistenz-Lehrkräften für Fremdsprachen in den Schulen vorsah. Die Einführung von Englisch als Pflichtfach in der Grundschule wird gegenwärtig vorangetrieben.

Neben der Hinwendung zum ‚praxistauglichen Englisch' in der Englisch-Pädagogik sollte auch die Debatte darüber, ob Englisch zur Amtssprache werden soll, genauer betrachtet werden. 2000 berichtete das vom damaligen Ministerpräsidenten Keizō Obuchi eingesetzte Beratungsgremium in seinem „Entwurf für Japan im 21. Jahrhundert", dass praktische Sprachfähigkeiten in Englisch als internationaler Weltsprache unentbehrlich seien, um sich für die IT-Revolution und die Globalisierung zu wappnen. „Alle Japaner müssen sich bis zum Eintritt in die Arbeitswelt praxistaugliche Englischkenntnisse aneignen.", so lautete das Ziel in dem Bericht. Ferner hieß es: „langfristig wird erwogen, Englisch als zweite Amtssprache einzuführen."

Einer der führenden Köpfe dieses Vorschlags, Yōichi Funabashi (Asahi Shimbun), erläutert in seiner Publikation (Funabashi 2000) die Notwendigkeit einer gesetzlichen Festlegung der Amtssprachen, der Einführung von Englisch als zweiter Amtssprache neben Japanisch sowie einer Sprachpolitik mit dem Ziel, dass ein Großteil der Bevölkerung innerhalb einer bestimmten Frist beide Sprachen beherrsche. Englisch sei als Lingua Franca nicht mehr im Alleinbesitz der Englisch-Muttersprachler, sondern mutiere von Region zu Region und habe sich zu verschiedenen „Welt-Englischen (World Englishes)" entwickelt. Unter dieser Annahme versucht er, Englisch von seinem ursprünglichen Hintergrund, der britisch-amerikanischen Kultur, zu trennen und als reines ‚Werkzeug' für die internationale Kommunikation zu betrachten. Funabashi postuliert: „Die meisten Japaner sprechen nicht Englisch als Muttersprache. Es ist auch nicht nötig, perfektes Englisch zu sprechen. Es reicht vollkommen, wenn wir Englisch als Kommunikationsmittel anwenden können."₅ Hier kommt eine recht nüchterne Praxisorientiertheit zum Vorschein.

Die Debatte um die Einführung von Englisch als Amtssprache erfasste auch die Privatwirtschaft: 2010 erklärten zwei Großunternehmen, die Textilkette Uniqlo (Fast Retailing) und der Onlinehändler Rakuten, Englisch zur offiziellen Firmensprache und schockierten damit die Öffentlichkeit.

Ob „praxistaugliches Englisch" oder „Einführung von Englisch als Amtssprache", diesen Ideen liegt ein ausgeprägtes Krisenbewusstsein zu Grunde: die Stagnation der japanischen Wirtschaft nach dem Zusammenbruch der „Bubble-Economy", die Angst und Sorge, die Wettbewerbsfähigkeit zu verlieren und abgehängt zu werden. Diese Sorgen treiben die Nation dazu, Englisch als eine wirksame Waffe (Soft Power) auf der Ebene der nationalen Politik zu betrachten und zu nutzen. Englisch hat eine ausgesprochen politisch-ideologische Rolle in der heutigen Zeit, in der der Nationalismus vom Establishment befeuert wird.

Argumente der Kritik am Sprachimperialismus des Englischen

In der Debatte um den Sprachimperialismus oder die ‚Herrschaft' des Englischen wird die benannte negative Seite thematisiert, die sich hinter der ‚Ver-Englischung' verbirgt, und gegen die daraus resultierende Diskriminierung und Benachteiligung Einspruch erhoben. Auch in Japan fingen Wissenschaftler der englischen Sprache wie Yukio Tsuda, Kei Nakamura und Shinichi Ōishi um 1990 an, dieser Problemstellung nachzugehen.¶6 In ihren Argumentationen, wie der Sprachimperialismus des Englischen zu überwinden sei, gibt es teils erhebliche Unterschiede (insbesondere unterscheiden sich die Sichtweisen von Tsuda und Ōishi enorm). Jedoch stimmen sie bezüglich der Benennung des Übels, das aus dem Sprachimperialismus des Englischen resultiert, in vielen Punkten überein. In dieser Hinsicht kämpfen sie gewissermaßen zusammen gegen den ‚gemeinsamen Feind' an. In der Tat haben sie auch gemeinsam ein Buch zum Thema „Herrschaft der englischen Sprache" herausgegeben (zusammengestellt von Tsuda 1993)¶7.

Um die kritischen Theorien zum Sprachimperialismus des Englischen zu

いのです。英語をコミュニケーションの道具として使うことができれば十分です」（同上：二七頁）と。ここにはある種の醒めた実用主義がうかがえる。

英語公用語化の論議は民間企業にも及び、二〇一〇年、ユニクロ（ファーストリテイリング）、楽天の二つの大手企業が「英語を社内公用語にする」と発表し、世間に衝撃を与えた。「グローバリゼーションを生き残るための経営の国際化戦略」のためだというのが、その理由であった。

「使える英語」にせよ、「英語公用語論」にせよ、その発想の根底には強い危機意識が潜んでいる。バブル崩壊以降の日本経済の低迷、国際競争力を失って取り残されるのではないかという不安と焦燥……。それらが英語を国策上の有効な武器（ソフトパワー）として捉え、その力を利用しようとする方向へとこの国を駆り立てている。英語はいまや、体制側の鼓吹するナショナリズムのなかで、きわめて政治的・イデオロギー的な役割を担っているのである。

英語帝国主義批判の論理

こうした「英語化」に潜む負の側面に注目し、それがもたらす差別と不利益を告発しようとするのが「英語帝国主義」ないし「英語支配」論である。先述のように、日本でも一九九〇年前後から、津田幸男、中村敬、大石俊一ら英語の専門研究者によって問題提起がなされるようになった。彼らの主張には、英語帝国主義をいかに乗り越え、清算するか、その方向性にかかわる認識において、

言に基づき、『英語が使える日本人』の育成のための戦略構想」が文部科学省の手でまとめられて、大学入試へのリスニング・テストの導入、外国語指導助手の活用等が推進された。小学校における英語必修化・教科化は、現在も進行中である。

英語教育における「使える英語」へのシフトと並んで注目されるのは、英語を公用語化すべきだとする議論である。

二〇〇〇年、小渕恵三内閣の諮問機関「二一世紀日本の構想」懇談会は、その報告書において、IT革命とグローバリゼーションに対処するためには、国際共通語としての英語の実用能力を習得することが不可欠だと提言した。そして、「社会人になるまでに日本人全体が実用英語を使いこなせる」という目標を掲げつつ、「長期的には英語を第二公用語とすることも視野に入る」ことを示唆している。

この提言の仕掛人だった船橋洋一（朝日新聞）は自著（船橋、二〇〇〇）のなかで、公用語法を制定して英語を明確に第二公用語と位置づけ、時限を決めて国民の大多数を日英のバイリンガルにしていく言語政策の必要性を説いている。彼はまた、国際共通語（リンガ・フランカ）としての英語は、もはやネイティブ・スピーカーの占有物ではなくなり、地域ごとに変異して「世界諸英語（World Englishes）」を生み出しているという認識から、英語を元来その背景にあった英米文化から切り離して、国際コミュニケーションのための「道具」と割り切って活用しようとする。船橋はいう。「私たち日本人のほとんどは英語を母語としているわけではありません。完璧な英語を話せなくてもい

untersuchen, habe ich die Argumentation Tsudas als repräsentatives Beispiel ausgesucht. Tsuda veröffentlicht mit größter Hingabe kontinuierlich Schriften darüber, inwiefern die englische Sprache in Japan herrscht und welche Probleme sich daraus ergeben. Seine Argumentation ist äußerst umfassend und ausführlich. Indem wir sie betrachten, können wir im Großen und Ganzen erfassen, was an der Herrschaft der englischen Sprache als problematisch angesehen wird.

Es gibt einen weiteren Grund, Tsuda als Beispiel zu nehmen: Er ist leidenschaftlich nationalistisch orientiert, was sich in seiner Argumentation deutlich wiederspiegelt. Infolgedessen weist seine Argumentationskette nicht wenige Fehler auf. Das Problem betrifft allerdings nicht nur Tsuda: Diese Falle bergen alle Ansätze in sich, die der sprachlichen Hegemonie des Englischen einen Sprachnationalismus als Gegenmittel gegenüberstellen. Eine solche Herangehensweise könnte als nationalistische Reaktion auf den „ausländischen Druck" der Globalisierung zunehmende Popularität erlangen. Dieser Punkt ist unumgänglich, wenn wir die Debatte um die Kritik der Herrschaft des Englischen untersuchen. Die Problematik werde ich später im Abschnitt „Die Fallgrube des Nationalismus" behandeln.

Ich fasse unten die Hauptargumente von Tsudas Kritik an der Herrschaft des Englischen zusammen:

Die „Debatte über die Herrschaft des Englischen" definiert Tsuda als eine Debatte, in der „die Verhältnisse, in denen Englisch de facto Weltstandardsprache ist, als ‚Herrschaft des Englischen'¶8 begriffen und die daraus entstehende Ungleichheit in Sprache und Kommunikation infrage gestellt wird". Laut Tsuda stützt sich diese Theorie auf die Grundannahme, „dass Englisch nicht mehr bloß ein Kommunikationsmittel ist, sondern darüber hinaus die soziale Ungleichheit und das Ungleichgewicht der Machtverhältnisse reproduziert und verstärkt"¶9.

Tsuda beruft sich auf die Kritische Theorie als theoretische Voraussetzung für die Untersuchung der Herrschaft des Englischen. Laut Tsuda hat die Kritische Theorie als Ziel, die vorhandene Machtstruktur und die Ideologie dahinter zu beleuchten und für die kritische Auseinandersetzung damit das nötige Wissen zu erlangen.

Mit anderen Worten ist die Kritische Theorie ein Versuch, die Machtstruktur, die bestehende Ungleichheit, Herrschaft und Entfremdung reproduziert und verstärkt, kritisch zu untersuchen und durch das Wissen, das dadurch erlangt wird, Erkenntnisse über Widersprüche und Gegensätze in der Gesellschaft zu gewinnen [...] Die kritische Auseinandersetzung mit der Herrschaft des Englischen ist praktizierte ‚Kritische Theorie' gegen den Sprachimperialismus des Englischen, und damit ein Versuch, Kritik am Linguizismus, an der kulturellen Invasion und dem Englisch-Syndrom[10] zu üben, welche die Herrschaft des Englischen hervorbringt.[11]

Tsuda sieht den Ursprung der Herrschaft des Englischen in der kolonialistischen Ideologie von Europa und Amerika seit der Moderne. Europa und Amerika hätten aus der Machtstellung, die sie durch die frühe Modernisierung erlangten, ihre Theorien der Arroganz verbreitet, die auf Gegensätzen wie „Europa / Amerika = Zivilisation", „Nicht-Europa / Amerika = barbarisch" beruhen, und versucht, über den Rest der Welt zu herrschen.[12] Die heutige Herrschaft des Englischen sei auch eine Folge dieser Ideologie. Sie sei das Produkt des „Herrscherbewusstseins von Europäern und Amerikanern, die sich selbst als ‚Zivilisierte' sehen und wie ein Vater die ‚Barbaren' bekehren, die nicht mal Englisch sprechen können".[13]

Die Japaner jedoch, die nach der Landesöffnung dem „Schock aus dem Westen" ausgesetzt gewesen wären, hätten vor dem Westen als dem „überlegenen Anderen" ihre Subjektivität aufgegeben, sich unterworfen und fortan unter dem Bann eines langanhaltenden „Westen-Komplexes" gestanden. Als Folge würden die Japaner die englische Sprache als Sprache der ‚Herren' eifrig bejahen, ihre Werte bewundern und ihre Herrschaft willkommen heißen.

Unter dieser Auffassung der Geschichte nennt Tsuda die folgenden sechs Punkte als Probleme, die die Herrschaft des Englischen hervorbringt[14]:

1) Ungleichheit und Diskriminierung in der Kommunikation

Wenn Englisch die Standardsprache der Welt wird, kann die Bevölkerung aus

絶対的優位と英語中心のコミュニケーションのコミュニケーション」（津田、二〇〇六：一一頁）を指す」と捉えて、それがことばとコミュニケーションの不平等を生み出しているという異議申し立てをする議論」と定義し、「英語は単なるコミュニケーションの手段であることを越えて、社会的不平等や権力の不均衡を再生産し強化する装置になっている」というのが、その基本的考え方であるとする（津田、二〇一三：二四頁）。

津田は、英語支配を考察する理論的前提として、「批判理論（Critical Theory）」に依拠する。津田の言によれば、批判理論とは、既存の権力構造とそれを支えるイデオロギーを明白にすることを目的とし、そのための批判的知識を生み出そうとする理論である。

――「批判理論」とは、現存する不平等、支配、疎外を再生産、強化する権力構造を批判的に吟味しようとする知的営みであり、この営みにより生み出された知識をとおして、社会の矛盾や対立への認識を確立しようとするものである［…］英語支配批判の知的営みはまさに英語帝国主義に対する『批判理論』であり、英語支配が生み出す言語差別、文化侵略、英会話症候群[注七]を批判する営みである」（津田、二〇〇三：一八四頁）。

津田は、英語支配のそもそもの淵源を、近代以降の欧米の植民地主義的イデオロギーに求めている。欧米はいち早い近代化を通じて獲得した強大な威力を背景に、「欧米＝文明」[注八]、「非欧米＝野蛮」という対立項に基づく高慢な論理をふりかざし、非欧米世界の支配を企てた。今日の英語支配

小さからぬ分岐が存在する（とくに津田と大石の見解は相当に異なっている）とはいえ、こと英語帝国主義のもたらす弊害の指摘に関する限り、互いに重なり合う部分が多くみられる。その点で彼らは「共通の敵」に対し、連携して対抗しているとみなすこともできる。実際、彼らは英語支配をテーマとした共著（津田〔編著〕、一九九三）を出してもいる。[6]

英語帝国主義批判の論理を検討するにあたり、ここではその代表選手として、津田幸男の議論に注目したい。津田は日本における英語支配の実態と問題点について、最も精力的に著作を発表し続けている人物であり、その論点の包括性、網羅性において群を抜いている。彼の議論を参照することで、英語支配の何が問題とされているかをほぼ一通り把握することができよう。

津田を取り上げる理由はいま一つある。津田は熱烈なナショナリスト的心情の持ち主であるが、それがしばしば彼の唱える対抗言説に色濃く反映されており、その結果議論全体に少なからぬ瑕疵をもたらしている。これは、ただ津田のみの問題ではなく、英語の言語的ヘゲモニーへの抵抗として言語ナショナリズムを対置しようとする論理——それはグローバリズムという「外圧」に対するナショナリスティックな反応という形で、今後勢いを増す可能性がある——には例外なくつきまとう陥穽といってよい。英語支配批判論議について考察する際には、これは避けて通れない論点を構成する。この問題については後に「ナショナリズムの陥穽」の章で検討する。

以下、津田の所論に即して彼の英語支配批判の要点を摘記する。

津田は、「英語支配論」について、「英語が世界標準語になっている現状を『英語支配』」「英語の

dem englischsprachigen Raum ohne Mühe kommunizieren. Hingegen sind Menschen aus dem nicht-englischen Raum schwer benachteiligt, weil sie erst Englisch erlernen müssen. Ferner müssen sie sich tendenziell mit dem Status der „Schwachen in der Kommunikation" begnügen, weil sie des Englischen nicht mächtig sind. Folglich sind sie auch gesellschaftlich schlechter gestellt und haben bei ihrem Bemühen, einen Posten oder finanzielle Vorteile zu erlangen, gegenüber Menschen aus dem englischsprachigen Raum ungleich schlechtere Chancen.

2) Zunehmender Schwund der Minderheitensprachen

Durch die globale Dominanz der englischen Sprache steigen viele Menschen auf Englisch um, weil es ihnen soziale und wirtschaftliche Vorteile bringt. Als Folge sind die Minderheitensprachen und indigenen Sprachen vom Aussterben bedroht. Englisch ist die „Killer Language" schlechthin und zerstört die Vielfalt der Sprachen.

3) Globale Vereinheitlichung der Kulturen

Die Herrschaft des Englischen treibt die Invasion der Kulturen voran und führt zur „Amerikanisierung der Kulturen". Emblematisch hierfür wären Coca Cola oder McDonalds zu nennen. Die Entwicklung der Kultur und Identität der einzelnen Länder wird verhindert, geistige Würde, Autonomie und Selbstwertgefühl gehen verloren.

4) Generierung von „Informations-Reichen" und „Informations-Armen"

Da die Sendungshoheit und die aktive Produktion der Information und der Informationsfluss in Händen der hoch industrialisierten Länder Europas und Amerikas liegen, werden die Informations-Ressourcen ungleich verteilt. Folglich werden die anderen Länder zu Empfängern bzw. Konsumenten von Information degradiert. Auch im Internet dominiert die englische Sprache. Menschen aus nichtenglischsprachigen Ländern werden wegen des Informationsgefälles einseitig benachteiligt.

5) Geistige Vereinnahmung durch den „Mythos der Englischen Sprache"

Gedankengut, Werte und Ideen, die auf Englisch formuliert werden, d.h. europäisch-amerikanische Werte werden gepriesen und die Menschen geistig beherrscht und gesteuert. Englisch wird als die auserwählte bzw. der Weltsprache würdige Sprache „vergöttert". Daraus entsteht eine Art „Englisch-Gläubigkeit", Englisch zu sprechen gilt als „cool".

6) Entstehung von Hierarchien durch die Herrschaft des Englischen

Die Menschen werden nach ihren Englischkenntnissen in obere und untere Klassen geteilt, weil Englisch als „Weltstandardsprache" eine große Macht hat. Die Menschen mit Englischkenntnissen sind im „Überlebenskampf" privilegiert, die ohne Englischkenntnisse dagegen benachteiligt, sie fühlen sich minderwertig. Global gesehen bildet die Hierarchie der Herrschaft des Englischen eine pyramidenförmige Struktur. Ganz oben regieren die Englisch-Muttersprachler als Inkarnation des „richtigen Englisch", darunter die Gruppe aus Ländern wie Indien, Kenia, Philippinen, in denen Englisch als zweite Amtssprache gesprochen wird. Weiter unten sind Länder wie Japan oder Thailand, in denen die Bevölkerung gezwungenermaßen lebenslange „Arbeit" in Form von Englischstunden leisten muss und trotzdem von den oberen Schichten kritisiert oder diskriminiert wird, weil ihr Englisch als primitiv gilt. Auf der untersten Ebene ist die „schweigende Klasse" der Menschen, die kaum mit Englisch in Berührung kommen und deren Meinungen international kaum gehört werden.

Die oben genannten sind die zentralen Argumente von Tsudas Kritik an der Herrschaft des Englischen.

Und wie ist der Ansatz zu bewerten, Englisch von England und Amerika zu trennen bzw. vom normativen Original zu befreien und die Koexistenz von vielfältigen ‚Mutationen' des Englischen zu akzeptieren und so zu versuchen, sowohl die Universalität des Englischen auszunutzen als auch die Parität zu bewahren (so wie die Befürworter des sogenannten „International English"¶15)? Dieser Denkrichtung wirft Tsuda vor, eine grundsätzliche Frage zu übergehen: „Ist

（2）少数言語の衰退の加速

英語コミュニケーションが世界を席巻することにより、人々は社会的・経済的に有利な英語使用に「乗り換え」、少数・土着言語は消滅の危機にさらされる。英語はまさしく Killer language であり、言語の多様性を破壊する元凶である。

（3）世界文化の画一化

英語支配は、文化侵略を促進し、コカ・コーラやマクドナルドに象徴される「文化のアメリカ化」を引き起こす。各国の文化とアイデンティティの形成は妨げられ、精神の尊厳・自主性・誇りは失われる。

（4）「情報リッチ」と「情報プア」の創出

情報の発信・流通のイニシアティヴは欧米先進国が握るため、情報資源は偏在化し、他の国々は情報の受信者・消費者に貶められる。インターネットも英語の独擅場となっており、非英語圏は情報格差の不利益を一方的に被ることになる。

（5）「英語神話」による精神支配

もこのイデオロギーの延長線上にある。すなわちそれは、欧米人の「自分たちは『文明人』であり、英語もロクに話せない『野蛮人』を教化する父親のような存在であるという支配者意識」(津田、一九九六：五四頁) の所産にほかならない。

だが、開国によって「西洋の衝撃」にさらされた日本人は、「優越する他者」としての欧米の前で主体性を放棄して屈従し、根深い「欧米コンプレックス」に呪縛されることになった。その結果、日本人は「主人」の言語である英語とその価値観にひたすら同調し、憧れ、その支配を歓迎するに至った、というのである。

こうした歴史認識をふまえて、津田は英語支配がもたらす諸問題を、下記の六点にわたって指摘している (津田、二〇〇三：一〇―二三頁、二〇〇六：二七―三四頁、二〇一三：一四三―一四六頁、津田 (編著)、二〇〇五：二四―三三、一四八―一五六頁)。

(1) コミュニケーションの不平等と差別

英語が世界標準語になると、英語圏の国々は労せずしてコミュニケーションを行えるのに対して、非英語圏の人々は英語習得という大きなハンディキャップを負わざるをえない。また後者は、英語の不自由さゆえに、「コミュニケーション弱者」の地位に甘んじがちで、社会的評価も低くなり、地位の獲得や経済的報酬の面でも、英語圏の人々に水をあけられることになる。

es überhaupt richtig, eine bestimmte Volkssprache zu einer internationalen Standardsprache zu erheben?" „Dieses substantielle Problem zu ignorieren und nur weil es vermehrt englischsprachige Menschen gibt deren Bedürfnissen entgegenzukommen: das ist die Grundhaltung der Befürworter des International English"¶16. Solange Sprache mit Politik, Macht und Ideologien unmittelbar verbunden ist, führt die Festlegung einer Volkssprache (= Englisch) zu einer Weltstandardsprache dazu, die Struktur der Diskriminierung international zu verstärken. Folglich kann diese Idee das Problem des Linguizismus nicht substantiell lösen und auch nicht die benachteiligte Lage der Japaner ändern¶17.

Tsuda lehnt ‚Englisch als Amtssprache'¶18 und, als heutige Vorform davon, ‚Englisch als Firmensprache' vehement ab¶19. Englisch als Amtssprache einzuführen bedeutet blind dem Trend zu folgen, als ob man sonst den Bus namens Globalisierung verpassen würde; es ist nichts anderes als eine passive Bestätigung der bestehenden Herrschaft des Englischen. Dahinter stecke der Trugschluss, Sprache mit Werkzeug gleichzusetzen und nur die funktionellen Aspekte der Sprache zu erkennen, sowie die naive Vorstellung „Englisch = Internationalisierung", also der Irrglaube, dass Englischkompetenz mit Internationalität gleichgesetzt werden könne.¶20

Und was sollen wir tun, um uns vom Joch der Herrschaft des Englischen zu befreien?

„Der erste Schritt einer konkreten Herangehensweise an das Problem wäre, zunächst Existenz, Inhalte und Struktur des Problems präzise zu erfassen."¶21, so Tsuda. Statt im „falschen Bewusstsein" der Englisch-Gläubigkeit zu versinken und nicht einmal in der Lage zu sein, das eigentliche Problem zu erkennen, sollten wir aufwachen und die Realität bewusst wahrnehmen, in der die Herrschaft des Englischen Diskriminierungen und Ungleichheiten aller Art hervorbringt.

Anstelle des monolingualistischen und Linguizismus zulassenden „Paradigmas der Herrschaft des Englischen" plädiert Tsuda für ein „ökologisches Paradigma der Sprachen", das nach Integrität der Ökologie der Sprachen strebt; einer Ökologie, die sich auf Diversität und Koexistenz der Sprachen stützt. Das letztere, das ökologische Paradigma der Sprachen wird laut Tsuda von einem „ontologischen Ansatz der Sprache" getragen, in dem die Sprache nicht als bloßes Kommunikationswerkzeug, sondern als Quelle der Kultur und der Identität betrachtet wird; „Gleichheit in der Kommunikation", also die Gewährleistung einer demokratischen, freien und gleichberechtigten Kommunikation; „das Recht der freien Sprachwahl", also die Sprache verwenden zu können, die man sprechen möchte (in der Regel seine Muttersprache); „Multilingualismus / Multikulturalismus", also das Streben nach einer Welt, in der die Minderheitensprachen respektiert werden und die vielfältigen Sprachkulturen trotz ihrer Unterschiede koexistieren können.¶22

In der Praxis der internationalen Kommunikation gilt „das Prinzip, die Muttersprache zu respektieren: man versucht gegenseitig, die Muttersprache (bzw. Volkssprache oder Nationalsprache) des Anderen möglichst zu achten. Man lernt und spricht die Sprache, die in dem jeweiligen Gebiet verwendet wird" [also „in Japan auf Japanisch"].¶23 Ferner konstatiert Tsuda, dass eine gleichberechtigte Kommunikation gewährleistet werden kann, indem beide Gesprächspartner in ihrer jeweiligen Muttersprache sprechen und sich verständigen (falls sie gegenseitig die Sprache des Anderen verstehen können) oder mithilfe eines Dolmetschers (falls sie gegenseitig die Sprache des Anderen nicht verstehen können).¶24

Mit den oben genannten vielschichtigen Argumenten übt Tsuda radikale Kritik an der Herrschaft des Englischen.

Seine Darlegungen enthalten nicht wenige Punkte, denen ich im Allgemeinen zustimmen würde. Und das nicht nur im Falle Japans, sondern sie scheinen eine gewisse Allgemeingültigkeit zu haben.

Jedoch, simpel formuliert, drehen sich Tsudas Gedanken um die Achse „Japan" als Zentrum. Japaner, die durch die Herrschaft des Englischen und durch die europäisch-amerikanische Invasion der Kultur verstümmelt werden und ihren Stolz und ihre Selbständigkeit verlieren und sich freiwillig an die Kette der Versklavung begeben – solche Verhältnisse fürchtet er am meisten. Dieses Krisenbewusstsein von ihm scheint auf die eine Frage zuzulaufen: „Wie kann man dieses Land retten?" „Japan zu schützen ist die Pflicht der

いう根本問題を見落としているとして退ける。「この本質的な問題を素通りして、英語を使う人々が多くなってきているから、その人達のニーズに応えようというのが、国際英語論者の基本姿勢といえよう」(津田、一九九〇：六八頁)。言語が政治、権力、イデオロギーと直結したものである以上、ある民族語(＝英語)が国際共通語とされることは、国際的な差別構造の強化へとつながる。結局それは、言語差別の根本的な解決策とはならず、日本人にとり不利な状況に変化をもたらすものではない(津田、二〇〇三：八一―八二頁、二〇一一：八五―九八頁)。

津田は「英語公用語論」についても、その今日的ヴァージョンである社内公用語化論もろともに断固拒絶する(津田、二〇〇三：六九―七三頁、一三二―一三四頁、二〇〇六：一七二―一九一頁、二〇一一：二三一―二四九頁)。英語公用語論は、グローバル化を喧伝する風潮に「バスに乗り遅れるな」とばかりに付き従い、英語支配の現状を追認するものでしかない。その根底には、言語の機能面のみしか見ない「言語＝道具幻想」と、英語ができることと国際化を誤って等置する「国際化＝英語幻想」への囚われがある(津田、二〇一一：三八―四一頁)。

それでは、英語支配のくびきから解き放たれるためには、われわれは何をなすべきか。

津田によれば、「問題の具体的な方策の第一歩は、まずその問題の存在、内容、構造を正確に理解することである」(津田、一九九〇：一九四頁)。英語信仰という「偽りの意識」に埋没して問題それ自体を認識できない状態から目覚めて、英語支配がさまざまな差別と不平等を生み出しているという現実を意識化することが求められる。

英語によって表現される思考・価値・思想、すなわち欧米的な価値観が称揚され、人々の精神を支配・コントロールする。英語は選良の言語、世界語にふさわしい言語として「神格化」され、英語ができることを「かっこいい」とみなす「英語信仰」を生み出す。

(6) 英語支配の序列構造の形成

「世界標準語」としての英語には大きな権力が付与されるため、英語能力の有無により人々の間には上下の序列が形成される。英語ができる人は「生存競争」で優位に立ち、できない人は不利となり、劣等感を抱く。国際的視点で見れば、英語支配の序列はピラミッド状の構造をなす。頂点には「正しい英語」の権化としてのネイティヴ・スピーカーが君臨し、次にインド、ケニア、フィリピンなどの英語を第二言語として用いるグループが来る。その下には日本やタイなどの、英語学習という「労働」を生涯強いられるにもかかわらず、その英語が稚拙であるとして、上位の階層から批判や差別の対象となる人々が位置する。そして最下層にいるのは、英語との接触がほとんどなく、その発言が国際的に伝わりにくい「沈黙階級」である。

津田の英語支配批判の根幹は上記のとおりである。では、英語を脱英米化、つまり本家本元の規範的モデルから解放して、多様な「変種」の並存を認めることで、英語の普遍性を生かしつつ、平等性を確保しようとする考え方（しばしば「国際英語論」と呼ばれる）についてはどう考えればよいか。

この発想に対しても、津田は「ある特定の民族語を果たして国際共通語にしていいのかどうか」と

Japaner. Es ist Zeit, unsere ‚Vaterlandsliebe' wachzurütteln; wir Japaner müssen mit Entschlossenheit und Einigkeit dieses Land verteidigen".25. Wenn er so appelliert, kommen seine nationalistischen Züge unverkennbar zum Vorschein. Sein erstrebtes Ziel scheint es zu sein, durch die Verteidigung der japanischen Kultur und Sprache ein „positives Selbstbild" der Japaner zu errichten und die „Subjektivität der Japaner" wiederzuerlangen.26

Das Politische und die Gewalt der Sprache

In diesem Kapitel werde ich auf Grundlage der bisher genannten Überlegungen die positiven Aspekte der Debatte um den Sprachimperialismus des Englischen untersuchen.

Der größte Beitrag der Debatte um den Sprachimperialismus des Englischen ist wahrscheinlich, dass sie gezeigt hat, dass die heutige Englisch-Manie nichts anderes als die ‚Herrschaft' des Englischen ist. Ferner hat die Debatte den geschichtlichen Zusammenhang zum Kolonialismus, den politischen Aspekt und die Gewalttätigkeit27 ans Licht gebracht, welche sich in der Sprache (in diesem Fall Englisch) verbergen.

Diese Anschauungen zeigen sich deutlich bei Tsuda, der die Kritische Theorie als tragende Säule seiner Argumentation anwendet. Über die Sprachtheorie des führenden Theoretikers der Kritischen Theorie, J. Habermas, schreibt Tsuda:

> Er weist darauf hin, dass die kapitalistische Industriegesellschaft um der Bewahrung ihrer Ordnung willen verzerrte Verhältnisse in der Kommunikation hervorbringt und die Fortsetzung und Rechtfertigung von Herrschaft und Ungleichheit betreibt. [...] Ferner ist die Sprache ein Apparat, der eine solche verzerrte Kommunikation erzeugt, [behauptet er].28

Aus dieser Argumentation wird die Schlussfolgerung gezogen, dass Sprache ein Apparat der ungleichen Gesellschaft, ein Mittel der Macht und Herrschaft und letztlich Ideologie sei.29

Ein ähnliches Verständnis findet sich auch in den folgenden Formulierungen des Soziolinguisten Keisuke Kasuya über den Sinn der Debatte um den Sprachimperialismus:

> Es wäre auch möglich zu behaupten, dass, auch wenn es die Herrschaft des Englischen tatsächlich geben mag, diese aber nur ein Abbild des politischen und militärischen Imperialismus sei und ein ‚Imperialismus' in einer rein sprachlichen Dimension nicht existieren würde. Eine solche Auffassung könnte jedoch ein Verständnis der Sprache herbeiführen, die Sprache als ein neutrales Instrument zu sehen, das außerhalb des Gesellschaftskampffeldes steht. Um einem solchen Sprachverständnis zu widersprechen wurde der Begriff ‚Sprachimperialismus' eingeführt.¶30
>
> Dies warf schlagartig Licht auf ein Problem, das bisher vernachlässigt wurde: die der Sprache immanente gesellschaftliche Macht. Der Begriff zwingt dazu, die bisher für selbstverständlich gehaltene Sicht auf die Sprache zu überarbeiten.¶31

In einer Arbeit über die Sprachforschung von P. Bourdieu sieht die Soziologin Aya Sadamatsu die höchste Leistung von Bourdieu darin, dass er die Bedeutung dessen klar erkannt habe, „den sozialen Raum zu entdecken, in dem bisher die Sprache nicht thematisiert wurde und auch nicht für wichtig gehalten wurde, darin über die Sprache zu diskutieren, und die Konstellation von Herrschenden und Beherrschten in einem solchen Raum in Frage zu stellen", und dass er dies in die Praxis umgesetzt habe. Bourdieu habe durchschaut, dass „es politisch ist, über ‚Sprache und Gesellschaftsstruktur' nachzudenken, gerade weil dies bisher nicht thematisiert wurde"¶32.

Solche Einsichten, die den Machtaspekt der Sprache thematisieren, verstärken die Auffassung Tsudas.

Außerdem liegt ein bemerkenswerter Verdienst der Debatte um den Sprachimperialismus des Englischen vor allem darin, dass sie den Punkt problematisiert hat, dass die Herrschaft des Englischen eine solche Machtausübung ist, deren erzwingende Wirkung eher verborgen bleibt. In der Debatte wird versucht, durch die Kritik der Ideologie den Schleier vom „falschen Bewusst-

こうした津田の議論は、大筋において首肯できる点が少なくない。それは、日本のケースに限られず、より普遍的な妥当性をもつように思われる。

だが、ありていに言えば、津田の思考は「日本」という軸を中心に回転している。英語支配と欧米の文化侵略によって日本人が骨抜きにされ、誇りと自立心を失って自らを隷従の鎖につなぐといった事態こそ、津田が何よりも怖れた事柄であり、そうした彼の危機意識は、「いかにしてこの国を救うか」という問題関心に収斂している。「日本人が日本を護るのは義務なのです。今こそ『愛国心』をふるい起こして、日本人が心を一にして、この国を護る決意をしなければならないのです」(津田、二〇一一：二四六頁)と言い募るとき、彼のナショナリストとしての相貌が露わとなる。日本文化と日本語を護ることによって、日本人の「肯定的な自画像」を確立し、「日本人の主体性」を回復することこそ、津田が究極において志向していた目的であったと思われる(津田(編著)、一九九三：五二一五四頁)。

言語の政治性と暴力

この節では、前節までの検討をふまえて、英語帝国主義論のポジティヴな意義について考察する。英語帝国主義論のおそらく最大の貢献は、現在の英語一辺倒の状況が、実はまさしく英語「支配」であることを暴露したことにある。そしてまた、植民地主義との歴史的なつながりを含めて、言語

津田は単一言語主義的で言語差別を容認する「英語支配・パラダイム」に代わるものとして、諸言語の多様性と共生の論理に基づく言語環境の保全を追求する「ことばのエコロジー・パラダイム」を提唱する。後者は、言語をたんなるコミュニケーションのツールとしてではなく、文化やアイデンティティの源であると捉える「存在論的言語観」、民主的で自由・対等なコミュニケーションを保障する「コミュニケーションの平等」、自分の使いたい言語(基本的には母語)を用いる権利としての「言語権」、少数言語を尊重しつつ、多様な言語文化が違いを超えて共に生きる世界をめざす「多言語・多文化主義」から成るとされる(津田、二〇〇三:三六－四二頁、一八一－一九二頁、二〇〇六:二〇七－二三二頁、津田(編著)、二〇〇五:一五六－一六〇頁)。

国際的なコミュニケーションの実践場面では、「お互いの母語(あるいは民族語・母国語)を最大限に尊重し、それが使われている土地においてはそのことばを学び使うといういわゆる『母語尊重主義』の原則」「日本では、日本語で」」が基本となる(津田、二〇〇三:五二－五三頁、二〇〇六:一三七－一五三頁、二〇一二:二二一－二三三頁)。さらにそれぞれが自分の母語を使いながら、相手のことばを聞いて理解する(互いの言語がわかる場合)とか、通訳を介在させる(互いの言語を理解できない場合)といった方法によっても、コミュニケーションの平等性の確保が可能とされる、と津田はいう(津田、二〇〇三:一九〇頁)。

以上のように、多岐にわたる論点を挙げて議論を展開しながら、津田は英語支配にラディカルな批判を加えようとするのである。

sein" zu lüften. In der Tat – von der Schulzeit bis zum Studium wird Englisch als Pflichtfach gelernt, die Städte sind voll von Reklamen und Slogans auf Englisch, man wird dauernd mit der Botschaft konfrontiert, dass Englisch unentbehrlich für die globalisierte Gesellschaft sei – in so einer Welt verbreitet sich der Glaube, dass es absolut selbstverständlich wäre, sich der Englischorientierten Realität anzupassen. Es ist nicht einfach, die Herrschaft des Englischen, die in einer solchen Selbstverständlichkeit verborgen ist, zum Gegenstand der Kritik zu machen.

Zu diesem Punkt gibt es einen vielsagenden Fall, den ich aus dem Aufsatz von Miki Itoigawa[33] zitieren möchte:

Itoigawa, die über „Sprache und Gender" forscht, schildert in diesem Aufsatz die Tatsache, dass „die Diskriminierung zwischen Sprachen oft nicht erkannt wird – selbst von Menschen, die für Diskriminierung oder Ungleichheit sensibilisiert sein wollen" anhand einer Auseinandersetzung über die Verwendung von Englisch in einer Fachzeitschrift für Frauenforschung. Zum Verlauf dieser Geschichte:

Als Itoigawa 25 japanische Fachpublikationen mit Aufsätzen zum Thema Diskriminierung analysierte, fand sie heraus, dass nicht wenige davon auch auf Englisch verfasste Aufsätze annehmen oder auf Englisch verfasste Zusammenfassungen fordern oder Englisch auf dem Titelblatt bzw. im Inhaltsverzeichnis verwenden. Obwohl die Zielgruppe Japanischsprecher sind, war nirgendwo zu lesen, warum Englisch verwendet werden soll.

Vor allem gilt ‚Josei-gaku Nenpō [Jahresbericht der Frauenforschung]' eigentlich als besonders sensibilisiert für Repression und Diskriminierungen, die durch Sprache entstehen, was auch in den Anforderungen für einzureichende Beiträge oder in der Rubrik „Schreibregeln für die Aufsätze" deutlich zum Ausdruck kommt. Obwohl die Zeitschrift auf den richtigen Umgang mit Sprache Wert legt, wurde von der ersten bis zur 23. Ausgabe nicht weiter erklärt, warum die Zusammenfassungen, Bezeichnungen / Titel der Forschungsgruppen und deren Publikationen oder Rückseiten oft nur auf Englisch formuliert bzw. beschriftet sind und welchen Sinn diese Praktiken haben.

Seit der 24. Ausgabe wurde zwar diese Vorgehensweise korrigiert, die freie

Sprachauswahl bei den Zusammenfassungen der Aufsätze, die Verwendung von Beschriftungen auf Koreanisch und Chinesisch wurden eingeführt; gleichzeitig tauchte jedoch ein weiteres Problem hinsichtlich der Verwendung von Englisch auf. Zum Beispiel ist die Standardsprache auf internationalen Frauenkonferenzen Englisch. Das sichert zwar anscheinend die Gleichheit der Sprache, jedoch sind Englisch-Muttersprachler unvergleichlich besser gestellt. Diejenigen Nicht-Englischmuttersprachler, die die Muße hatten, Englischkenntnisse unter erheblichem Zeit- und Arbeitsaufwand zu erwerben, können ihre Meinungen auf Englisch äußern; die anderen dagegen, die die Möglichkeit nicht hatten, werden ausgeschlossen und gezwungen, sich selbst zu diskriminieren im falschen Glauben, dass sie selbst schuld wären, weil sie sich nicht genug bemüht hätten. Als Resultat sind die Frauen, die die „Befreiung der Frauen" fordern, gespalten. Die Verwendung von Englisch bedingungslos zu bejahen bedeutet zwangsläufig, an einer solchen Diskriminierung mitzuwirken. „Dieser Linguizismus wurde bisher kaum beachtet. Wenn überhaupt, dann als ‚nicht zu ändern' oder ‚unlösbar' abgetan, oder das Diskriminierende daran wird überhaupt nicht verstanden." Folglich kommt der Aufsatz zu dem Schluss: „Selbst im Umfeld der Diskriminierungsdebatte, die eigentlich Diskriminierung und Ungleichheit thematisiert, findet man Haltungen, die die Ausbreitung von Linguizismus zulassen. Diese Verhältnisse verdeutlichen, wie tief der Linguizismus verwurzelt ist."¶34

Die Erkenntnis aus den Überlegungen von Itoigawa ist zwar recht bedrückend, führt uns jedoch greifbar vor, wie tief und verborgen die heutige Herrschaft des Englischen im Dunkeln liegt. Um den Mechanismus der Herrschaft des Englischen richtig zu begreifen bedarf es eines kritischen Blickes in die Tiefe dieser Dunkelheit. In der Debatte um den Sprachimperialismus des Englischen wird versucht, sich dessen bewusst zu werden.

Auf die Tatsache, dass schwer zu erkennen ist, inwiefern die Herrschaft des Englischen eine Machtausübung ist, die Diskriminierung und Ungleichheit verursacht, möchte ich nun ausführlicher eingehen.

Ein Diskussionspunkt ist das Problem der ‚freiwilligen Zustimmung'. Als Gegenargumentation zur Theorie des Sprachimperialismus des Englischen

また、社会学者の定松文は、P・ブルデュー (P. Bourdieu) の言語研究について考察した論文で、ブルデューの真骨頂を、「今まで言語が問題にされなかった、言語について論じることが重要ではないと考えられてきた社会空間を発見し、そこでの支配―被支配関係を問うこと」(定松、二〇〇七：一七二頁) を明確に認識し、実践した点に見ている。ブルデューは「今まで問題にされなかったからこそ、『言語と社会構造』について考えることは、政治的」(同上：一六〇頁) であり、社会の権力関係についての深い洞察を要請するということを看破していた。

これらの考察は、言語(英語)の権力性を説く津田の議論を補強するものといえよう。

加えて、「英語」の支配というものが、とりわけ強制力の作動が可視化されにくい権力行使である点を問題視したことは、英語帝国主義論の特筆すべき成果であろう。それはイデオロギー批判を通じて、英語についての「偽りの意識」のヴェールを剥ぎ取ろうと試みる。たしかに、義務教育から大学まで英語を正規の教科として学び、街には英語の広告やキャッチコピーが溢れ、グローバル化する社会には英語が不可欠だとのメッセージにさらされ続けるという環境の下では、英語重視の現実に合わせて生きることはしごく当然だとの思い込みが蔓延する。この自明性のうちに秘匿された英語支配を見破り、批判の俎上に載せるのは、容易なことではない。

その点を如実に物語る一つの事例として、糸魚川美樹の論文「差別論をかたることば――『女性学

一　(同上：二九一頁)。

日本における「英語帝国主義」批判について

（この場合英語）に潜む政治性、暴力性を鋭くえぐり出した点にある。

こうした発想は、津田が前述のように「批判理論」を立論の支柱としていることによく表れている。「批判理論」の指導的理論家であるJ・ハーバーマス（J.Habermas）の言語論について、津田はいう。「彼は、資本主義産業社会がその体制維持のため、歪んだコミュニケーションを作りだし、支配と不平等の存続と正当化を営んでいる、と指摘している。［…］そして、言語はそうした歪んだコミュニケーションを作る装置であり、権力と支配の手段であり、イデオロギーであるという認識が導き出される。社会的不平等の装置、権力と支配の手段である、〔と主張する〕」（津田、一九九〇：二六―一七頁）。ここから、言語は社会言語学者糟谷啓介が「言語帝国主義」論の意義について語った次の文章にも、同様の認識が示されている。

「英語支配の現実があるとしても、それは政治的・経済的・軍事的な帝国主義の反映にすぎず、言語に固有の次元で『帝国主義』は存在しないという議論もありうるだろう。けれども、そのようなとらえかたは、言語を社会的闘争場の外に存在する中立的な道具だとみなす言語認識をよびさましかねない。『言語帝国主義』という概念は、まさしくそうした言語認識に異議を表明するために提出されたのである」（糟谷二〇〇〇：二七六頁）。

「それは、言語に内在する社会的権力といういままで等閑視されてきた問題にいっきょに光をなげかける契機となり、さらにはこれまで自明とされてきた言語観に変更をせまるのである」

wird behauptet, dass Englischlernende freiwillig lernen würden und dass es daher einen Sprachimperialismus des Englischen nicht geben könne. Sie würden freiwillig zustimmen und lernen, also sei es falsch, das zu problematisieren, so die Erklärung. Jedoch wäre es „zu naiv (oder als ob man aufhört zu denken) anzunehmen, dass es im Falle einer freiwilligen Zustimmung keine Ungleichheit oder kein Herrschaftsverhältnis geben könne"[35].

Auch Tsuda weist darauf hin, dass es oft solche Fälle gibt: „Auch wenn es wie eine ungezwungene ‚freiwillige Zustimmung' aussieht, ist es streng genommen eine ‚Zustimmung' durch ‚erzwungene Freiwilligkeit', um das Risiko des ‚Ausgeschlossenseins' zu umgehen."[36] Gewalt als freiwillige Zustimmung zu deklarieren und zu vermeiden, sie zum Gegenstand der Auseinandersetzung zu machen und als nicht existent abzutun: ein raffinierter und betrügerischer Trick.

Eine ähnlich betrügerische Masche ist auch in der Argumentation zu sehen, dass es keine Probleme geben würde, weil die Lernenden schließlich Vorteile erlangen, auch wenn sie am Anfang widerwillig mitmachen. Zu diesem Punkt fällt mir folgende Aussage von Takashi Miyajima in Bezug auf die Theorie der „symbolischen Gewalt" von P. Bourdieu ein:

> Eine kulturelle Herrschaft setze die Grenze zwischen den Herrschenden und Beherrschten außer Kraft und bringe schließlich eine gemeinsam geteilte Sinnwelt hervor, und folglich würde die Tatsache der anfangs notwendigerweise erzwungenen Herrschaft, die zwar auch Reibungen und Misshelligkeiten mit sich gebracht hätten, letztendlich aufgelöst werden. – Diese Ansicht würde ich niemals teilen. War ein solcher Ansatz nicht schon immer die beliebte Argumentation von den industrialisierten Ländern und Gebieten als Ideologie der kulturellen Herrschaft? Zum Beispiel sagt man: Bretonen oder afrikanische Ureinwohner sollten dankbar sein für die Sprachpolitik, mit unsanften Mitteln in den Regionen Französisch zu verbreiten. Auf lange Sicht gesehen profitierten sie durch die Eingliederung in die ‚zivilisierte Welt', weshalb es unangebracht sei, es als ‚Sprachimperialismus' schlechtzumachen.[37]

Diese zynische Logik ist wieder nichts anderes als ein Versuch, das eigentliche

Problem auszulöschen.

Ferner trägt die Verbreitung des Ansatzes, Englisch vom politischen bzw. sozialen Kontext, in dem es verwendet wird, abzukoppeln und lediglich als ein neutrales und praktisches Werkzeug zu betrachten, dazu bei, den Machtaspekt der Herrschaft des Englischen zu vertuschen und zu verbergen. Kazuisa Fujimoto schreibt hierzu treffend:

> Instrumenteller Pragmatismus heißt: fasziniert von der Macht, die ein Werkzeug besitzt und in der Absicht, das Werkzeug als Macht und als Waffe für sich zu benutzen, von dem Werkzeug (oder von der Struktur, die dem Werkzeug Macht verleiht) beherrscht zu werden. [...] Die Macht des Wergzeugs pragmatisch zu nutzen heißt eben nicht, der Machtstruktur zu entkommen oder sie zu stürzen. Im Gegenteil, Pragmatismus heißt, sich der Realität oder der bestehenden Ordnung, welche die Nützlichkeit des Werkzeugs garantieren, unterzuordnen und daran zu beteiligen oder ein solches System zu verstärken.[38]

Ein Werkzeug sei schließlich einfach nur ein Instrument, also müsse man nur lernen, wie man es benutzt; was sei schon dabei? Ein Pragmatismus, der so denkt, fragt aus guten Gründen nicht, warum das zu lernende Instrument als das thront, das man lernen muss. Die Art von reflektierenden Fragen, die die Ursache des eigenen Tuns ergründen, werden von Anfang an ausgeschlossen. Und so wird die Fortdauer der bestehenden Herrschaft und Gewalt der Sprache sichergestellt.[39]

Auch diese Problematik thematisiert Tsuda: „Englisch als Werkzeug bzw. ‚Mittel' zu betrachten hat eine ideologische Funktion, den Machtaspekt und die Herrschaftswirkung des Englischen zu neutralisieren und zu verbergen"[40]. Folglich findet er eine solche optimistische Sichtweise gefährlich: „Die Sprache ist letztlich ein Werkzeug und als solches reicht es zu lernen, wie man es benutzt. Von Englisch beeinflusst werden, so was gibt es nicht!"[41] Solange Sprache der Spiegel der Weltsicht oder des Lebensstils ist, ist es unmöglich, uns von ihren kulturellen und erkenntnistheoretischen Einflüssen zu befreien, selbst wenn wir Englisch instrumentalisieren würden.[42]

大な時間と労力とひきかえに英語を学ぶ余裕のある非母語話者は英語を用いて意思表明できるが、そうでない者は排除され、「努力しない自分が悪い」と思い込まされて、自らを差別するようにむけられる。結果として、「女性解放」を求める女たちは分断される。英語の使用を無条件に肯定するなら、言語に関するこうした差別に加担することになる。「この言語差別には、これまでほとんど関心が示されてこなかった。示されたとしても『しかたがない』『解決策がない』という形で、黙殺されるか、その差別性がまったく理解されないかのどちらかである」。それゆえこの論文は、「差別や抑圧・不平等を問題化しているはずの差別論において、結果として言語差別の可能性をおしひろげる態度がみられる状況は、言語差別がいかに根深いものであるかを示している」（同上：二二頁）という結論に至ることになる。

糸魚川の論考から得られる知見は、はなはだ憂鬱なものではあるが、今日の英語支配がいかに不可視の闇に覆われているかを語ってあまりある。

英語支配のメカニズムを正しく捉えるためには、そのような、闇の奥にまで視線を透徹させる批判的なまなざしが求められるが、英語帝国主義論は、そうした点に自覚的であろうとする。英語支配が差別や不平等をもたらす権力作用として認識されにくい事実に関して、さらに敷衍して考察してみたい。

その論点の一つに、「受け入れ側の自発的な同意」をめぐる問題が挙げられる。英語帝国主義論への反駁として、たとえば、「学習者はみな英語をすすんで学んでいるのである。英語帝国主義な

年報』のこころみを例に——」（糸魚川、二〇〇六：一九三-二二三頁）を取りあげたい。「言語とジェンダー」の研究者である糸魚川は、この論文で「差別や不平等にありたいと願う人の間でも、言語間に存在する差別、とりわけ英語をめぐる差別は、気づかれにくい」という事実を、ある女性学専門誌で英語使用をめぐって発生した問題を題材に論じている。しばらくその内容を追ってみたい。

糸魚川が日本語による差別論専門誌二五誌の使用言語を確認したところ、英語による論文投稿が認められているもの、英語の要約を要求するもの、表紙や目次に英語を使用しているものが少なからずあった。しかも、主に日本語人を対象としながら、なぜ英語で書くのかについての明確な説明はない。

なかでも『女性学年報』は、言語活動により生まれる抑圧や差別にことのほか敏感で、投稿規定や「論文の書き方」などには、その認識がしっかり反映されている。だが、こうした強いことばへのこだわりにかかわらず、創刊以来二三号までは、英語のみに限定された論文要約、会名・会誌名、英語による裏表紙等について、英語使用がなぜ存在するかや、どんな意義があるのかに関しては、ふれられることがなかった。

二四号以降、この方針は見直され、論文要約の言語の自由な選択や、裏表紙にハングルと中国語を加えるなどの改訂がなされたが、それと同時に、英語使用にまつわる問題性がさらに浮上することになった。たとえば、国際的な女性会議の公用語は英語である。これは一見言語の平等性を確保する措置に見えるが、実のところそこでは英語を母語とする女性たちは圧倒的に恵まれている。多

Die Herrschaft des Englischen hat den tückischen Charakter, schwer erkennbar zu sein. Diese ‚schlechte Erkennbarkeit' durch Anklage sichtbar zu machen und als Diskussionsgegenstand zu konstituieren: in diesem Punkt hat die Debatte um den Sprachimperialismus des Englischen eine große Bedeutung im Sinne von Problemfindung erlangt.

Solange das Englische den politischen Charakter und die Gewalttätigkeit in sich birgt, bedeutet die Verbreitung des Englischen als natürliche Folge der Globalisierungswelle zu sehen und sich freiwillig ihr zu fügen nichts anderes als den Machtaspekt des Englischen tiefer zu verbergen und die Herrschaft des Englischen zu billigen. Die Debatte um den Sprachimperialismus des Englischen bringt diese Tatsache gnadenlos ans Licht, gleichsam als Mahnruf an die unmäßige Gleichgültigkeit der Japaner, sich, ohne es zu hinterfragen, emsig an das Englische zu klammern sowie als Memento an die Geisteshaltung der Japaner, sich der Mehrheit blindlings zu fügen.

Die Fallgrube des Nationalismus

Zweifellos greift Tsudas Argumentation den unsichtbaren Machtaspekt des Sprachimperialismus des Englischen scharf an. Ich möchte auch betonen, dass diese Leistung eine besondere Würdigung verdient. Jedoch kann ich mich des Eindrucks nicht erwehren, dass er, indem er die Gewalt der sprachlichen Herrschaft kritisiert, unbeabsichtigt dazu verleitet wird, die gleiche Art von Gewalt an anderer Stelle zu ignorieren, sodass er seine Argumentation für eine sprachliche Gerechtigkeit und das Recht darauf selbst gefährdet. Der Ursprung des Übels verbirgt sich in seinen überaus nationalistischen Gedanken.¶43 In seiner Theorie über die japanische Sprache kommt dies in klarer Weise zum Vorschein. Im Folgenden möchte schildern, inwiefern Tsudas Theorie um die japanische Sprache in eine Fallgrube gerät.

Tsuda zufolge ist „im Kern der Identität der Japaner die japanische Sprache", und sie „zu respektieren und zu verwenden macht Japaner zu Japanern"¶44. Die japanische Sprache sei „der Kern der japanischen Kultur"¶45, und nichts Geringeres als „das Herz und die Seele der Japaner"¶46 und folglich, so Tsuda: „das Vaterland ist die Nationalsprache". „Ohne Japanisch gibt es kein Japan"¶47. Damit die Japaner der pathologischen Herrschaft des Englischen entkommen, um sich selbst zu rehabilitieren und „den Stolz und das Selbstbewusstsein der Japaner" wiederherzustellen, sei es von essentieller Bedeutung, die bisherige Überbewertung des Englischen aufzuheben und eine Bildungspolitik zu betreiben, die dem Japanischen Vorrang gibt.¶48 Schließlich plädiert Tsuda für ein „Gesetz für den Schutz der japanischen Sprache", „um die japanische Sprache [gegen das Englische] zu verteidigen"¶49.

Welche Problematik tragen solche Überlegungen in sich?

(1) Erstens muss darauf hingewiesen werden, dass Tsudas Sicht auf die japanische Sprache eine große Affinität zum Grundton des heutigen Establishments in der Debatte um die Förderung der ‚Nationalsprache' aufweist. Beispielsweise heißt es sinngemäß in einem Bericht des Kulturrats von 2004 mit dem Titel „Über die Sprachkompetenz in der Nationalsprache für kommende Generationen", dass die Nationalsprache die Basis von Kultur und Tradition sei und der Sinn für das Schöne, Heimatliebe und Vaterlandsliebe bzw. die Liebe zur Kultur, Tradition und Natur Japans durch den Unterricht der Nationalsprache gebildet würden. Es ist offensichtlich, dass dieser Ansatz mit den Argumentationen von Tsuda mehr oder weniger übereinstimmt. Was hier zum Vorschein kommt ist die Intention zur Vereinheitlichung des Nationalvolkes durch die Nationalsprache. Es ist bemerkenswert, dass der Kulturrat und Tsuda beide in ihren nationalistischen Behauptungen wie im Gleichschritt argumentieren.

Intention der Regierung ist es, der Bevölkerung die rechtsgerichtete Ideologie der Nationalsprache einzuflößen und so die einigende Kraft des Staates zu stärken. Tsuda bezeichnet an einer Stelle seiner Publikation „die Ideologie, die im Interesse des Landes die Verwendung und das Unterrichten des Englischen fördert" als „Nationalismus des Englischen" und behauptet, dass es eine Verletzung der Glaubensfreiheit des Individuums sei, der Bevölkerung unter Verwendung von staatlicher Gewalt die englische Sprache aufzudrängen.¶50 Tsuda hat auch eine solche liberale Seite. Warum wird hier aber nicht dieselbe

がこのんで行なってきたものではなかったか。たとえば、いう。多少手荒い手段をもちいてのフランス語普及政策であったとしても、長い目でみれば、ブルトンやアフリカ原住民にとって感謝されるべき『文明世界』への導入の恩恵をなしたのだから、いまさら『言語帝国主義』などと、悪しざまにいわれるゆえんはない、と」(宮島、一九九四︰二七〇-二七一頁)。

こうしたおためごかしのロジックもまた、問題それ自体を消去しようとする企て以外のものではない。

さらに、英語をそれが現に用いられている政治的・社会的文脈から切り離して、たんに中立的・実用的な道具とみなす認識の広がりも、英語支配の権力性を糊塗し隠蔽するのに一役買っている。藤本一勇がいみじくも述べているように、「道具のプラグマティズムは道具がもつ力に魅せられて、力としての道具をみずからの武器として利用するつもりで、いずれ道具そのものに(あるいは道具に力を与えている構造に)支配されていく。［…］ツールの権力の実用性は、その権力構造全体を脱出し、それを覆すことにはならない。むしろ、実用主義は、ツールの実用性を保証している現状や体制に順応・加担したり、さらにそうしたシステムを強化する」(藤本、二〇〇九︰五-六頁)のである。道具はしょせん「道具」である以上、それを習得すること以外に何も思いわずらう必要などない(！)と考える実用主義は、学ぶべき当のツールが、なぜ学ぶべきものとして君臨しているかについてはあえて問おうとはしない。自己の営みの根拠をただす、その種の反省的な問いは最初から遮断され

どありえない」という言い方がなされることがある。受け入れ側が自発的に同意して学んでいるものを問題視するのはおかしい、というわけである。しかし、「自発的合意があれば、そこには不平等や支配関係は存在しないという考えは、あまりに素朴な（というよりも頭をつかって考えた形跡がない）見解である」（糟谷、二〇〇〇：二七八頁）。津田も指摘するように、「あたかも強制のない『自発的同意』であるかのように見えても、厳密には『排除』のリスクを避けるための『自発の強制』による『同意』である」（津田（編著）、二〇〇五：一二五頁）ケースがまま見られる。暴力を自発的同意にすりかえて争点化するのを避け、「なかったことにする」巧妙で欺瞞的なからくりが、そこにはある。

また、当初は反発を覚えても、結局は受け入れ側の利益になることがいずれ自覚されて、歓迎するようになるのだから、問題は生じないというたぐいの異議申し立てについても、同様な詐術を見て取ることができる。

これについては、宮島喬がP・ブルデューの「象徴的暴力」論との関連で、次のように述べていたことが想起される。

「文化的支配というものはけっきょくは、支配する側と支配される側との境界を取り去って意味の共有世界をつくりだすのだから、当初摩擦や軋轢をともなう押しつけのかたちで作用せざるをえなかった支配という事実も、そのなかでは消し去られていくのだ、という議論に私は与するわけでは決してない。こうした立論こそは、先進国や先進地域の文化的支配のイデオロギー

Logik angewendet auf die Tatsache, dass auch die Ideologie der Nationalsprache unter der Verwendung von Macht erzwungen wird? Es ist nicht zu leugnen, dass Tsudas nationalistische Intention hier zu seinem Nachteil wirkt, sodass sich die Schneide seiner Kritik der Ideologie und Macht gegen ihn selbst wendet.

Wie bereits erwähnt, wurde zudem in der Tat auch schon 2002 in einem Bericht des Ministeriums für Erziehung, Kultur, Sport, Wissenschaft und Technologie („Strategisches Konzept für die Ausbildung von ‚Japanern, die Englisch anwenden können'") neben der Verbesserung der Englisch-Sprachkompetenz auch eine „Kultivierung der mündlichen Sprachkompetenz in der Nationalsprache" für notwendig erklärt, was auch später im Bericht von 2004 zu lesen war. Ironischerweise wurde die Englisch-orientierte Politik, die Tsuda seit je her kritisiert, in Wirklichkeit in Kombination mit der Förderung der Nationalsprache in der Bildung konzipiert. Das gemeinsame Ziel der beiden Strategien heißt „die Verstärkung der Macht des Staates in der globalisierten Welt". Nach innen soll die Identität der Japaner gestärkt werden, nach außen die Kommunikationsfähigkeit, heißt die Devise. Die Einsicht in den komplementären Aspekt, dass die „Globalisierung für den Wiederaufbau des Nationalismus von Nutzen war", findet man bei Tsuda nicht. Ein solches Machtverständnis ist geradezu einäugig.

(2) Wie schon zuvor erwähnt, behauptet Tsuda, dass das Vaterland die Nationalsprache sei. Hinsichtlich des Machtaspekts der Sprache ist ein solcher essentialistischer Diskurs äußerst problematisch, der die japanische Sprache, die Japaner und Japan mit Gleichheitszeichen verbindet und so die Dreieinigkeit der Sprache, des Volks und des Nationalstaates propagiert. Die Frage an dieser Stelle wäre: Könnte es sein, dass die „Japanische (National-) Sprache" genauso wie das Englische ein Apparat der sprachlichen Herrschaft und Gewalt war?[51]

Es ist eine unbestrittene wissenschaftliche Tatsache, dass in Japan auf dem Weg zum modernen Staat kein einheitliches und systematisiertes Japanisch existierte. Die Bevölkerung sprach je nach Region, Gesellschaftsschicht, Beruf usw. diverse unterschiedliche Sprachen. Japanisch als eine vereinheitlichte und standarisierte Sprache entstand als Resultat des künstlichen Versuchs, durch Erschaffung eines homogenen und einheitlichen Raumes im Inneren des Staates mit verstärkter Kohärenz einen modernen Staat zu errichten. Die japanische Sprache wurde als Mittel „erschaffen", um den Menschen aus diversen Regionen mit unterschiedlichen Eigenschaften die Vorstellung von der Einigkeit des ‚Nationalvolkes' und der Zugehörigkeit zur identischen Nationalgemeinschaft in ihrem Bewusstsein aufzurufen.

Während die Standardsprache als die „richtige", „ideale" Sprache bestimmt wurde, wurden die Lokal- und Volkssprache, die als Hindernisse für die Vereinheitlichung der japanischen Sprache zu betrachten waren, zum Gegenstand der gründlichen Ausschließung und Vernichtung. Die Entwicklung des Japanischen stand mit harter sprachlicher Herrschaft und Gewaltausübung in untrennbarer Beziehung. Das Wort ‚Nationalsprache', das häufig mit dem ‚Japanischen' gleichgesetzt wird, ist wie ein Eigenname als emotionaler, ideologischer und intensiver Begriff für die Sprache der Seele der Japaner oder die Sprache der ‚Heimat' etabliert. Die „Nationalsprache" gewann das Privileg als Blüte des japanischen Volks und der japanischen Kultur zu gelten.

Das, was erkannt werden muss, sei es beim Japanischen oder der Nationalsprache, ist, dass es sich hier um einen hoch politischen Begriff handelt, der als Instrument für die Unterstützung der Vereinheitlichung und der nationalistischen Identität erfunden wurde.¶52

Das auf diese Weise entstandene Image des reinen Japanischen wird in die Vergangenheit projiziert, wodurch der ‚Mythos' erzeugt wird, dass die japanische Sprache von alters her in ununterbrochener Abfolge wie ein individueller Organismus existierte und sich entwickelte.

In Tsudas Darlegung wurde dieser Machtaspekt des Japanischen (der Nationalsprache)¶53 kaum in Frage gestellt. Seiner Meinung nach ist „die Nationalsprache die Grundlage des Landes" und „einer der Gründe, warum Japan zu einem hervorragenden Land werden konnte, weil es eine richtige Nationalsprache festgelegt hat." Daher behauptet er sogar: „„ohne Nationalsprache, kein Staat"¶54. Auch mit Bezug auf die ‚Standardsprache' äußert er positiv: „Weil die gemeinsame Grundlage als ‚Standardsprache' erlangt wurde, [...]

ナショナリズムの陥穽

このように、津田の議論が英語帝国主義の見えざる権力性を痛烈に抉り出していることは確かである。この点が高く評価されるべきであることは強調しておきたい。だが、彼は言語支配の暴力を批判しながら、はからずも同種の暴力の無視へと誘い込まれ、ことばの平等と権利を求める主張を自ら損なっているように思われてならない。その元凶は、すぐれてナショナリスティックな彼の思考にある。その思考の端的な表れが、彼の日本語論である。以下、日本語をめぐる津田の議論が、彼をいかに陥穽へと導いているかを示したい。

彼によれば、「日本人のアイデンティティの中核にあるの〔は〕日本語」であって、「それを尊重し、使うということが日本人を日本人たらしめる」(津田、二〇一三:八七頁)ことである。日本語は「日本文化の中核」(二〇一一:一〇四頁)、「日本人の心と魂」(二〇一三:一七頁)にほかならぬゆえに、「祖国とは国語」であり、日本語なくしては日本はない(同上:一三頁)。日本人が英語支配の病理から脱して自己を回復し、「日本人の誇りと自信」を取り戻すには、従来の英語偏重主義を排し、日本語本位の教育政策を実施することが肝要である(二〇一一:一三五―一五一頁;二〇一三:一二四―一二六頁)。津田は最後には、英語から「日本語を防衛する」ために、「日本語保護法」の制定を提唱するまでに至る(二〇一一:一七五―一九一頁;二〇一三:一一一―一二四頁)。

る。そのことによって、言語的支配と暴力の現状は安泰に保たれるのである。

津田は、こうした類の問題も視野に捉えている。「道具・手段としての英語」観は、「英語が持っている権力性や支配力を中和し覆い隠すイデオロギー的機能を果たしている」(津田、二〇〇三：二六六頁)。したがって、「ことばは所詮道具なんだから、使いこなせればよい。英語に影響なんかされない」といった楽観的な見方は危険である(津田、二〇一一：一〇六頁)。言語が世界観や生活様式の反映である以上、英語を手段化したとしても、その文化的、認識論的影響から自由になることは不可能なのである(津田、二〇〇三：二六七頁)。

英語支配は見えにくく、気づかれにくいという厄介な特質を持っている。その「見えにくさ」をクレイムの申し立てによって可視化し、議論の対象として構築したという点において、英語帝国主義論の問題発見的意義はきわめて大きい。

英語が政治性と暴力性を秘匿している以上、英語使用の拡大を国際化の趨勢の当然の帰結として自明視し、すすんで身をゆだねようとすることは、英語の権力性をさらに隠蔽し、英語支配を免罪する行為に等しい。英語帝国主義論は、この事実を容赦なく明るみに出すことによって、何らの疑問も抱かぬまま懸命に英語にしがみつく今日の日本人のあまりの無頓着さと、大勢にひたすら順応しようとする心性に警鐘を鳴らすのである。

fanden die sozialen Aktivitäten harmonisch und effektiv statt, [...] und Japan konnte sich auf diese Weise zum richtigen ‚modernen Staat' entwickeln"₅₅. So fehlt ihm das Bewusstsein, sich mit der Tatsache zu konfrontieren,₅₆ dass die japanische Sprache als die gemeinsame Sprache des „Inlands" anstelle der englischen Sprache als „Internationale Sprache" zum Instrument der Diskriminierung oder Ausschließung wurde, und dass es immer noch so ist.₅₇

Abgesehen davon existiert im heutigen Japan die erschreckende Situation, dass die „Unterdrückung durch die englische Sprache" und diese „Unterdrückung durch die japanische Sprache" eigentlich in enger Verbindung stehen. Diese Tatsache geht über Tsudas Verständnis hinaus.

Wie Yumi Hirata darauf hinweist,

> bezeichnet der Sprachimperialismus in der Globalisierungszeit das Fortschreiten der Situation, nicht nur dass eine bestimmte Sprache als Herrschaftssprache die anderen Sprachen unterdrückt, sondern dass diese Herrschaft = das Unterdrückungsverhältnis in die anderen Sprachen hineingetragen wird und die sprachliche Weltkarte als vielfach überlapptes Machtverhältnis übermalt₅₈.

Mit anderen Worten ist die sprachliche Unterdrückung die vertikale „Verkettung". In der politischen und sozialen Realität Japans, die sich eifrig der amerikanischen Hegemonie unterordnet, gegen die Schwankung des Staatsrahmens die erneute Vereinheitlichung der Nation plant und nach der Realisierung einer starken Nation strebt, steht Englisch in der Hierarchie der Gewalt und Unterdrückung unvermeidlich über dem Japanischen.

Für Tsuda sind nun die Japaner als ‚die Menschen des Japanischen' zu bezeichnen, und „die japanische Sprache als die Sprache, die ein Japaner braucht, um ein Japaner zu sein".₅₉ Das heißt, die japanische Sprache ist der Alleinbesitz der Japaner und auch der Beweis für das Japaner-Sein. Diese Ansicht ignoriert die Tatsache, dass besagte Richtlinie auf zahlreiche Japanisch-Sprecher, die unvermeidlicherweise Japanisch sprechen müssen, wie z.B. die in Japan lebenden Koreaner, das Ainu-Volk, ausländische Arbeiter usw., nicht zutrifft. Außerdem gibt es auch die Japaner, die nicht genügend Japanisch sprechen, wie „die in China zurückgelassenen japanischen Kinder" oder ausländische Ehepartner mit japanischer Staatsangehörigkeit. Was würden diese Leute denken, wenn sie auf Tsudas Behauptung stoßen?¶60

Ferner sollte Tsudas Ansicht, die jetzige japanische Sprache als eine reine, ungemischte Einheit zu betrachten — der fanatische Glaube an die feste Einheitlichkeit des Japanischen — auch kritisch überprüft werden.¶61 Die japanische Sprache wird zwar häufig als singularische Einheit symbolisiert. Jedoch weist die Realität völlig andere Aspekte auf, wenn man Japanisch nicht aus der Perspektive des unvermischten, substanzierten Japanischen, sondern aus der Perspektive der Mehrsprachigkeit der japanischen Gesellschaft betrachtet.

Heutzutage „zeigt sich die Situation, dass eine neue japanische Sprache entsteht, indem äußerst viele ‚Nicht'-Japaner Japanisch benutzen und sprechen."¶62 Sang-jung Kang (Kang 2003) nimmt beispielsweise Bezug auf eine Szene aus dem Film „Tsuki wa Dotchini Deteiru (All Under the Moon)" von Yōichi Sai (1993) und weist auf die Möglichkeit hin, dass unter den verschiedenen in Japan lebenden ethnischen Minderheiten in ihrer verzweifelten Kommunikation ein verzerrtes Japanisch zum Vorschein kommt, das die korrekte Grammatik und schönes Japanisch nicht befolgt. In der Kommunikation der auftretenden Personen sieht Kang die postkolonialistische Kreolisierung, „die nicht durch die schicksalhafte Zugehörigkeit zu einer Sprachgemeinschaft, wie die Ideologie der ‚Nationalsprache' zeigt, zustande kommt, sondern die eher in der ‚Verrenkung' besteht, in der die Homogenität und Einheitlichkeit verzerrt und verbogen werden."¶63 Die japanische Sprache entwickelt sich bereits in die Richtung, dass „sie nicht mehr das Privileg für die Japanisch-Muttersprachler ist"¶64. Für die Minderheiten ist das Image des „schönen Japanischen" von Tsuda nichts anderes als unnötige Unterdrückung.¶65

Aufgrund seines ethnozentrischen Glaubens lehnte Tsuda die englische Sprache ab und begeisterte sich so sehr für die Verteidigung des Japanischen, dass er den politischen Charakter der japanischen Sprache und deren Unterdrückung übersah, die Kohärenz in seiner Argumentation versagte und schließlich bei der Kritik an der Herrschaft des Englischen die Schärfe verlor.

(3) Bei Tsuda ist angespanntes Krisenbewusstsein zu beobachten. Die Zu-

の育成のための戦略構想」(前出)にも、英語の会話能力の向上と併せて、二〇〇四年の答申の趣旨へと連なる「国語力の涵養」が説かれていたという事実がある。津田にとって皮肉なことに、彼が非難してやまない英語重視の政策は、実際には国語教育の振興と抱き合わせで構想されていたことになる。両者の共通の目的は「グローバリゼーションに対応するための国力の増強」である。国内向けには日本人のアイデンティティの強化を、国外向けには英語コミュニケーション能力の育成を、というわけである。両者の相補性、換言すれば「グローバリゼーションの到来はナショナリズムの再構築にとって好都合だった」という視点は、津田の視野からは抜け落ちている。その権力認識は単眼的というほかはない。

(2) 前述のように、「祖国とは国語」であると津田は述べている。日本語ー日本人ー日本を等号でつなぐような——つまり、言語ー民族ー国家の三位一体を今さらながらに唱道するような——この本質主義的な言説には、言語の権力性の観点から大きな問題が潜んでいる。「日本語(国語)」もまた、英語同様、言語支配と暴力の装置であったのではないか、というのが、そこにおける問いである。

すでに学問的常識に属することではあるが、日本における近代国家の黎明期には、単一で秩序だった日本語は存在しなかった。人々は地域、階層、生業等により多様に異なることばを話していた。共通化・標準化された言語としての日本語が誕生したのは、国家の内部に同質的・統一的な空間を創り出し、凝集力を高めて近代的な国民国家の建設をめざそうとする人為的な試みの結果である。各地の異質な属性をもつ人々に「国民」としての一体性を認識させ、同一の国家共同体への帰属を

(一九)

211

日本における「英語帝国主義」批判について

こうした思考のはらむ問題性は何か。

（1）まず、彼の日本語観は、今日のエスタブリッシュメントの「国語」振興をめぐる論調にきわめて親和的であることが注意されねばならない。たとえば、二〇〇四年に出された文化審議会答申「これからの時代に求められる国語力について」には、国語は文化と伝統の基盤であり、美的感性や郷土愛、日本の文化・伝統・自然を愛する祖国愛等は、国語教育を通じて体得されるといった趣旨の文言が並んでいるが、これらが津田の主張と大同小異であることは一目瞭然である。そこにうかがえるのは、国語を通じた国民統合の企図である。審議会と津田の両者がそうした国家主義的な主張において足並みを揃えていることは見逃せない。

　政府が意図するのは、右寄りの国語イデオロギーを権力的に国民に注入することによって、国家の求心力を高めることである。津田は、著作のある箇所で「国益のために英語の使用、教育を奨励、促進するイデオロギー」を「英語ナショナリズム」と呼び、国家の権力を用いて英語を国民に押しつけるのは、個人の信条の自由への侵害だと言っているが（津田 二〇〇三 : 七一―七二頁、二〇〇六 : 一八六―一八七頁）――津田にはこうしたリベラルな一面もある――、国語イデオロギーが権力を用いて押しつけられることについては、なぜ同じ論理が適用されることがないのか。津田の権力とイデオロギー批判の刃は、自身のナショナリズムへの志向が災いしてそのまま反転し、自らに向かっているというべきであろう。

　しかも実のところ、これに先立つ二〇〇二年に文部科学省がまとめた『英語が使える日本人』

kunft des Japanischen sei wie eine Kerze im Wind, wenn man der Eroberung durch das Englische nur zusieht. Daher vertritt er mit Nachdruck die Notwendigkeit der „Verteidigung des Japanischen" und behauptet, dass man im Ausland als ein Teil der langjährigen Staatsstrategie Japans die japanische Sprache aktiv verbreiten sowie den Plan für die „Einführung des Japanischen als Internationale Sprache" ausarbeiten soll. Ein solcher Versuch wird als wichtig für das Beseitigen der Situation betrachtet, in der Japan sich aufgrund der Herrschaft des Englischen nicht angemessen in dieser Welt behaupten kann und für die Erlangung einer gewichtigen Stimme in den internationalen Beziehungen. Ganz nach dem Motto: „Angriff ist die beste Verteidigung". Als konkrete Vorschläge nennt er u.a. die Einführung des Japanischen als Amtssprache internationaler Institutionen, die Errichtung von Stützpunkten für die Einführung des Japanischen in vielen Ländern und das Verbreiten von Informationen und Images japanischer Kultur, um mehr Japanisch-Lernende zu gewinnen.[66]

Der Versuch, die Stellung des Japanischen durch dessen Einführung als internationale Sprache zu erhöhen, wurde bislang tatsächlich von einem Teil der Wissenschaftler vertreten. Die zentrale Person darunter ist Soziolinguist Takao Suzuki. Aus der Perspektive der „sprachlichen Strategie" gegenüber dem Ausland befürwortet er die Einführung des Japanischen als Amtssprache und dessen internationale Verbreitung[67] als Maßnahme für das Erlangen der gewichtigen Stimme Japans in der Welt. Im Großen und Ganzen stimmt dies inhaltlich mit Tsudas Argumentation überein.

Zwar rechtfertigt Tsuda, dass er die Einführung des Japanischen als internationale Sprache befürwortet, um die Differenz zwischen den internationalen Sprachen zu beseitigen, und nicht, um den „Sprachimperialismus des Japanischen" zu beabsichtigen.[68] Doch bei dem Gegenangriff der Verteidigung des Japanischen handelt es sich nur um das Zurückstoßen der Invasion des Englischen mittels der Macht des Japanischen, und das ist die Anschauung der offensichtlichen Abhängigkeit von der ‚Macht'. Ist es nicht so, dass das Japanische, falls es unter den Sprachen der Welt herausragen würde, den gleichen Weg wie das Englische gehen würde? Insofern sind die folgenden Sätze von Kei Nakamura beachtenswert:

> Die ‚Theorie der internationalen Sprache des Japanischen' ist [...] nichts anderes als die Ersetzung von der ‚Theorie der internationalen Sprache des Englischen' und beinhaltet, dass Japanisch wie auch Englisch eine ‚internationale Sprache' werden könnte [...]. Aber, sobald eine Volkssprache als ‚internationale Sprache' vorherrscht, wird eine Ungleichheit in der Kommunikation verursacht und die Gegenseitigkeit zwischen Völkern bzw. Staaten beraubt. Die ‚Theorie der internationalen Sprache des Englischen' hebt nur das Realitätsprinzip hoch und schafft es nicht, die Probleme zu lösen. Wenn man diese für die ‚Theorie der internationalen Sprache des Japanischen' anwendet, ist deren Untauglichkeit unmittelbar zu erkennen.[69]

Die Theorie der internationalen Sprache des Japanischen ist nichts anders als das Negativbild vom englischen Sprachimperialismus.

Allerdings wird Tsuda möglicherweise nicht damit einverstanden sein, die ‚Theorie der internationalen Sprache des Japanischen' mit einer „Machttheorie" zu begreifen, denn eines seiner Argumente für die Befürwortung der Einführung des Japanischen als internationale Sprache besteht darin, dass die japanische Sprache den Geist der „Harmonie" verkörpere. „Die japanische Sprache ist eine Sprache der ‚Friedensgesinnung', die von der Rücksichtnahme, der Liebe und der Dankbarkeit erfüllt ist, und die Japaner sind dementsprechend auch solche Menschen".[70] Daher heißt es: „wenn Japanisch die internationale Sprache wird, verbreitet sich automatisch der Geist der ‚Harmonie'"[71]. Deswegen „ist es für den Weltfrieden notwendig, dass Japanisch die internationale Sprache wird".[72] Offenbar impliziert seine Ansicht, dass zwar Englisch schädlich ist, Japanisch aber aufgrund seiner friedfertigen Natur gute Dienste erweist und keineswegs Schaden bringt.[73]

Eine derartige unfundierte, naive und narzisstische These, dass Japanisch politisch unschuldig sein kann, ist jedoch wohl als wissenschaftliche Erkenntnis nicht überzeugend. Keine dominierende Sprache ist von einer Machttheorie zu trennen. Hier zeigt Tsuda überhaupt nichts von der scharfzüngigen Haltung bezüglich des politischen Charakters von Sprache, wie er sie bei der

内〕共通語としての日本語が、英語と同じ差別や排除の装置となってきた——現在もなり続けている事実と正面から対峙しようとする意識は希薄である。

それだけではない。今日の日本にあっては、「英語による抑圧」と この「国語による抑圧」が、実は深部においてリンクしているという、津田の認識を超えた恐るべき事態が存在する。

平田由美が指摘するように、「グローバリゼーションの時代における言語の帝国主義とは、単にある言語が支配言語として他の言語を抑圧するにとどまらず、その支配＝抑圧関係が他の諸言語にもちこまれて幾重にも重なりあった力の関係としての世界の言語地図を塗り上げていく事態の進行をいう」（平田、二〇〇五：一八九頁）。つまり、言語的抑圧は上下に「連鎖」するのである。アメリカの覇権にひたすら従属しつつ、国民国家の枠組のゆらぎに対応して国民の再統合を図り、強国化をめざす、という日本の政治・社会的現実のもとでは、英語と国語は不可避的に暴力と抑圧のヒエラルキーを形づくらざるをえない。

ところで、津田は「日本人とはつまり『日本語人』」（津田、二〇一一：二〇四頁）であり、日本語は「日本人が日本人であるため」に必要な言語だと考えている。つまり日本語は日本人の独占物であり、かつ日本人であるための証明だというわけである。だが、在日コリアン、アイヌ民族、外国人労働者等、さまざまな事情でやむなく日本語を用いることを余儀なくされた多くの日本語話者はこの基準にはあてはまらないことに、津田は注意を払っていない。日本人であっても、中国残留孤児や帰国子女、日本国籍となった外国人配偶者のように、日本語が十分でない人々もいる。これらの人々

自覚させるための手段として、日本語は「つくられた」のである。

「正しく」「理想的な」言語としての標準語が制定される一方で、日本語の統一にとり障害となると考えられた地方語・民族語は徹底して排除と撲滅の対象となった。日本語の成立は、そうした苛烈な言語支配、暴力の行使と不可分であった。

「国語」という用語は、「日本語」とよく同一視されるが、日本人の魂のことば、「祖国」の言語という、より固有名詞的で、情緒的・イデオロギー的色彩の濃厚な概念として定着した。「国語」は、日本民族と日本文化の精華として特権化されることになる。

認識されるべきは、日本語であれ、国語であれ、国民国家の統一とナショナル・アイデンティティを支える装置として発明された、すぐれて政治的な概念であったこと、これである。

そうして成立した純正な日本語のイメージは過去に投影され、日本語があたかも一つの有機体であるかのように、古代から連綿として存続・成長してきたという「神話」が創り出された。

津田の議論においては、日本語（国語）のこうした権力的な性格はほとんど問われることがない。

津田の考えでは、「国語とは国家の基盤」であり、「日本がここまで立派な国になれた一つの要因はきちんとした国語を確立したから」にほかならない。それゆえ彼は、「標準語」という共通の基盤を得ることができたので、[…]近代的な社会活動を円滑にかつ効率的に行なうことができ［…］きちんとした『近代国家』に成長することができた」（同上：二〇七頁）と肯定的に評価する。「国際」ならぬ「国二〇一二：二〇六頁）とさえ断言する。「標準語」についても、「日本がここまで立派な国になれた一つの要因はきちんとした国語を確立したから」にほかならない。

Kritik an der Herrschaft des Englischen entfaltet hat.

Ferner ist der Eindruck, den man von Tsudas Theorie der internationalen Sprache des Japanischen gewinnt, seine Unsensibilität in Bezug auf die Geschichte. Es ist eine Tatsache, dass in der modernen Zeit die japanische Sprache, die Landesgrenze überschreitend, in die asiatischen Länder eindrang und die Vorhut der imperialistischen Eroberung Japans war. In den Kolonien wie Korea und Taiwan waren die Leute gezwungen, Japanisch zu verwenden, und es wurde danach gestrebt, ihnen den „Nationalgeist" einzuflößen. In der Mandschurei und Südostasien, wo Japan später einfiel, wurde Japanisch der Bevölkerung aufgezwungen.[74] Zusätzlich zum verpflichtenden Japanisch-Sprechen predigte man, dass dies sogar mit den Vorteilen wie der „Allgemeingültigkeit" oder der „Allgemeinheit" versehen sei.

Im Zusammenhang mit dieser Geschichte wurde aufgrund der Tatsache, dass aus ausländischen Gebieten etliche sich auf die Ungenauigkeit der zu unterrichtenden Standardsprache beziehende Beschwerden kamen, der Umstand, dass die Pflege der Nationalsprache / japanischen Sprache im Lande zu einer dringenden Aufgabe gemacht wurde, auch bezüglich des Entstehungsprozesses der Nationalsprache in Japan eines der schwerwiegenden Momente. Daraufhin wurde mit hoher Priorität die Nationalsprache / Japanisch im Inland inspiziert.[75] Es ist also nicht so, dass sich die bereits ausgearbeitete japanische Sprache durch die Erweiterung des japanischen Kaiserreiches verbreitete, sondern dass die Nationalsprache / Japanisch durch die Notwendigkeit der Verbreitung vereinheitlicht wurde.

Diese Umstände erzählen eine vielfach ironische Entwicklung, dass genau diese machtvolle Eroberung der japanischen Sprache als ‚internationale Sprache' in Asien zum Geburtshelfer für das moderne Japanisch wurde, welches Tsuda so gerne ausschmückt.

Außerdem bleibt die negative Erbschaft dieser Eroberungen in Asien heute noch hartnäckig am Leben. Wie z.B. Hazuki Segawa klarstellt, ist auch bei dem an ausländische Studenten oder Ausländer gerichteten Japanisch-Unterricht der Nachkriegszeit dieselbe Logik der früheren „Eroberung" konsequent zu erkennen. Dies bedeutet nämlich das Schema der Einheit der japanischen Sprache, der Japaner und Japans aufrechtzuerhalten, die Nicht-Japaner darin zu subsumieren und sie gleichzeitig aber als Fremdkörper auszuschließen (Segawa 2012).

Bedenkt man diesen Umstand, kommt man zu dem Schluss, dass auch Tsudas ‚Theorie der internationalen Sprache des Japanischen' als egozentrisch zu betrachten ist, bei der der Aspekt der Ehrfurcht vor Wiederholung von Gewalt und Eroberung fehlt.

Wie wir oben untersucht haben, enthält sein Versuch, mittels des Sprachnationalismus der Herrschaft des Englischen zu widerstehen, nicht gerade wenige Widersprüche und Problematiken.¶76 Die sich im Nationalismus einsperrende Logik kann nicht als Mittel für das Überwinden der Herrschaft des Englischen dienen.¶77 Nicht durch die Idealisierung und Schönrederei der japanischen Sprache, sondern eher durch „das Denken aus Sicht der Selbstkritik am modernen Japanisch" machen wir einen Schritt vorwärts für das Überwinden des doppelten Monolingualismus, nämlich des ‚Englischen als Weltsprache' und des ‚Japanischen als Nationalsprache'¶78.

Konzeption der Alternativen

Nachdem nun die Problematik des Sprachimperialismus des Englischen bzw. des Nationalismus des Japanischen (der Nationalsprache) als Gegendiskurs des Englischen klar geworden ist, sollte man eine Alternative erarbeiten, die die Ideologie des Monolingualismus überwindet. Es ist eine schwierige Aufgabe einen dritten Kurs zu finden, der den Standpunkt der Kritik an der Herrschaft des Englischen übernimmt, der aber dennoch nicht in deren Fallgrube fällt. Im Folgenden möchte ich, basierend auf der obigen Untersuchung, ausschließlich die wesentliche ‚Struktur' bzw. Ausrichtung davon skizzieren.

(1) Ryoko Kubota nennt z.B. als grundlegende Strategie für die Änderung der Herrschaft des Englischen die folgenden Punkte: ① das Hervorrufen eines kritischen Bewusstseins gegenüber der Differenz oder Ungleichheit, die die Herrschaft des Englischen verursacht, ② die Verbesserung der Kommuni-

こうして津田は、そのある意味エスノセントリックな信念によって、英語支配を斥け、日本語を守ることに熱中するあまり、日本語に内在する政治性と抑圧を看過し、論理の一貫性に破綻をきたして、結果的に英語支配批判の切れ味を鈍らせてしまっているのである。

（3）津田には、英語の「侵略」を手をこまねいて傍観していては、日本語の未来は風前の灯だという切迫した危機意識がある。そのため、「日本語を護る」ことの必要性を力説し、日本の長期的な国家戦略の一環として、日本語を海外に積極的に広げ、「日本語を国際語にする」という計画を練るべきであると主張する。こうした試みは、英語支配のために言いたいことも言えないでいた状況を打破し、国際関係においてしっかりした発言力を得るためにも肝要なことだとされた。「攻撃は最大の防御」というわけである。

具体的な提言としては、日本語を国際機関の公用語にする、世界各国に日本語普及のための拠点を置く、学習者を増やすために日本の文化情報とイメージを発信する、等が挙げられた（津田二〇一一：一五三―一七三頁、二〇一三：七二―一二四頁）。

日本語を国際語にすることによって、その地位を高めようというのは、以前より一部の論者たちにより唱えられてきたことであった。その中心人物である言語社会学者鈴木孝夫は「対外言語戦略」の観点から、世界に対する日本の発言力を増すための方策として、日本語の国連公用語化と海外普及を提唱していたが（鈴木、一九九五、二〇〇八）、津田の議論の趣旨はそれとほぼ軌を一にしている。

津田は、自分が日本語の国際語化を提唱するのは、国際間の言語格差を解消するためであって、「日本語帝国主義」をもくろむものではない、と弁明しているが（津田、二〇一一：一六三―一六四頁）、その日

が津田の主張に接したら、はたして何を思うであろうか。

さらに、現在の日本語がまるで純粋無雑な統体であるかのような津田の見方——日本語のゆるぎない同一性への信奉——も、批判的な吟味の対象となろう。なるほど、日本語を大文字単数の存在として表象するのは、ありがちなことではある。しかし、そうした単一の実体化された日本語の観念ではなく、日本社会の多言語性という観点から捉えるとき、現実はまったく異なる相貌をあらわす。

いまや、「きわめて多くの『非』日本人が日本語を使い、語り、そこに新たな日本語が生み出されている」という事態が存在」（川口・角田、二〇〇五：二〇五頁）している。たとえば姜尚中（姜、二〇〇三）は、崔洋一監督の映画「月はどっちに出ている」（一九九三）の一シーンに言及して、日本に在住する異なったエスニック・マイノリティが展開する「八方破れの」コミュニケーションのなかで、「正しい文法、美しい日本語」を裏切る「歪曲された」日本語が立ち現れる可能性を指摘する。彼は登場人物たちのコミュニケーションの内側に、『国語』の思想が示しているような、言語共同体への運命的な帰属によってではなく、むしろそこからズレた、あるいはその均質性と単一性を歪曲、屈折させた『脱臼』のなかで成り立っている」（同上、二〇二頁）、ポストコロニアルなクレオール化をみている。もはや「日本語は母語話者の特権的なものではなくなる」（鈴木、二〇〇三：一九四頁）方向へと動いているのである。津田のいう「美しい日本語」のイメージは、このようなマイノリティにとっては、要らざる抑圧としか感じられないだろう。

kationsfähigkeit auf Englisch als Mittel für die Anklage und Kritik an der Unterdrückung durch die Herrschaft des Englischen und für das Hervorbringen der Änderungen in der Gesellschaft."[79]

In der Tat scheint es wohl das Wichtigste zu sein, dass man sich gemäß des ersten Punkts der Realität der Herrschaft des Englischen bewusst wird und damit die Problematik wahrnimmt. Man sollte der Situation entkommen, in der, mit Tsudas bereits zitierten Worten, „man im ‚falschen Bewusstsein' – in der Verkennung und Gedankenlosigkeit – begraben ist und sogar die Existenz der Problematik nicht wahrnehmen kann", „die Problematik vom Unbewusstsein zum Bewusstsein verschieben"[80] und mit Hilfe davon versuchen, sich von der inneren Gefangenschaft der Herrschaft des Englischen zu befreien.

Bezüglich des zweiten Punkts denkt Kubota an A. Penneycooks et al. ‚Critical Pedagogy'. Diese behauptet, „dass es sich bei der Herrschaft des Englischen um die Problematik der kulturellen Macht handelt, die ausschließlich Diskurse (discourse) hervorbringt. Der Englischunterricht hat die Aufgabe, die Unterstützung des Konstruierens von Diskursen zu übernehmen, so dass die Englisch-Lernenden gegen die Diskurse durch dominierendes Englisch mittels genau dieser Sprache Widerstand leisten können"[81]. Mit anderen Worten impliziert dies die Handhabe, aus der Unterdrückung des Englischen Nutzen zu ziehen und diese von innen heraus zu zerstückeln. Im Grunde genommen sollte die Kritik am Sprachimperialismus des Englischen nicht dazu führen, die englische Sprache feindlich zu betrachten oder diese auszuschließen. Der Ausschluss des Englischen ist äußerst unrealistisch und widerspricht auch dem Prinzip der Sprach-Wertschätzung. Wünschenswert ist das Realisieren der ‚Ermächtigung (Empowerment)', dass „diejenigen, die sprachlich diskriminiert werden, die Sprache der Stärkeren erlernen und sich stärken, um die diskriminierende Struktur zu ändern"[82]. Darunter ist ‚Critical Pedagogy' als eine dieser Möglichkeiten zu betrachten. Allerdings sollte man bezüglich des Realisierens der ‚Ermächtigung (Empowerment)' die Bedeutsamkeit des Leidens der Akademiker in den früheren Kolonien begreifen und mitempfinden, die, anders als die Japaner, ihre Muttersprache verloren hatten und gezwungenermaßen mittels der Waffe des Englischen der Herrschaft des Englischen widerstehen mussten. Falls einem der Sinn für solchen Schmerz fehlt, läuft man Gefahr, die ursprüngliche Absicht zu verlieren und letztendlich nur seine Abhängigkeit vom Englischen zu vertiefen.

(2) Wenn ich auf die prinzipielle Betrachtung zurückkomme, sollten wir eine Logik finden, die der Ideologie des Englischen als Herrschaftssprache und ihrem gewalttätigen und politischen Charakter widersteht. Gleichzeitig soll auch eine Antithese gegenüber den Argumenten der japanischen Sprache (der Nationalsprache) erarbeitet werden. Eine dafür einflussreiche Methodik ist wahrscheinlich in der Anschauung des ‚Multilingualismus' zu finden.

Der Ursprung des Multilingualismus liegt im Widerstand gegen und in der Kritik am von den Nationalstaaten für die Realisierung der starken Einheit der Nation aufgestellten Monolingualismus sowie im Multikulturalismus. Jedoch war diese Anschauung, die die Koexistenz vielfältiger und gleichberechtigter Sprachen preist, in vielen Fällen tendenziell im Gedanken gefangen, dass verschiedene Sprachen durch damalige Einschränkungen der Blütezeit der Nationalstaaten als je nach Volk fest begrenzte, gleichartige, in sich abgeschlossene Einheiten einfach parallel koexistierten. In der Folge bestand stets die Gefahr, „den Begriff ‚Vereinheitlichung' auch in der Behauptung der ‚Minderheitensprache', die die angemessene Position als eine ‚Sprache' fordert, zu verheimlichen, die Tatsache, dass eine Sprache aus vielen Variationen wie Dialekten besteht, zu ignorieren und diese zu unterdrücken"¶83. Jedoch ist die ‚reine Sprache' nichts anderes als eine Fiktion. Eine Sprache ist stets mit anderen Sprachen im Austausch und im Änderungsprozess. Aus diesem Grunde „besteht eine Sprache letztendlich aus [mehreren] anderen Sprachen"¶84. Die Multilingualität soll notwendigerweise als Pluralität erkannt werden, die der individuell gesprochenen Volks- oder Staatssprache innewohnt. Zwar erkennt Tsuda (wie im Abschnitt „Argumente der Kritik am Sprachimperialismus des Englischen" besprochen) auch die Wichtigkeit des Multikulturalismus und Multilingualismus und schließt diese ins ersetzende Paradigma der Sprache ein, er vervollkommnete jedoch nicht seine Überlegung, da er sich in die nationalistische Richtung verlief. Der untersuchte Multilingualismus beabsichtigt die räumliche Verortung von Mehrsprachigkeit in

「世界平和のためにも日本語が国際語になる必要」がある、というのである。英語は有罪であっても、日本語はそもそも平和志向的な性質の言語であるから、世界に貢献しこそすれ、害を及ぼすことはないといった論理であろう。

だが、日本語は政治的に無垢でありうるというたぐいの、確たる根拠に乏しく、ナイーヴかつ自己愛的な言説は、学知としておよそ説得的とは言いがたいだろう。いずれの言語も「力」の論理から免れることはできないはずである。だからこそ、その「力」を自覚的にコントロールすることが必要なのではないのか。ここには津田が英語支配批判で縦横に発揮した、言語のもつ政治性を舌鋒鋭く告発する姿勢はみじんも見られない。

さらに、津田の日本語国際化の議論から受ける印象は、歴史に対する感度の鈍さである。近代の一時期、日本語は国境を越えてアジア諸地域へと繰り出し、日本の帝国主義的支配の先兵となったという事実がある。朝鮮・台湾などの植民地では「国語」が民衆に強制されて「国民精神」の注入が図られ、日本が後れて進出した満州・中国・東南アジアでは、「日本語」が教育された。しかも、とりわけ「日本語」が強制されるにあたっては、それが「世界性」「普遍性」といった利点をもつことが説かれたのである。

そうした歴史と関連して、日本における「国語」成立の経緯についても、外地の諸地域から、教えるべき標準語の基準が曖昧で困るという苦情が多発したため、国内での国語／日本語の整備が急務とされたことがその一つの大きなモメントとなったといわれる（イ、一九九六：二六四―三一〇。山本・臼井・

本語防衛のための逆襲戦略にあるのは、英語の来寇を日本語のパワーで押し返す、というあからさまな「力」への依存の思想ではなかろうか。世界の言語のうちで抜きん出ることによって、英語と同じ道をたどることにはならないか。中村敬の次のことばは、その点で傾聴に値するものである。

「『日本語国際語論』は、［…］『英語国際語論』の中の「英語」を「日本語」に置き換えただけで、日本語も英語と同じように『国際語』たりうると主張している［…］しかし、一つの民族語が『国際語』として君臨することはただちにコミュニケーション上の不平等をつくり出し、それはまた民族や国家間の関係を非相互的にする。『英語国際語論』は現実原則をふりかざすだけでこのことを決して解決してくれはしない。このことを『日本語国際語論』に適用すれば、そのあやうさがすぐ理解されるはずである」（中村、二〇〇四：七四頁）。

日本語の国際語化論は、英語帝国主義の陰画にすぎない。もっとも、「力の論理」で日本語国際化論を捉えるのは、津田にとっては承服できない見方であるかもしれない。彼は日本語の国際語化を推進する論拠の一つとして、日本語が「和」を大切にする精神を体現した言語だとの主張を持ち出しているからである。「日本語は、そして日本人は思いやりと愛情と感謝にあふれた『平和志向』の言語であり、国民である」（津田、二〇一一：一一五頁）ゆえ、「日本語が国際語になれば、世界に『和』の精神がおのずと広がっていく」（津田、二〇一三：二三頁）ため、

verschiedener und vermischter Art, die die Dezentrierung des Volks- und Staatscharakters realisiert. Der Anglist Ōishi, einer der radikalen Kritiker an der Herrschaft des Englischen, erkennt in der Literatur von J. Joyce aus Irland („‚Die Schlange am Busen' vom Reich des ‚Englischen'") die revolutionäre Bedeutsamkeit, dass durch die Ablehnung der masochistischen Unterordnung unter den englischen Bann sowie durch das gründliche Zerstören, Verneinen und Ändern des Englischen seine mit Mehrsprachigkeit erfüllte, charakteristische Literatursprache geschaffen wurde.[85] Andererseits verursachen solche Hybridität und Grenzverletzung der Sprache die individuellen Änderungen und bringen die Fluidisierung und Pluralität der Identität zustande. Das ist eine Art des nomadischen Seins als Fremder ohne virtuellen Fokus des Festlegens der individuellen Identität. Diese sprachliche und persönliche Pluralität bietet sicherlich eine starke Basis für den Widerstand gegen den gegenwärtigen Zustand in Japan, in dem man im eingezwängten Alltag in die homogene Sprache und Identität hineingeschoben wird.

Auf dem Weg der Konzeption des „Raums der Heteroglossie, in dem verschiedene Sprachen hierarchielos koexistieren"[86], begegnet man, wie oben beschrieben, der Anschauung des „Sprachrechts" und „des Gemeinnutzes". Das „Sprachrecht"[87] beinhaltet das Recht, „das Konzept der Gleichheit der Menschen für die sprachliche Seite anzuwenden, sowie die oft übersehene sprachliche Diskriminierung zu erkennen und zu verbessern"[88]. Diese Ansicht des Sprachrechts beabsichtigt den offenen Gemeinnutz, der die Vielfältigkeit der Sprache voraussetzt. Der Gemeinnutz der Sprache ist der Raum der öffentlichen Diskurse, die durch den gegenseitigen Austausch vielfältiger Sprachsubjekte zustandekommen. Der „Diglossie"-Zustand[89] sollte vermieden werden, in dem unter mehreren Sprachen eine dominante Sprache im Rang höher steht, und sich eine einzige Amtssprache Allgemeingültigkeit vorbehält. Deshalb „muss der Multilingualismus die vielfältige sprachliche Allgemeinheit ansprechen"[90]. Meines Erachtens liegt die Aufgabe, unter Berücksichtigung der Problematik der Herrschaft des Englischen, im Erzeugen des transnationalen, ersetzenden Gemeinnutzes und mit Bezug auf die Herrschaft des Japanischen liegt die Aufgabe in der Neuschaffung des Gemeinnutzes, einschließlich der verschiedenen sprachlichen Änderungen unabhängig vom standardmäßigen und korrekten Japanischen. Beides sind Versuche, „die widerständige Öffentlichkeit', in der die sozialen Aktivitäten von einer bestimmten Sprache nicht monopolisiert werden, auf der sprach-spezifischen Ebene"[91] zu erzeugen. Der Weg, die Diskriminierung und Gewalt der Herrschaft des Englischen (bzw. der Nationalsprache) zu überwinden, lässt sich hoffentlich im Multilingualismus auf der Basis des Sprachrechts und der widerständigen Öffentlichkeit finden. Denn „es ist notwendig, dass man der mit der Globalisierung fortschreitenden sprachlichen Hegemonie des Englischen nicht durch den Sprachnationalismus widersteht, sondern dass noch vielfältigere Sprachrechte gesichert werden."[92] Das bedeutet, dass man dem modernen ‚Turmbau zu Babel', also der Einigung auf sprachliche Vereinheitlichung widersteht und die ergiebige Möglichkeit der Sprachvielfältigkeit zulässt.

Schlusswort

Indem ich mich auf den Aspekt von ‚Sprache und Gewalt' konzentrierte, habe ich versucht die Theorie und Bedeutung sowie die Fallgrube der Kritik am Sprachimperialismus des Englischen zu diskutieren. Um die Problematik der Herrschaft des Englischen auch nur im Ansatz zu verbessern, sollte man sich als allererstes der Existenz dieser Problematik gewahr werden. Des Weiteren ist es wichtig, den in den beiden Behauptungen, sowohl in der Herrschaft des Englischen als auch im Sprachnationalismus immanenten Hegemonismus bzw. die Assimilierung, den Monolingualismus, den Essentialismus[93] und den darin innewohnenden Machtaspekt möglichst zu relativieren und derartigen Konstruktionen zu entkommen.

Ferner ist zu durchschauen, dass die Hegemonie des Englischen und der Sprachnationalismus nur durch eine feine Linie getrennt sind und in einer direkten Beziehung stehen. Die Konzeption des Sprachrechts oder des sprachlichen Gemeinnutzes befindet sich als Forschungsgebiet noch am Anfang, so dass noch mehr Entwicklungen zu leisten sind.

オルタナティヴの構想

英語帝国主義およびその対抗言説としての言語＝日本語（国語）ナショナリズムの問題性が明らかとなったいま、単一言語主義のイデオロギーを乗り越えるオルタナティヴを構想することが求められているといえよう。英語支配批判の視座を受け継ぐとともに、その陥穽に落ちこむこともない、第三の針路はどこに見出されるか。これはもとより困難な課題ではあるが、以下では、これまでの検討をもふまえながら、その基本的な「構え」ないし方向性のみ素描を試みたい。

（1）たとえば Ryoko Kubota は、英語支配にもたらすための基本戦略として、①英語支配の惹起する格差や不平等についての批判的な意識を喚起すること、②英語支配による抑圧を告発・批判し、社会に変化をもたらす手段として、英語それ自体のコミュニケーション・スキルを磨くことを挙げている（Kubota, 1998 : 302-304）。

たしかに、①の提言のように、英語支配の現実に覚醒し、問題意識をもつことが何をさておいても大切であろう。前にもふれた津田の言を借りれば、『『偽りの意識』──誤認と無自覚──の中に埋没し、問題の所在さえ認識し得ない」状態を脱して、「その問題性を無意識から意識化する」（津田、一九九〇：一九四頁）こと、またそれを足がかりに、英語支配への内なる囚われから自己を解放するべく努めることが必要である。

木村、二〇〇四：七四頁）。つまり、すでに形成されていた日本語が日本帝国の拡大によって普及したのではなく、普及の必要に迫られて国語／日本語の統一・制度化が促進されていったことになる。

こうした事情が物語るのは、日本語という「国際共通語」の権力的なアジア「支配」が、津田が美化する近代日本語の産婆役となったという、幾重にもアイロニカルな来歴である。

あまつさえ、このアジア「支配」の負の遺産は、今もなお執拗に命脈を保っている。たとえば牲川波都季が明らかにしているように、留学生や外国人を対象とした戦後の日本語教育においても、日本語・日本人・日本の一体性という図式を保持しながら、非日本人をそこへ包摂すると同時に、あくまで異質な存在として排除するという、かつての「支配」と同型の論理が、一貫して流れているのだ（牲川二〇二二）。

こうしたもろもろの事柄を考慮すると、津田の日本語国際化論もまた、それが暴力と支配を繰り返すのではないかという視点を欠いた、独善的なものに思われてくるのである。

以上吟味してきたように、言語ナショナリズムをもって英語支配に対抗しようとする彼の試みは、少なからぬ矛盾と問題点を抱えているというべきである。ナショナリズムに内閉していく論理は、結局英語支配を乗り越える手立てにはなりえない。日本語を美化し称揚するのではなく、むしろ「現代日本語への反省の視点をもつこと」が、「〈世界語としての英語〉と〈国語としての日本語〉の二重の一言語主義（モノリンガリズム）を越える一歩となる」（岩村、二〇〇五：二六七頁）と考えたい。

Im heutigen Japan ist es allerdings noch eine absolute Minderheit, die die Herrschaft des Englischen überhaupt in Frage stellt. Die Sorge um den gegenwärtigen Zustand der hoffnungslosen Überlegenheit der Mehrheit oder die Aussagen für das beherrschte Überlegen werden durch die Kantate des ‚Englisch ist auf alle Fälle wichtig' weggewischt. Für den Augenblick wird der Skeptizismus wohl als nichts anderes als gestörte Irrlehre betrachtet. Um Ausdrücke von Sunndalsøra zu zitieren, ist dies vielleicht vergleichbar mit Situationen wie „das Crewmitglied schöpft das Wasser mit Gläsern heraus, um das sinkende Schiff zu retten" oder „unter einem Wasserfall stehend mit hoch gestreckten Händen, den Wasserlauf aufzuhalten"94. Das sich in der japanischen Gesellschaft ausbreitende Vorteilsprinzip beschleunigt den sogenannten „Wasserlauf". Die Mehrheit der „Na-Und?-Einstellung"95 mit der Ansicht, dass „die Nützlichkeit der gemeinsamen Sprache nicht aufzugeben ist, egal wie die vergangenen Umstände waren, und wie die jetzige Situation ist, auch wenn sie notwendiges Übel wäre", bleibt unwidersprochen. Der heutige Zustand ist, wie Yoshifumi Saitō mit pikanter Kritik bemerkt, dass

> die Antithese des Sprachimperialismus des Englischen [...] einen harten Kampf fechtet, und zwar gegen den Englisch-Wahnsinn der Volksmasse, den Realismus, der die Annehmlichkeit des Englischen als Standardsprache für wichtig hält, und die voreiligen politischen Maßnahmenkonzepte der über die Gefahr derartiger Worte ignoranten Gelehrten.96

Die Ansicht der Mehrheit kann keine Sicherheit für die Wahrheit garantieren. Die Haltung in Bezug auf Englisch ist ein gutes Beispiel dafür.

Ich möchte jedoch, ohne von der allgemeinen Tendenz übergangen zu werden, nicht davor zurückschrecken, dies auszusprechen. In diesem Sinne ist Tsudas Arbeit ja trotz der fatalen Defizite97 doch beachtenswert. Gerade weil wir in so einer Zeit leben, in der der Konformismus verbreitet ist und die mächtigen Monopolstellungen überhand nehmen, ist es umso wichtiger, immer wieder kritisch zu sein.

(Übersetzung: Ayako Nakamura-Walbeck und Ninako Takeuchi)

Endnoten

1 — Phillipson 1992, S. 47. – Zum Begriff ‚Sprachimperialismus des Englischen' oder ‚Herrschaft des Englischen' finden sich außerdem die folgenden Definitionen: „Der ‚Sprachimperialismus des Englischen' bezeichnet die Situation, dass die englische Sprache in den heutigen Sprachverhältnissen [...] die absolute Herrschaftsmacht auf andere Sprachen ausübt, und die sprachliche Kommunikation in der Welt hauptsächlich herrschaftlich kontrolliert" (Ōishi 2005, S. 21). „[Die Herrschaft des Englischen] schildert das Phänomen, dass ausschließlich der englischen Sprache eine privilegierte Sonderposition zugesprochen wird, obwohl sie auch nichts anders als eine der zahlreichen Ethnosprachen ist" (Itō 2005, S. 54).

2 — Zur Sekundärliteratur, die betont, dass im Hintergrund der Einführung der englischen Sprache Großbritanniens und der USA präzise sprachliche Strategien stattfanden (vgl. Sunndalsøra 2010).

3 — Zum Überblick über den Sprachimperialismus des Englischen sind z.B. Sumiko Nagasawa (2002) und Hiroshi Yoshikawa (2010) zu erwähnen.

4 — Für die Geschichte der Einführung des Englischen in Japan habe ich gelegentlich Saitō (2007) herangezogen.

5 — Funabashi 2000, S. 27.

6 — Eine kurze Erläuterung zur Entwicklung der Theorie der Herrschaft des Englischen findet sich im Kapitel „Eigo Shihai-ron Shōshi" („Kurzgefasste Geschichte der Theorie zur Herrschaft des Englischen") in Tsuda (Hg.) 2005.

7 — Die Kritiker am Sprachimperialismus des Englischen sind zwar nicht nur die Anglisten, doch die Mehrheit davon sind diejenigen, die sich in irgendeiner Form mit der englischen Sprache befassen. Insbesondere im Bereich des Englischunterrichts finden sich relativ viele Dokumente über den Sprachimperialismus des Englischen (u.a. Nakamura 1993, Atsuko Takashima, Masahiro Imanaka, Shinichirō Ishikawa, Keiichi Nakahachi, Iwamura 2005, Hisashi Shirakawa, Makiko Tanaka, Hannah Rose Kunert, Fumi Morizumi, Hiroshi Kuroiwa, Masayuki Kawamata, Shōji Araki).

8 — Siehe: „die absolute Priorität des Englischen und die englischzentrierte Kommunikation" (Tsuda 2006, S. 11).

9 — Tsuda 2013, S. 143.

10 — Das ‚Englischsyndrom' ist der Sammelbegriff für die psychische Verhaltensauffälligkeit bezüglich der Englischkonversation, wie z.B. der Zwangsvorstellung, dass man Englisch sprechen können müsste, der Sucht nach der Englischkonversation, der Aversion dagegen, der Minderwertigkeitskomplexe gegenüber den Ausländern usw. (Vgl. Tsuda 1990, S. 115-132).

11 — Tsuda 2003, S. 184.

12 — Zum historischen Prozess der Entstehung des Sprachimperialismus des Engli-

多言語主義のそもそもの出自は、国民国家が強力な国民統合を実現するために掲げた単一言語・単一文化主義への反発と批判にあった。多様でかつ平等な諸言語の共存をうたうこの思想は、しかし多くの場合、国民国家の盛期という時代的制約に阻まれて、民族ごとに明確に境界づけられた、均質で自己完結的な統一体としての言語がただ複数形で並存しているという思考に囚われがちであった。その結果、「それぞれ一『言語』としての相応の地位を要求する『少数言語』の主張にも、『統一性』という概念が秘められ、方言など無数の変種から成り立っているという事実を無視し、それらを抑圧することにもつながる可能性」（庄司、一九九九：二三頁）がつきまとっていた。しかし、「純粋な言語」は一つの虚構にすぎない。言語は他言語とたえず交流し変容する。それゆえ、「一言語は結局は他〔多〕言語から成り立つ」（西川、一九九七：二六〇頁）のである。多言語性は、単一性によって語られる個々の民族ないし国家言語それ自体に内在する複数性として認識される必要がある。「英語帝国主義批判の論理」の章でふれたように、津田も多文化・多言語主義の重要性について認識し、言語の代替的パラダイムに含めてはいるのだが、いかんせんナショナリズムの方向へ逸れたために、突き詰めた考察をなしえていない。追求されるべき多言語主義は、民族性・国家性を脱中心化した、異種混交的な多言語空間をこそ志向する。英語支配の先鋭な批判者の一人である英文学者の大石俊一は、アイルランド出身の『英語』帝国の"獅子身中の虫" Ｊ・ジョイスの文学のうちに、英語の呪縛へのマゾヒズム的隷属を拒絶し、英語の徹底した破壊・無化・変容を企てることによって、多言語性の氾濫する独特の文学世界を創造する、という革命的な意義を看取している（大石、

②について、KubotaはA・ペニークック（A. Pennycook）らの「批判的教育学（Critical Pedagogy）」を念頭に置いている。これは、「英語支配はひとえに言説（discourse）がつくる文化権力の問題であり、英語教育は学習者が支配的な英語の言説に対して抵抗、対抗するための言説を構築するのを助ける役割を持たねばならないというものである」（堀部、二〇〇二：二一一頁）。すなわち、英語の押しつけを逆手にとって、その支配を内側から切り崩すような実践を意味する。そもそも、英語帝国主義への批判は、英語を敵視したり排除したりするものであってはならない。英語の排撃は非現実きわまる上に、言語尊重の理念にももとる。「言語的差別を受ける側が、差別的構造を変えていくために、強者のことばを習得し、自分たちに力をつけていく」（白井、二〇一三：七四頁）という「エンパワメント」のさまざまな実践こそが望ましい。「批判的教育学」はその一つの試みとみなしうる。ただ、エンパワメントの実践にあたっては、日本人とは異なって母語を失い、英語を用いざるをえなくなった旧植民地知識人たちが、英語を武器に英語支配に抵抗する際に感じる痛みの切実さを、自分なりに理解し分かち合う覚悟が求められよう。そうした痛覚を欠くならば、当初の志を見失い、英語への依存を深めるだけの結果となる危険があるからである。

（2）より原理的な考察に話を戻すならば、英語の支配言語としてのイデオロギーとその暴力性・政治性に対抗しうる論理をわれわれは探り当てなければならない。また、日本語（国語）への対抗論理もそれと併行して構築される必要がある。そのための一つの有力な通路は、「多言語主義」の思想に見出されよう。

	schen vgl. Nakamura 2004, S. 29-35.
13	Tsuda 1996, S. 54.
14	Vgl. Tsuda 2003, S. 10-23; ders. (Hg.) 2005, S. 24-32, 148-156; ders. 2006, S. 27-134; ders. 2013, S. 143-146.
15	Zur Einführung über die „Theorie des internationalen Englischen" vgl. Hiroshi Yoshikawa (2010).
16	Tsuda 1990, S. 68. – Zu den positiven Argumenten für die Theorie des internationalen Englischen siehe Shiozawa 2009 und Honna 2013. Honna (2013, S. 129-147) bezeichnet „Englisch, das die Japaner sprechen, oder Englisch nach japanischer Art" als „japanisches Englisch", und behauptet, dass man gerade dies, ohne sich dafür zu schämen, in der internationalen Kommunikation anwenden soll.
17	Vgl. Tsuda 2003, S. 81-82; ders. 2011, S. 85-99. – Es gibt auch die Polemiker, die grundsätzlich die Anwendung des Englischen als Standardsprache der Welt befürworten, die aber gleichzeitig gegenüber der Herrschaft des Englischen kritisch sind. Torikai (2011, S. 81) erläutert die Notwendigkeit, „die Nachteile der Herrschaft des Englischen in Erwähnung zu ziehen, die Angst, Sorge und Furcht davor sowie die Kritik daran genügend zu begreifen, dem Ideal der Koexistenz von mehreren Sprachen nachzugehen und gleichzeitig ‚die zur Allgemeinsprache gewordene englische Sprache' anzuwenden".
18	Die Theorie der Amtssprache des Englischen wird z.B. in Funabashi (2000), Tetsuo Ozaki (2005) und Torikai (2010) ausführlich behandelt.
19	Vgl. Tsuda 2003, S. 69-73, 232-234; ders. 2006, S. 172-191; ders. 2011, S. 33-49.
20	Vgl. Tsuda 2011, S. 38-41. – Chūkō Shinsho Rakure / Suzuki (2002) stellen die positiven und negativen Argumente zur Debatte über die Amtssprache des Englischen zusammen.
21	Tsuda 1990, S. 194.
22	Tsuda 2003, S. 36-42, 181-192; ders. 2005, S. 156-160; ders. 2006, S. 207-221.
23	Tsuda 2003, S. 52-53; ders. 2006, S. 137-152; ders. 2011, S. 121-133.
24	Vgl. Tsuda 2003, S. 190.
25	Tsuda 2011, S. 146.
26	Tsuda (Hg.) 1993, S. 52-54.
27	Aufschlussreicherweise richtet Katsuhiko Tanaka bereits 1982 seine Aufmerksamkeit auf den Machtaspekt und den Diskriminierungscharakter der Sprache. Hidenori Mashiko (2002) zieht aus dem soziologischen Gesichtspunkt verschiedene Anschauungen über den politischen Charakter der Sprache in Betracht.
28	Tsuda 1990, S. 16-17.
29	Ryōichi Funayama, der Englisch als Internationale Sprache verteidigt, widerspricht Tsudas Habermas-Interpretation und wirft damit Zweifel auf die gesellschaftstheoretische Grundlage seiner Argumentation, die Wert auf den Macht- und Ideologieaspekt des Englischen legt (Funayama, 2001). Obwohl Tsuda behauptet, seine Theorie auf Habermas stützend, aufgebaut zu haben, findet sich

nicht die Ansicht bei Habermas, die Sprache nur als „Mittel der Macht und Herrschaft" zu betrachten, und die Ideologiekritik zu betonen, wie Tsuda es macht. Habermas sieht die Sprache nicht als Instrument der hegemonialen Herrschaft oder der Ideologie, sondern als etwas, das die verständigungsorientierte Kommunikation ermöglicht, und erklärt die Notwendigkeit des Wiederaufbaus der alltäglichen Welt durch diese. Daher, so Funayama, stimmt Tsudas Argumentation nicht mit der Anschauung über die Sprache von Habermas überein.

Hier ist nicht die richtige Stelle für eine Diskussion über die Interpretation von Habermas' Theorie. Meines Erachtens ist aber eine derartige Kritik fraglich. ① Tsuda betrachtet die Sprache nicht nur als „Mittel der Macht und Herrschaft", sondern sieht ihre ursprüngliche Rolle darin, die unparteiische und gleichberechtigte Kommunikation zu ermöglichen. ② Für Habermas war die Ideologiekritik eine der wichtigsten Aufgaben. Im Buch „Hermeneutik und Ideologiekritik" (1971), in dem die Auseinandersetzung mit der Hermeneutik von H.G. Gadamer zusammengestellt ist, erläutert er die Erfordernis der Ideologiekritik, um gegen die von der Herrschaft und Macht hervorgebrachte „verzerrte Kommunikation" Maßnahmen zu ergreifen.

Allerdings enthält Funayamas Kritik, solange es sich um den Streitpunkt „der Sprache und der Macht" handelt, auch eine gewisse Richtigkeit. Denn, in der Theorie des kommunikativen Handelns von Habermas ist das Ziel der Kommunikation gegenseitiges Verstehen auf der Grundlage von Dialogen und gründlichen Erörterungen, und man weist gelegentlich darauf hin, dass aufgrund der Hypothese der von der Macht unabhängigen idealen Sprechsituation der Anlass der Machtausübung in den Hintergrund tritt. In diesem Punkt scheint Lois McNay Recht zu haben. „It is certainly the case that Habermas recognizes the distorting effects of power upon communicative structures which is why he sets out procedures to ensure equality between participants in disccusion. These procedures seem ineffectual, however, if […] pace Bourdieu, as ineluctably inscribed upon bodies and embedded in the structure of speech" (McNay 2008, S. 97). Habermas erkennt zwar die Sprache als Vermittler der Herrschaft und der sozialen Macht an, man kann aber wohl davon ausgehen, dass dies wenigstens von seiner Theorie des kommunikativen Handelns (in unangemessener Weise) abgetrennt ist.

30 Kasuya 2000, S. 276.
31 Ebenda, S. 291.
32 Sadamatsu 2007, S. 172, 160.
33 Itoigawa: Sabetsu-ron o Kataru Kotoba – ‚Josei-gaku Nenpō' no Kokoromi o Rei ni [Überlegungen zur Sprache der Diskriminierungstheorie anhand des ‚Jahresberichts der Frauenforschung'] (Itoigawa 2006, S. 193-213).
34 Itoigawa 2006, S. 212.
35 Kasuya 2000, S. 278. – Kasuya setzt die Machtausübung in eigener Zustimmung

言語に固有の次元で」(同上)創り出そうとする営みである。英語支配(および国語支配)による差別と暴力をふたつながら超克する道は、この言語権と対抗的公共性に基づく多言語主義のうちに見出されると期待したい。「グローバル化とともに進行しつつある英語の言語的なヘゲモニーに対して、言語ナショナリズムによって対抗するのではなく、より多様な言語権を保障していくことが必要」(姜、二〇〇三：二〇八頁)なのである。それは、言語の単一性への収束という現代の「バベルの塔」に抗って、言語の多様性のもつ豊かな可能性を解き放つことでもあるのだ。

おわりに

「言語と暴力」という観点に的を絞る形で、英語帝国主義批判の論理と意義、そして陥穽について、不十分ながら考察してきた。

英語支配の問題を少しでも改善するためには、まずはこの問題の所在に気づくこと、次に英語支配と言語ナショナリズムの両言説に内在する覇権主義／同化主義、モノリンガリズム、本質主義[三四]そしてそこに内在する権力性を可能な限り相対化し、脱構築していく姿勢が求められよう。英語のヘゲモニーと言語ナショナリズムが同じコインの裏表であり、共犯関係にあることを見抜くことも大切である。また言語権や言語的公共圏の構想は、研究分野としてまだ緒についたばかりである。さらなる発展が要請される。

一九九七：三〇七―三九一頁）。一方、こうした言語のハイブリディティと相互越境性は、「自己」の変容をも促し、アイデンティティの流動化・複数化を帰結することになる。それは単一のアイデンティティへの定住という虚焦点をもたない、ノマド的で異邦人的な自己のあり方である。この言語と自己の多元性は、等質的な言語とアイデンティティの鋳型に人々を押し込もうと日々余念がない今日の日本の現状に対抗するための、強力な拠点を提供するものとなろう。

上記のような、「さまざまな言語が非ヒエラルキー的に共存し交じり合う異種多層言語の場所」（平田、二〇〇五：一九〇頁）を構想する道筋で出会うのが、「言語権」と「言語公共圏」の思想である。「言語権」は、「人間の平等の概念を言語的側面に適用し、みすごされることが多かった言語差別を可視化し、是正しようとする」（木村・皆井、二〇〇三：五三頁）ための権利をさす。言語権の考え方は、言語の多様性を前提にした、オープンな公共圏を志向する。言語の公共圏は、多様な言語的主体が相互に交流することにより成立する公共的な言説の空間である。単一の公用語が「公共性」を僭称する形で、一つの優越した言語の下に複数の言語が従属し階層性をなす「ダイグロシア」状況（イ、二〇〇九：二六四―二七五頁）は避けられなければならない。それゆえ、「多言語主義とは、複数の言語的公共性を認めるものでなければならない」（同上：二三六頁）。本稿の文脈でいえば、英語支配の問題については、トランスナショナルな、代替的公共圏の形成が、国語の支配については、日本語の範疇に回収されないさまざまな言語的変異をも含めた公共圏の創出が、それぞれ課題となる。いずれも、「社会活動が特定の言語によって独占されないような『対抗的な公共性』を

mit dem Begriff ‚Hegemonie' von A. Gramsci in Beziehung. Sich auf diesen Begriff berufend behauptet Ai Mizuta (2009), dass die Ideologie des Englischen, insbesondere der Minderwertigkeitskomplex gegenüber den Ausländern heute noch in der japanischen Gesellschaft „aus eigenem Antrieb" immer wieder entsteht. Vgl. außerdem auch die Studie von Masaki Yoshitake (2006), der bei der Herrschaft des Englischen den Aufruf der Hegemonie durch den modernen Kapitalismus erkennt.

36 Tsuda (Hg.) 2005, S. 125.
37 Miyajima 1994, S. 270 f.
38 Fujimoto 2009, S. 5 f.
39 Vgl. auch die Kritik an der „Theorie der Instrumentalisierung des Englischen" von Kei Nakamura (2004, S. 80-82).
40 Tsuda 2003, S. 166.
41 Tsuda 2011, S. 106.
42 Vgl. Tsuda 2003, S. 167.
43 Meines Erachtens gibt es kaum Untersuchungen über Tsudas Tendenz zum Nationalismus. In diesem Sinne ist die Betrachtung von Naoto Usui (2000), die das Thema direkt angeht, äußerst wertvoll und lehrreich.
44 Tsuda 2013, S. 87.
45 Tsuda 2011, S. 104.
46 Tsuda 2013, S. 17.
47 Ebenda, S. 22.
48 Tsuda 2011, S. 135-151; ders. 2013, S. 124-126.
49 Tsuda 2011, S. 175-191; ders. 2013, S. 11-24.
50 Tsuda 2003, S. 71-72; ders. 2006, S. 186 f.
51 Der Ausdruck „die Heimat ist die Nationalsprache" erinnert an „Sokoku towa Kokugo [die Heimat ist die Nationalsprache]" von Masahiko Fujiwara, Mathematiker und zugleich Essayist. Fujiwara widerspricht der Erziehung des überbewerteten Englischen und plädiert die Förderung der Erziehung der Nationalsprache. Die Heimat ist – so Fujiwara mit Nachdruck – die Nationalsprache, weil „in der Nationalsprache der Großteil der Kultur, die die Heimat zur Heimat macht, der Tradition und des Gemüts usw. enthalten ist" (Fujiwara 2005, S. 30) und weil gerade die Nationalsprache „die Identität der Japaner unterstützt" (Ebenda, S. 44). Offensichtlich deckt sich dies mit Tsudas Ansicht. Die Denkähnlichkeit von Tsuda und Fujiwara lässt sich in der Tatsache erkennen, dass, obwohl Fujiwara die Herrschaft des Englischen im modernen Japan kritisiert und äußert, dass „man sich vorstellen kann, was die Sprachherrschaft [des Englischen] zur Folge mit sich bringt, wenn man die Verletzungen der Ainus und von Okinawa bedenkt", er überhaupt keine Zweifel an dem Schema „Muttersprache = Kulturtradition = Identität des Volks hat, welches gerade solches Leiden verursacht hat" (Ebenda, S. 51).

52 — Zu der historischen Entstehungssituation des Japanischen (der Nationalsprache) als Instrument des Nationalstaats und dessen politischen Charakter siehe Lee 1996, Naoki Sakai, Hidenori Mashiko, Gō Shi, Usui 2000; Suzuki 2003; Kawaguchi / Tsunoda sowie eine Reihe der Aufsätze von Toshiaki Yasuda).

53 — Yasuda (2007) erläutert ausführlich, dass die Konstruktion des Konzepts der ‚Nationalsprache' und deren Rolle als Regierungstechnik vor und nach dem Krieg in fundamentaler Weise fortlaufen.

54 — Tsuda 2011, S. 106.

55 — Ebenda, S. 107.

56 — Tsuda äußert, dass „es durch die Errichtung der Nationalsprache auch Nachteile gab", und bemerkt, dass die Dialekte unterdrückt wurden und abgenommen haben, so dass man an deren Wiederaufleben arbeiten soll (Tsuda 2011, S. 107). Allerdings gibt er darüber, dass die Nationalsprache von Natur aus den ausschließenden Charakter innehat, keinen Kommentar.

57 — Trotz der Tatsache, dass vielfältige Volksgruppen mit ihren verschiedenen Sprachen in Japan leben, werden sie immer unsichtbarer, und wird die Sprache auch immer mehr vereinheitlicht, hierzu vgl. z.B. Masayo Yamamoto 2003.

58 — Hirata 2005, S. 189.

59 — Tsuda 2011, S. 104.

60 — Takashi Saitō, dessen „Koe ni Dashite Yomitai Nihongo [deutsch: das Japanische, das ich laut lesen will]" vormals bekannt wurde, äußert fortdauernd, dass „je ungenügender Japanisch beherrscht wird oder je weniger schöne japanische Wortschätze beherrscht werden, desto niedriger ist der Grad des Japanischseins", als ob die japanische Sprache als Indikator für das Japanischsein dienen würde (Usui 2006, S. 156). Dies ist eine vergleichbare Aussage mit der, dass man einen niedrigen Grad des Internationalseins hat, wenn man kein Englisch beherrscht.

61 — Der Ausdruck von Tsuda „Land einer einigen Sprache wie Japan" findet sich in Tsuda 2003, S. 91. Bei diesem Ausdruck zeigt sich Tsudas Verständnis über die japanische Sprache.

62 — Kawaguchi / Tsunoda 2005, S. 205.

63 — Kang 2003, S. 202.

64 — Yoshisato Suzuki 2003, S. 194.

65 — Außerdem verneint das Dogma „die japanische Sprache ist die Identität des Japaners", so wie Usui behauptet, das Wesen der Identität, das eigentlich in einer Verantwortung der individuellen Entscheidung steht, und akzeptiert äußerst problematisch keine Vielfältigkeit und Pluralität der Identität, wie z.B. bei Leuten, deren Muttersprache zwar Japanisch ist, die sich aber als Koreaner fühlen" (Usui 2000, S. 287-290).

66 — Tsuda 2011, S. 153-173; ders. 2013, S. 72-73, 122-124.

67 — Suzuki 1995, ders. 2008.

68 — Tsuda 2011, S. 163-164.

ない」とつぶやき続けることが、いよいよ大切になるのである。

註

一 Philipson, 1992: 47 =フィリプソン、二〇一三:五一—五二。「英語帝国主義」ないし「英語支配」の定義については、他にも次のようなものがある。

二 『英語帝国主義』とは、今日の世界の言語状況において、英語という言語が［…］他言語に絶大なる支配権力をふるい、世界の言語コミュニケーションをほとんど覇権的に牛耳っている、そういう状態を指している」（大石、二〇〇五:二二頁）。

「英語支配」とは〕多くの民族言語の一つであるにもかかわらず、英語だけに他の諸民族言語とは違った特別な特権的優越的地位が与えられている現象」（伊藤、二〇〇五:五四頁）。

三 英米などの英語普及政策の裏に緻密な言語戦略があったことを強調する文献として、(サンダルソラ、二〇一〇) がある。

四 英語帝国主義について俯瞰的に概説した論文として、(長沢、二〇〇二)、(吉川、二〇一〇b) などが挙げられる。

五 日本社会における英語普及の歴史については、(斎藤、二〇〇七) の「英語支配論小史」の章を参照。

六 英語支配論の展開に関する手短な解説としては、(津田（編著）、二〇〇五) を随時参考にした。

七 英語帝国主義批判の論者は英語研究者に限られないが、やはり英語に何らかの形で携わっている人々が中心を占める。とくに英語教育の分野で英語帝国主義を論じた文献は比較的多数にのぼる。(中村、一九九三)、(高島、一九九五)、(今仲、一九九七)、(石川、一九九八)、(中鉢、二〇〇四)、(岩村、二〇〇五)、(白川、二〇〇八)、(田中、二〇一〇)、(Rose Kunert, 2012)、(森住、二〇一二)、(黒岩、二〇一三)、(川又、二〇一三)、(荒木、二〇一四)、等々。

八 「英会話症候群」とは、英語が話せるようにならなければいけないという強迫観念、英会話をめぐる心理的不適応の総称（津田、一九九〇:一二五—一三三頁）。イジン・コンプレックス等、英会話に関しては（中村、二〇〇四:二九—三五頁）が参考になる。英語帝国主義成立の歴史的プロセスに関しては（中村、二〇〇四:二九—三五頁）が参考になる。

九 「国際英語論」に関する紹介として、(吉川、二〇一〇a) がある。

とはいえ、英語支配に不信の目を向ける人々は、今日の日本では絶対的な少数派であることは間違いない。衆寡敵せず、現状をいぶかり危ぶむ声や、浮き足立った言辞から距離をとって冷静に再考してはという申し立ては、「とにかく英語が大事」の大合唱にかき消されがちである。懐疑論は、今のところつむじの曲がった異端の説以上の待遇を受けることは難しいだろう。トール・サンダルソラ (Thor Sunndalsora) の言を借りれば、「沈没寸前の船の乗組員がコップで水をくみ出して、船を救おうとする」とか、「滝壺で両手を挙げ、滝の流れをくい止めようとする」(サンダルソラ 二〇一〇：一六四頁) 行為に似たところがあるかもしれない。日本社会に瀰漫する実益思考が、「滝の流れ」を加速する。「過去の経緯や現状の不平等がどうであれ、たとえ必要悪であれ、共通語としての有用性を捨てることはできない」という多数派の「開き直り」(薬師院 二〇〇五：六八頁) がまかり通る。斎藤兆史のスパイスの効いた評言が突いているように、「反英語帝国主義論は、［…］大衆の英語狂乱、共通語としての英語の利便性を重視する現実主義、そして言葉の怖さを知らない『有識者』の軽率な政策提言の前に苦戦を強いられている」(斎藤 二〇〇七：一九七頁) というのが現実であろう。多数派であることは、必ずしもその主張が真理であることを保証しない。英語に対する大方の態度は、その好例というほかはない。

けれど、大勢に流されず、あえて言挙げする勇気をもちたい。その点で津田の仕事は、致命的な欠陥をはらむ点はいくたびも強調されねばならないにせよ、やはり敬服に値する。コンフォーミズムがはびこり、権力の御用を務める言説が跋扈する時代であるからこそ、「いや、私はそうは考え

69 — Nakamura 2004, S. 74.
70 — Tsuda 2011, S. 115. – Eine solche Argumentationsweise steht in Verbindung mit der in den letzten Jahren äußerst ersichtlichen Tendenz, die Vorzüge oder die Überlegenheit des Japanischen bedingungslos zu bewundern. Sprachwissenschaftler Takao Suzuki sagt z.b., dass in Japan, obwohl es ein verwestlichter moderner Staat ist, die Empfindung für das Zusammenleben ohne feindliches Gegenüberstehen existiert und dass die japanische Sprache mit der Wirksamkeit für die Entfaltung der Freundlichkeit, guten Benehmens und des Respektierens der anderen versehen ist. (Suzuki [2014, S. 52-66] bezeichnet dies im Wortspiel „Tatamiser-Effekt"). Takehiro Kanaya, Pädagoge für Japanisch als Fremdsprache, meint, dass Japanisch die Sprache des Mitfühlens sei, während Englisch die der Selbstbehauptung und Konfrontation sei. „Die meisten [ausländischen] Schüler werden freundlich", wenn sie Japanisch sprechen, und Japanisch sei eine äußerst „friedensorientierte, romantische, freudvolle und schöne Sprache" (Kanaya 2014, S. 197, 222). Ferner erläutert Schriftsteller Roger Pulvers, der lange in Japan lebt, dass Japanisch mit einzigartiger Schönheit und reicher Ausdrucksfähigkeit versehen ist und diese über den Bereich der nationalen Eigenart hinaus gehende Universalität als Lingua Franca ausreichend qualifiziert werden kann (Pulvers 2014). Alle drei Aussagen haben darin als Gemeinsamkeit, Japanisch als hervorragend und als eine in der Welt unvergleichbare Sprache zu preisen. „Die Bedingung für das Zustandekommen des Narzissmus als Kehrseite der in der modernen Geschichte vorhandenen Unsicherheit ist die engstirnige Betonung der Einzigartigkeit der Existenz von ‚Japan', der ‚japanischen Sprache' und der ‚japanischen Kultur' als Vergleichsgegenstand von anderen Ländern, anderen Traditionen und anderer Kultur [...]" (Sakai 1996, S. 133). Ein solches „Japanisch-Buch" trägt dazu bei, dass das in der Quelle der Sprachmacht immanente, „dominante Sprachkapital des Gesamtbildes der ‚japanischen Sprache' zustandekommt" (Kasuya 2003, S. 159).
71 — Tsuda 2013, S. 122.
72 — Tsuda geht sogar so weit zu behaupten: „Genau dadurch, dass man mit ‚dem Geist der Harmonie' die Welt japanisiert, wird der Weltfrieden erlangt." (Tsuda 2011, S. 171)
73 — Derartige narzisstische Einseitigkeit haftet sich aber hartnäckig an die Fersen der ‚Nationalsprache-Studien', die ursprünglich als ‚Wissenschaft' gegründet wurden. Hitoshi Yamashita weist auf die Glorifizierung der Höflichkeitssprache, welche typisch für die Erforschung der japanischen Höflichkeitssprache ist, und die Rhetorik der Eigentümlichkeit hin. Dies betrachtet er als unbewusste Expression der „Tatsache, dass in den 100 Jahren im 20. Jahrhundert in Japan die ‚Nationalsprache' bzw. ‚Japanisch' als Standardsprache im Namen der Wissenschaft der ‚Nationalsprache-Studien' in Verbindung mit der nationalistischen Ideologie entwickelt wurde" (Yamashita 2001, S. 53).

74 — Nobukuni Koyasu befasst sich mit den Umständen, dass die ‚Nationalsprache' und die ‚japanische Sprache' konzeptuell zu unterscheiden sind und wie die ‚internationale Sprache Japanisch' als gemeinsame Sprache Ostasiens entstand (Koyasu 1996; 1997).
75 — Vgl. Lee 1996, S. 264-310; Yamamoto u.a. 2004, S. 74.
76 — Es muss ausdrücklich betont werden, dass nicht alle Polemiker der Antithese des Sprachimperialismus des Englischen zum Nationalismus neigen wie Tsuda. Kei Nakamura oder Ōishi geben vor der Gefahr des Nationalismus zu bedenken. „Durch die Geschichte wurde bewiesen, dass es unrealistisch ist, wenn man mit einer Großen Sprache wie der ‚Nationalsprache' gegen das Prinzip einer anderen Großen Sprache [des Englischen] ankämpft" (Nakamura 2004, S. 97). „Es soll vermieden werden, dass die Antithese des Sprachimperialismus des Englischen den Sprachimperialismus des Japanischen, also das Prinzip des Allgemeinen das Prinzip des Individuellen, provoziert und in den inhaltslosen Zirkel zurückgerufen wird" (Ōishi 2005, S. 138). „Seitdem ich mich für die Theorie des Englischen interessiere, vertrete ich die Meinung, dass die Begründung und Richtung der Antithese des Sprachimperialismus des Englischen sich nicht auf das von der nationalistischen Leidenschaft herkommende Verschließen wie ‚Verteidige die ‚Nationalsprache'!' oder die Übertreibung des Japanischen, wie ‚Erst recht Japanisch ins Ausland!' stützen soll" (Ōishi 1997, S. 222). Das letzte Zitat scheint auf Tsudas Ansicht gerichtet zu sein.
77 — Auch Kenji Tatsukawa kritisiert den Sprachnationalismus der Antithese des Sprachimperialismus des Englischen. „Wenn man ‚die japanischen Sprache' der ‚englischen Sprache' gegenüberstellt, bedeutet dies nur, dass man ‚unsere' Nationalsprache der internationalen Großen Sprache gegenüberstellt, und ist übermäßig wehrlos gegen die Fallgrube des Sprachnationalismus und des Sprachimperialismus des Japanischen. Ist es nicht so, dass man nicht nur eine neue fruchtlose ‚Sprachdiskriminierung', sondern auch einen ‚Sprachkrieg' herbeiruft, wenn man den japanischen Nationalismus dem Sprachimperialismus des Englischen gegenüberstellt? " (Tatsukawa 2000, S. 151 f.). Allerdings gewinne ich aus Tachikawas Argument den Eindruck, dass seine nationalistische Argumentationsweise im Allgemeinen auffällt und nicht vom Nationalismus des Japanischen unabhängig ist.
78 — Iwamura 2005, S. 167.
79 — Kubota 1998, S. 302-304.
80 — Tsuda 1990, S. 194.
81 — Horibe 2002, S. 111.
82 — Shirai 2013, S. 74.
83 — Shōji, 1999, S. 260.
84 — Nishikawa 1997, S. 260.
85 — Ōishi 1997, S. 307-391.

響されない理想的発話状況という想定が設けられていることから、権力作用の契機が後景に退いているという指摘がしばしばなされるからである。この点については、ロイス・マクネイ（Lois McNay）の言うところが正しいかもしれない。「確かに、彼がコミュニケーション構造を歪める権力の効果を認識していることは事実である。だからこそ、彼は討論における参加者間の平等を確保する手続きを定めるのである。しかしながら、もし権力が…ブルデューが言うように、むしろ身体に不可避的に刻まれ、発話の構造において具体化されるものとして理解されるのであれば、ハーバーマスが言語が支配と社会的権力の媒体であることを少なくとも彼のコミュニケーション行為論からは（不適切なやり方で）隔離されているとみなすことができよう（McNay, 2008 : 97 ＝マクネイ、二〇一一：一三七頁）。ハーバーマスは言語が支配と社会的権力の媒体であることを認識してはいるが、それは少なくとも彼のコミュニケーション行為論からは（不適切なやり方で）隔離されているとみなすことができよう（糟谷、二〇〇〇）。Mizuta は、このヘゲモニー概念を援用して、日本社会に英語イデオロギー、とりわけ外国人コンプレックスが現在も「自発的に」再生産されていると主張する（Mizuta, 2009）。また、英語支配のうちに現代資本主義によるヘゲモニーの発動を見る吉武の論考（吉武、二〇〇六）も参照。

一七──中村敬の「英語道具論」批判もあわせて参照されたい（中村、二〇〇四：八〇−八二頁）。

一八──津田のナショナリズムへの傾斜をめぐって考察を展開した研究は、管見の限りではほとんど見当たらない。その意味で、このテーマを正面から扱った Usui Naoto（臼井直人）の考察はたいへん貴重なものである（Usui, 2000）。本稿を執筆するにあたり、彼の論考からは多くの示唆を得た。

一九──「祖国とは国語」という表現は、数学者・エッセイストの藤原正彦の著作『祖国とは国語』を想起させる。藤原は、英語偏重の教育に異を唱えて国語教育の振興を訴え、祖国とは国語を祖国たらしめる文化、伝統、情緒などの大部分が包含されている」（藤原、二〇〇五（二〇〇三）：三〇頁）からであり、国語こそが「日本人としてのアイデンティティーを支えるものだからである」（同上：四四頁）と力説する。津田の主張と瓜二つの論理であることは一見して明らかである。津田と藤原の思考の相似性は、藤原が現代日本の英語支配を批判して「英語による」言語支配の行く末は、我が国でアイヌや琉球がいかに傷つけられたかを考えれば大概は想像がつく」（同上：五一頁）と述べていながら、その傷をもたらしたはずの「母国語＝文化伝統＝民族としてのアイデンティティー」（同上）という図式を毫も疑ってはいないところにも見受けられる。

一〇 「国際英語論」を支持する立場の議論としては、(塩澤、二〇〇九)、(本名、二〇一三)を参照。本名は、「日本人の話す、日本人風の英語」を「ニホン英語」と呼び、恥じることなくそれを国際コミュニケーションに用いるべきだと主張している(本名、二〇一三：二二九―一四七頁)。

一一 基本的に国際共通語としての英語の活用を是とする立場をとりながら、同時に英語支配にも敏感な論者もいる。鳥飼(鳥飼、二〇一二：八一頁)は、「英語支配がもたらす弊害をきちんと直視し、危惧や懸念や憂慮や批判を十分に理解し、多言語共生という理想を追求しながら、同時に『普遍語となった英語』を活用する」必要性を説いている。

一二 英語公用語論について詳しくは、(船橋、二〇〇〇)のほかに、(尾崎、二〇〇五)、(鳥飼、二〇一〇)などを参照。

一三 英語公用語化をめぐる賛否の議論を編集したものに、(中公新書ラクレ＋鈴木、二〇〇二)がある。

一四 言語の権力性、差別性にいち早く注目した論者として、(田中、一九八一)は教えられるところが多い。(ましこ、ひでのり)は、言語の政治性について社会学の見地からさまざまに考察を加えている(ましこ、二〇〇二)。

一五 国際言語としての英語を擁護する船山良一は、津田のハーバーマス解釈に異を唱えることで、英語の権力性・イデオロギー性を重視する彼の立論の社会理論的根拠に疑問符を投じようとする(船山、二〇〇一)。津田はハーバーマスに依拠してその理論を構築したとしているが、ハーバーマスには津田のように言語を「権力と支配の手段」とのみ考え、イデオロギー批判を強調する見方は存在しない。ハーバーマスは言語を権力的な支配やイデオロギーの装置としてではなく、むしろ了解志向的なコミュニケーション行為を可能にするものとして捉え、それを通した生活世界の再構築の必要性を主張している。よって津田の説はハーバーマスの言語観とは相容れない、と船山は論じる。ここはハーバーマス理論の解釈について議論する場ではないが、私見では、船山の批判にはにわかに賛同しがたい点がある。①津田は言語を「権力と支配の手段」とのみは考えておらず、公正で平等なコミュニケーションを可能にすることこそ、その本来の役割とみなしている。たとえばH・G・ガダマー解釈学との論争を収めた『解釈学とイデオロギー批判〔Hermeneutik und Ideologiekritik〕』(一九七一)において、支配と権力のもたらす「歪められたコミュニケーション」に対処するために、イデオロギー批判が要請されると論じている。ただし、「言語と権力」という論点に関する限り、船山の批判にも一理はある。ハーバーマスのコミュニケーション的行為論においては、コミュニケーションの目的は、対話的かつ熟議に基づく相互了解にあるとされ、権力に影

86 — Hirata 2005, S. 190.
87 — Zum Sprachrecht siehe u.a. Keijiro Shibuya 2006, Hidenori Mashiko 2006 und Gorō Christoph Kimura 2011 [2006].
88 — Kimura / Usui 2003, S. 53.
89 — Lee 2009, S. 264-275.
90 — Lee 2009, S. 226.
91 — Ebenda.
92 — Kang 2003, S. 208.
93 — Mabuchi (2002) untersucht die Problematik des Kulturessentialismus einschließlich der Sprache bis ins Detail.
94 — Sunndalsøra 2010, S. 164.
95 — Yakushiin 2005, S. 68.
96 — Saitō 2007, S. 197.
97 — Was mir in diesem Punkt Sorge macht ist, dass sich die von Tsudas Ansicht leicht zu beeinflussende Atmosphäre im heutigen Japan ausbreitet. Ab 1990 ist die Tendenz zum Konservativismus und nach Rechts unverkennbar, und der engstirnige Ethnozentrismus wird stärker. Die Versuche, mit dem Auftauchen des Geschichtsrevisionismus, die historische Tatsachen mit Bezug auf das Massaker von Nanking oder das Problem der Sexsklavinnen der japanischen Armee gerechterweise zu überprüfen und Abbitte zu leisten, werden als „selbstquälerisch" und „antijapanisch" beschimpft. Die Hasssprache ist verbreitet, und aggressive und exklusive Worte und Taten treten heutzutage in der Öffentlichkeit schamlos auf. Bereits im Jahr 2000 wies Usui auf das Fortschreiten des Kleinen Nationalismus (Petit Nationalism) hin. Nach der Bildung der rechtsextremistischen Regierung in 2012 wurde dies noch intensiver und man bekommt heutzutage den Eindruck, dass der Nationalismus, der Japan, die Japaner und die japanische Kultur eifrig verehrt, eine offizielle Ideologie zu sein scheint. Die in Anmerkung 70 genannten Phänomene zeigen einen Teil solcher Strömung. Das ist ein Grund, warum zur heutigen Zeit gründliche Kritik an der Ideologie des Japanischen notwendig ist.

Quellennachweise

Funayama, Ryōichi: Kokusai Komyunikēshon to Gengo no Mondai Oboe Gaki: ‚Eigo Kōyōgoka' Ronsō to Habermas Riron. Yamagata Kenritsu Yonezawa Joshi Tanki Daigaku Kiyō 36/2001

Fujimoto, Kazuisa: Hyūmanitiizu – Gaikokugo-gaku. Tokio: Iwanami Shoten 2009

Fujiwara, Masahiko: Sokoku towa Kokugo. Tokio: Shinchō Bunko 2005 [2003]

Funabashi, Yōichi: Aete Eigo Kōyōgo-ron. Tokio: Bunshun Shinsho 2000

Hirata, Yumi: Hi / Kettei no Aidentitii – Sagisawa Megumu „Kenari mo Hana, Sakura mo Hana" no Kaisetsu o Kakinaosu. In: Chizuko Ueno (Hg.): Datsu Aidentitii. Tokio: Keisō Shobō 2005, S. 167-198

Honna, Nobuyuki: Kokusai Gengo to Shite no Eigo: Bunka o Koeta Tsutaeai. Tokio: Fuzanbō International 2013

Horibe, Hideo: Eigo-kan o Tō: Eigo wa „Sinderera" ka „Yōshi" ka „Gozira" ka? Hiroshima: Keisuisha 2002

Itō, Yōichi: Jōhō no Kokusai Ryūtsū ni Miru Eigo Shihai: Tōkeiteki Jittai Bunseki to Nihon ni Totte no Shomondai. In: Yukio Tsuda (Hg.): Gengo – Jōhō – Bunka no Eigo Shihai. Chikyū Shimin Shakai no Komyunikēshon no Arikata o Mosaku-suru. Tokio: Akashi Shoten 2005, S. 54-71

Itoigawa, Miki: Sabetsu-ron o Kataru Kotoba: ‚Josei Gaku Nenpō' no Kokoromi o Rei ni. In: Hidenori Mashiko (Hg.): Kotoba – Kenryoku – Sabetsu. Gengo-ken kara Mita Jōhō Jakusha no Kaihō. Tokio: Sangensha 2006, S. 193-213

Iwamura, Hiroshi: Gendai Nihon ni okeru Gakkō Eigo Kyōiku no Daiichigiteki Mokuteki ni Kansuru Ichikōsatsu: „‚Eigo ga Tsukaeru Nihonjin' no Ikusei no Tame no Senryaku Kōsō / Kōdō Keikaku" Hihan. In: Shagakuken Ronshū No. 5, Waseda University 2005, S. 155-172

Kanaya, Takehiro: Nihongo ga Sekai o Heiwa ni Suru Koredake no Riyū. Tokio: Asuka Shinsha 2014

Kang, Sang-jung: Han-Nashonarizumu: Teikoku no Mōsō to Kokka no Bōryoku ni Kōshite. Tokio: Kyōiku Shiryō Shuppankai 2003

Kasuya, Keisuke: Gengo Hegemonii: ‚Jihatsuteki Dōi'o Soshiki-suru Kenryoku. In: Nobutaka Miura; Keisuke Kasuya (Hg.): Gengo Teikoku Shugi towa Nani ka. Tokio: Fujiwara Shoten 2000, S. 275-292

Kasuya, Keisuke: Gengo to Kenryoku: Gengoteki Ken-i no Shōnin no Kōzō. In: Takashi Miyajima, Yōjirō Ishii (Hg.): Bunka no Kenryoku: Hansha-suru Bourdieu. Tokio: Fujiwara Shoten 2003, S. 139-161

Kawaguchi, Ryō; Fumiyuki Tsunoda: Nihongo wa Dare no Mono ka. Tokio: Yoshikawa Kōbunkan 2005

Kimura, Gorō; Usui, Hiroyuki: Eigo no ‚Chikyūka' to Daitaiteki na Gengoteki Kōkyōken no Kanōsei. Esperanto Kenkyū 2/2003

Koyasu, Nobukuni: Kindai-chi no Arukeorojii: Kokka to Sensō to Chishiki-jin. Tokio: Iwanami Shoten 1996

Kubota, Ryoko: Ideologies of English in Japan. In: World Englishes 17/3, 1998, S. 295-306

Lee, Young-Suk: „Kokugo" to Iu Shisō: Kindai Nihon no Gengo Ninshiki. Tokio: Iwanami Shoten 1996

Lee, Young-Suk: „Kotoba" to Iu Gensō: Kindai Nihon no Gengo Ideorogii. Tokio: Akashi Shoten 2009

国人」学生が優しくなるとして、日本語は最も「平和志向の、ロマンチックで幸せな、美しい言葉」だと断じる（金谷、二〇一四：一九七、二三頁）。また、日本語は類まれな美しさと豊かな表現力をもつ言語であり、国民性の枠を超えたその普遍性は、リンガ・フランカとなる資格十分である、と論じるのは、長く日本に住む作家ロジャー・パルバース（Roger Pulvers）である（パルバース、二〇一四）。いずれも、日本語を「世界に冠たるすばらしい言語」として誉めそやす点で共通している。「近代の歴史のなかで与えられた不安感の裏返しとしてのナルシシズムが成立するための条件は、他の国や、他の伝統、他の文化〔…〕と比較対照しうるものとしての、『日本』『日本語』『日本文化』の存在の唯一性への偏執的強調である」（酒井、一九九六b：一三三頁）。

こうした「日本語本」は、「言語的権威の源にある『日本語』の全体表象という支配的言語資本」をつくり出すのに貢献している（糟谷、二〇〇三：一五九頁）。

二八 ──津田は、「『和の精神』で世界を日本化することこそ、世界平和につながる」（津田、二〇一二：七一頁）とさえ述べる。

二九 ──だが、こうしたナルシシスティックな偏向は、「学問」として確立されたはずの「国語学」にも今日まで執拗にまとわりついている。たとえば山下仁は、日本の敬語研究に特徴的に見られる敬語の美化と特殊性のレトリックを指摘し、それを「二〇世紀という百年間のあいだに、日本という国で、標準語としての『国語』もしくは『日本語』が、『国語学』という学問の名のもとで、国粋主義的イデオロギーと結びついて形成された事実」（山下、二〇〇一：五三頁）の無自覚な表出と捉えている。

三〇 ──子安宣邦は、「国語」と「日本語」が概念的に分離され、東亜共通語としての〈国際語・日本語〉が登場するに至る経緯について論じている（子安、一九九六、一九九七）。

三一 ──反・英語帝国主義の論者がすべて津田のようにナショナリズムに傾斜しているわけではないことは、しっかり強調しておく必要がある。中村敬や大石俊一は、ナショナリズムの危険性にはきわめて警戒的である。「英語という」大言語主義を克服するのに、日本のように『国語』というもう一つの大言語主義によって対抗する方法の非現実性は歴史が証明している」（中村、二〇〇四：九七頁）。「反英語帝国主義が日本語帝国主義を、つまり、普遍主義が特殊主義を誘発して、むなしい回路に回収されてはならない」（大石、二〇〇五：一三八頁）。「私は、英語論に関心をもち、はじめて当初から、反英語帝国主義論の根拠と方向とが、国粋主義的感情に根ざした〈国語〉を守れ！ といった閉鎖主義とか、日本語をこそ海外へ！ といった日本語膨張主義に裏打ちされているようではまずいと終始、感じ

二〇──国民国家の統合装置としての日本語（国語）の歴史的成立事情およびその政治性の理解に関しては、（イ、一九九六）、（酒井、一九九六ａ）、（ましこ、一九九七）、（石、一九九九）、（Usui, 2000）、（鈴木、二〇〇三）、（川口、角田、二〇一〇）、安田敏朗の一連の著作（安田、二〇〇三、二〇〇六ａ、二〇〇六ｂ、二〇一二）などに負うところが大きい。

二一──「国語」という概念の構築と、統治技法としての「国語」の役割が戦前─戦後を通じて基本的に連続性を保っていることについては、（安田、二〇〇七）に詳しい。

二二──日本国内に異言語を話す、多種多様な民族が暮らしているという事実にもかかわらず、彼らの不可視化と言語的同化が進行している現状については、たとえば（山本、二〇〇三）が論じている。

二三──津田は「国語の確立による弊害もあった」として、方言が抑圧され衰退したことに言及し、その復活を図らなければならないと説いている（津田、二〇一二：一〇七頁）。だが、国語に本来的に内在する排除の論理については語るところがない。

二四──かつて『声に出して読みたい日本語』が評判となったある文章で「日本語を的確に話せない、あるいは日本語の豊かな語彙を使いこなすことができないと、その分だけ日本人度が低いこととなる」と、日本語があたかも「日本人度」を計る指標にでもなったかのような言辞を書き連ねている（臼井、二〇〇三：一五六頁）。これは、英語が使えないと「国際人度」が低くなるというのとパラレルな論理でもある。

二五──津田の著書のある箇所には、「日本のようなほぼ単一言語の国」という表現がみえる（津田、二〇〇三：九一頁）。細かな点をあげつらうようではあるが、この表現には津田の日本語認識がはしなくも示されているようにも感じられる。しかも、臼井の説くように、日本語＝日本人のアイデンティティという教条は、本来個人的選択に委ねられるべきアイデンティティのあり方を否定すると同時に、「母語は日本語だがコリアンとしての自覚を保ってもいる」ケースのような、アイデンティティの複合性・多元性を認めないという点で、大いに問題がある（Usui, 2000: 287-290）。

二六──こうした論調は、近年非常に目立ってきた。日本語の美点や優秀性を手放しで称揚する傾向に通じるものがある。たとえば言語社会学者鈴木孝夫は、日本は西欧型の近代国家でありながら、対立共存を大切にする感性が生きており、日本語にも人を優しく、礼儀正しくし、相手を立てるような態度を養わせる効果がある（鈴木はフランス語をもちて「タタミゼ効果」と呼ぶ）という（鈴木、二〇一四：五二-六六頁）。日本語教育学者の金谷武洋は、英語が自己主張と対立の言語であるのに対して、日本語は共感の言語だと説き、日本語を話すと、「ほとんどの〔外

McNay, Lois: Recognition as Fact and Norm: The Method of Critique. In: David Leopold, Marc Stears (Hg.): Political Theory: Methods and Approaches. Oxford University Press 2008, S. 85-105

Miyazima, Takashi: Bunkateki Sai-seisan no Shakai-gaku: Bourdieu Riron kara no Tenkai. Tokio: Fujiwara Shoten 1994

Nakamura, Kei: Naze ‚Eigo' ga Mondai Nanoka: Eigo no Seiji / Shakai-ron. Tokio: Sangensha 2004

Nishikawa, Nagao: Kokumin Bungaku no Datsu-kōchiku. In: Nobutaka Miura (Hg.): Ta-Gengo Shugi towa Nani ka. Tokio: Fujiwara Shoten 1997, S. 246-261

Ōishi, Shunichi: Eigo Teikoku Shugi-ron: Eigo Shihai o Dōsuru no ka. Tokio: Kindai Bungeisha 1997

Ōishi, Shunichi: Eigo Teikoku Shugi ni Kōsuru Rinen: „Shisō"-ron to Shite no „Eigo"-ron. Tokio: Akashi Shoten 2005

Phillipson, Robert H. L.: Linguistic Imperialism. Oxford Univ. Press 1992

Pulvers, Roger: Odorokubeki Nihongo. Tokio: Shūeisha 2014

Sadamatsu, Aya: Gengo to Kenryoku eno Shiza: Pierre Bourdieu no Gengo Kenkyū to Sono Ōyō o Megutte. Kotoba to Shakai No. 10. Tokio: Sangensha 2007

Saitō, Yoshifumi: Nihonjin to Eigo: Mō Hitotsu no Eigo Hyakunen-shi. Tokio: Kenkyūsha 2007

Sakai, Naoki: Shizan-sareru Nihongo / Nihonjin: „Nihon" no Rekishi / Chiseiteki Haichi. Shinyōsha 1996

Shirai, Takahiro: Kotoba no Rikigaku: Ōyō Gengo-gaku eno Shōtai. Tokio: Iwanami Shinsho 2013

Shōji, Hiroshi: Kotoba no 20 Seiki: Shōchō to Shite no Kotoba, Shōhin to Shite no Kotoba. In: ders. (Hg.): Kotoba no 20 Seiki (20 Seiki ni okeru Shominzoku Bunka no Dentō to Henyō 6). Domesu Shuppan 1999, S. 12-26

Sunndalsøra, Thor: Gengo Teikoku Shugi: Eigo to Sekai Seiha no Yume to Genjitsu. Tokio: Gentōsha Runessansu 2010

Suzuki, Takao: Nihongo wa Kokusaigo ni Nariuru ka: Taigai Gengo Senryaku-ron. Tokio: Kōdansha Gakujutsu Bunko 1995

Suzuki, Takao: Nihon no Kansei ga Sekai o Kaeru: Gengo Seitai-gakuteki Bunmei-ron. Tokio: Shinchō Sensho 2014

Suzuki, Yoshisato: Tsukurareta Nihongo, Gengo to Iu Kyokō: „Kokugo" Kyōiku no Shitekita Koto. Tokio: Ubun Shoin 2003

Tatsukawa, Kenji: Posuto-nashonarizumu no Seishin. Tokio: Gendai Shokan 2000

Torikai, Kumiko: „Eigo Kōyōgo" wa Nani ga Mondai ka. Tokio: Kadokawa ONE Tēma 21 2010

Torikai, Kumiko: Kokusai Kyōtsūgo to Shite no Eigo. Tokio: Kōdansha Gendai Shinsho 2011

Tsuda, Yukio: Eigo Shihai no Kōzō: Nihonjin to I-bunka Komyunikēshon. Tokio: Daisan Shokan 1990

Tsuda, Yukio (Hg.): Eigo Shihai eno Iron: I-bunka Komyunikēshon to Gengo Mondai. Tokio: Daisan Shokan 1993

Tsuda, Yukio: Shinryaku-suru Eigo Hangeki-suru Nihongo: Utsukushii Bunka o Dō Mamoru ka. Tokio: PHP Kenkyūjo 1996

Tsuda, Yukio: Eigo Shihai towa Nani ka: Watashi no Kokusai Gengo Seisaku-ron. Tokio: Akashi Shoten 2003

Tsuda, Yukio (Hg.): Gengo – Jōhō – Bunka no Eigo Shihai: Chikyū Shimin Shakai no Komyunikēshon no Arikata o Mosaku-suru. Tokio: Akashi Shoten 2005

Tsuda, Yukio: Eigo Shihai to Kotoba no Byōdō: Eigo ga Sekai Hyōjungo de Iinoka? Tokio: Keiō Gijuku University Shuppankai 2006

Tsuda, Yukio: Nihongo Bōei-ron. Tokio: Shōgakukan 2011

Tsuda, Yukio: Nihongo o Mamore! „Nihongo Hogohō" Seitei no Tame ni. Tokio: Meiji Shoin 2013

Usui, Naoto: The Anti-English Linguistic Imperialism Movement: Savior of Japanese Identity or Harbinger of Petit Nationalism? International Christian University Educational Studies Vol. 42, Chiba 2000, S. 277-303

Usui, Naoto: Komyunikēshon Kyōiku to Kenryoku: Gurōbaru Shakai de Tsūyō-suru ‚Nihonjin' no Ikusei. In: Richiko Ikeda (Hg.): Gendai Komyunikēshon-gaku. Tokio: Yūhikaku 2006, S. 149-165

Yakushiin, Hitoshi: Eigo o Manabeba Baka ni Naru: Gurōbaru Shikō to Iu Mōsō. Tokio: Kōbunsha Shinsho 2005

Yamamoto, Mayumi; Hiroyuki Usui, Gorō Christoph Kimura: Gengoteki Kindai o Koete: „Ta-Gengo Jōkyō" o Ikiru Tame ni. Tokio: Akashi Shoten 2004

Yamamoto, Masayo: Jigazō to Shite no ‚Tan-itsu Minzoku. Tan-itsu Gengo kokka': Minzoku Sonzai no Fukashika to Gengoteki Dōka. Kwansei Gakuin Daigaku Shōgaku Ronkyū Vol. 50, 4/2003

Yamashita, Hitoshi: Keigo Kenkyū no Ideorogii Hihan. In: Kayoko Noro, Hitoshi Yamashita (Hg.): „Tadashisa" eno Toi: Hihanteki Shakai Gengo-gaku no Kokoromi. Tokio: Sangensha 2001, S. 51-83

Yoshikawa, Hiroshi: Kokusai Eigo-ron to Bunka. In: Tadashi Shiozawa u.a. (Hg.): Eigo Kyōiku to Bunka: I-bunkakan Komyunikēshon Nōryoku no Yōsei. Eigo Kyōiku-gaku Taikei Vol. 3, Tokio: Taishūkan Shoten 2010, S. 138-143

*〔 〕内は初出を示す。
*一度発表されたのち、論文集に収められた論文は、オリジナルを個別には表示せず、論文集のタイトルと年次で代表した。

藤本一勇（二〇〇九）『ヒューマニティーズ 外国語学』岩波書店。
藤原正彦（二〇〇五）『祖国とは国語』新潮文庫。
船橋洋一（二〇〇〇）『あえて英語公用語論』文春新書。
船曳建夫（二〇〇一）「国際コミュニケーションと言語の問題覚え書」『英語公用語化』論争とハーバマス理論」『山形県立米沢女子短期大学紀要』三六号。
平田由美（二〇〇五）「非・決定のアイデンティティ―鷲沢萠『ケナリも花、サクラも花』の解説を書きなおす」上野千鶴子（編）『脱アイデンティティ』勁草書房。
本名信行（二〇一三）『国際言語としての英語―文化を越えた伝え合い』冨山房インターナショナル。
堀部秀雄（二〇〇二）『英語観を問う―英語は「シンデレラ」か「養子」か「ゴジラ」か?』渓水社。
伊藤陽一（二〇〇五）「情報の国際流通に見る英語支配―統計的実態分析と日本にとっての諸問題」津田幸男（編著）『言語・情報・文化の英語支配―地球市民社会のコミュニケーションのあり方を模索する』明石書店。
糸魚川美樹（二〇〇六）「差別論をかたることば―『女性学年報』のこころみを例に」ましこ・ひでのり（編著）『ことば／権力／差別―言語権からみた情報弱者の解放』三元社。
岩村博史（二〇〇五）「現代日本における学校英語教育の第一義的目的に関する一考察―『英語が使える日本人』の育成のための戦略構想・行動計画」批判」早稲田大学『社学研論集』五巻。
姜尚中（二〇〇三）『反ナショナリズム―帝国の妄想と国家の暴力に抗して』教育史料出版会。
金谷武洋（二〇一四）『日本語が世界を平和にするこれだけの理由』飛鳥新社。
糟谷啓介（二〇〇〇）「言語ヘゲモニー―〈自発的同意〉を組織する権力」三浦信孝・糟谷啓介（編）『言語帝国主義とは何か』藤原書店。
―――（二〇〇三）「言語と権力―言語的権威の承認の構造」宮島喬・石井洋二郎（編）『文化の権力―反射するブルデュー』藤原書店。

三一　立川健二も、反・英語帝国主義者の言語ナショナリズムを論難している。『英語』に対して『日本語』を対置することは、国際的な大言語に対して『われわれ』の国民語を対置しただけのことで、日本語ナショナリズムと日本語帝国主義の陥穽に対してあまりにも無防備だといわざるをえない。英語帝国主義に対して日本語ナショナリズムを対置しても、それは新たに不毛な〈言語差別〉を、ひいては〈言語戦争〉を招き寄せるだけではないだろうか（立川、二〇〇〇：一五一―一五二頁）。ただ、立川の議論は総体に国粋主義的論調が目立ち、当の日本語ナショナリズムから自由になってはいない印象を受ける。

三二　「言語権」については、さしあたり〈渋谷、二〇〇六〉、〈ましこ、二〇〇六〉、〈木村、二〇一一［二〇〇六］〉等を参照。

三三　馬渕（馬渕、二〇〇二）は、言語を含む文化本質主義の問題点を仔細に検討している。

三四　この点で筆者が抱いている一つの危惧は、現在の日本には津田の議論を受け容れやすい空気が充満していることである。一九九〇年代以降、日本社会では保守化・右傾化が顕著となり、偏狭なエスノセントリズムが勢いを増しつつある。歴史修正主義が台頭し、南京大虐殺や従軍慰安婦に関する歴史的事実を公正に検証して謝罪を行おうとする努力を「自虐的」「反日的」だと罵倒している。ヘイト・スピーチもはびこり、攻撃的で排他的な言動が公共の空間に堂々と出現するようになった。すでに二〇〇〇年の時点で、臼井（Usui, 2000）は、日本語＝国民のアイデンティティとみなす津田の思想の背後に、プチ・ナショナリズム（Petit Nationalism）の昂進を指摘していたが、二〇一二年、極右政権の誕生を許してのちはそれがいっそう加熱し、いまや日本・日本人・日本文化をひたすら礼賛する国粋主義がオフィシャルなイデオロギーとなった観がある。註二七のような現象は、そうした風潮の一端を示すものである。今日、日本語イデオロギーへの徹底した批判が必要とされる一つの理由がここにある。

主要参考文献

＊紙幅の都合上、直接引用を行った文献に限定した。

―――（二〇一四）『日本の感性が世界を変える―言語生態学的文明論』新潮選書。

鈴木義里（二〇〇三）『つくられた日本語、言語という虚構―「国語」教育のしてきたこと』右文書院。

立川健二（二〇〇〇）『ポストナショナリズムの精神』現代書館。

鳥飼玖美子（二〇一〇）『「英語公用語」は何が問題か』角川ONEテーマ21。

―――（二〇一一）『国際共通語としての英語』講談社現代新書。

津田幸男（一九九〇）『英語支配の構造―日本人と異文化コミュニケーション』第三書館。

―――（一九九六）『侵略する英語 反撃する日本語―美しい文化をどう守るか』PHP研究所。

―――（二〇〇三）『英語支配とは何か―私の国際言語政策論』明石書店。

―――（二〇〇六）『英語支配とことばの平等―英語が世界標準語でいいのか?』慶應義塾大学出版会。

―――（二〇一一）『日本語防衛論』小学館。

―――（編著）（二〇一三）『日本語を護れ!―「日本語保護法」制定のために』明治書院。

臼井直人（一九九三）『英語支配への異論・異文化コミュニケーションと言語問題』第三書館。

Usui, Naoto (2000) "The Anti-English Linguistic Imperialism Movement : Savior of Japanese Identity or Harbinger of Petit Nationalism?", International Christian University Educational Studies Vol. 42.

―――（編著）（二〇〇五）『言語・情報・文化の英語支配―地球市民社会のコミュニケーションのあり方を模索する』明石書店。

―――（二〇〇六）『コミュニケーション教育と権力―グローバル社会で通用する『日本人』の育成』池田理知子（編）『現代コミュニケーション学』有斐閣。

薬師院仁志（二〇〇五）『英語を学べばバカになる―グローバル思考という妄想』光文社新書。

山本真弓・臼井裕之・木村護郎クリストフ（二〇〇四）『言語的近代を超えて―〈多言語状況〉を生きるために』明石書店。

山下仁（二〇〇一）「敬語研究のイデオロギー批判」野呂香代子・山下仁（編著）『正しさ」への問い―批判的社会言語学の試み』三元社。

吉川寛（二〇一〇a）「国際英語論と文化」塩澤正他（編）『英語教育と文化―異文化間コミュニケーション能力の養成（英語教育学大系 第三巻）』大修館書店。

川口良・角田史幸（二〇〇五）『日本語はだれのものか』吉川弘文館。
子安宣邦（一九九六）『近代知のアルケオロジー――国家と戦争と知識人』岩波書店。
Kubota, Ryoko (1998) "Ideologies of English in Japan", World Englishes Vol.17 (3).
イ・ヨンスク（一九九六）『「国語」という思想――近代日本の言語認識』岩波書店。
――――（二〇〇九）『「ことば」という幻想――近代日本の言語イデオロギー』明石書店。
Mcnay, Lois, (2008) "Recognition as Fact and Norm: The Method of Critique, Leopold, D. and Stears, M. (eds.), Political Theory: Methods and Approaches, Oxford Univ. Pr.（事実かつ規範としての承認――批判の方法」（田畑真一訳）D・レオポルド・M・スティアーズ（編著）『政治理論入門――方法とアプローチ』山岡龍一・松元雅和監訳、慶應義塾大学出版会、二〇一一年）。
宮島喬（一九九四）『文化的再生産の社会学――ブルデュー理論からの展開』藤原書店。
中村敬（二〇〇四）『なぜ、「英語」が問題なのか――英語の政治・社会論』三元社。
西川長夫（一九九七）『国民文学の脱構築』三浦信孝（編）『多言語主義とは何か』藤原書店。
大石俊一（一九九七）『英語帝国主義論――英語支配をどうするのか』近代文芸社。
――――（二〇〇五）『英語帝国主義に抗する理念――「思想」論としての「英語」論』明石書店。
Phillipson, R.H.L. (1992) Linguistic Imperialism, Oxford Univ. Pr.（『言語帝国主義――英語支配と英語教育』平田雅博・他訳、三元社、二〇一三年）。
定松文（二〇〇七）「言語と権力への視座――ピエール・ブルデューの言語研究とその応用をめぐって」『ことばと社会――多言語社会研究』一〇号、三元社。
斎藤兆史（二〇〇七）『日本人と英語――もうひとつの英語百年史』研究社。
酒井直樹（一九六九b）『死産される日本語・日本人――「日本」の歴史-地政的配置』新曜社。
白井恭弘（二〇一三）『ことばの力学――応用言語学への招待』岩波新書。
庄司博史（一九九九）「ことばの二〇世紀――象徴としてのことば、商品としてのことば」庄司博史（編）『ことばの二〇世紀（二〇世紀における諸民族文化の伝統と変容 6）』ドメス出版。
サンダルソラ・トール（二〇一〇）『言語帝国主義――英語と世界制覇の夢と現実』塚本繁蔵・吉田卓訳、幻冬社ルネッサンス。
鈴木孝夫（一九九五）『日本語は国際語になりうるか――対外言語戦略論』講談社学術文庫。

Eiichi Kido

„Ein Volk, ein Reich, eine Sprache"?
Betrachtungen zur Nationalsprache-Ideologie in Japan

Überlegungen zu Sprache, Individuum und Gesellschaft

Die in Deutschland durchgeführte sprachkritische Aktion „Unwort des Jahres", die das Sprachbewusstsein und die Sprachsensibilität in der Bevölkerung fördern soll, ist aus japanischer Sicht sehr interessant. In Japan gibt es zwar jedes Jahr den „großen Preis des Modewortes", aber keine Aktion, die den Blick auf sachlich unangemessene oder inhumane Formulierungen im öffentlichen Sprachgebrauch lenkt, um damit zu alltäglicher sprachkritischer Reflexion aufzufordern. „Unwortverdächtig" sind Wörter oder Formulierungen, die

— gegen das Prinzip der Menschenwürde verstoßen,
— gegen Prinzipien der Demokratie verstoßen,
— einzelne gesellschaftliche Gruppen diskriminieren,
— euphemistisch, verschleiernd oder gar irreführend sind.

Ich finde es vor allem eindrucksvoll, dass die Jury als Unwort des 20. Jahrhunderts „Menschenmaterial" und als Unwort des Jahres 2010 „alternativlos" auswählte. Mir scheint es, dass sie damit versucht, sich mit der Aushöhlung der Demokratie und der Kommerzialisierung der Kultur auseinanderzusetzen, die der Neoliberalismus mit sich gebracht hat und weiterhin fördert.

Für Japan als „verspätete Nation" war Deutschland Vorbild bei der Einführung politischer Institutionen und kultureller Errungenschaften. Das galt auch für die damalige Sprachpolitik. Aber heute haben beide Länder ganz unterschiedliche Auffassungen darüber, ob Sprachnormen der Demokratie dienen sollten.

Gerade im Zeitalter der Globalisierung geht es überall in der Welt um die Politik der Identität. Dieses Phänomen ist eine Reaktion darauf, dass die Globalisierung im Grunde nichts anderes als eine Amerikanisierung bedeutet. Der US-amerikanische Sozialwissenschaftler George Ritzer wies mit dem Begriff „McDonaldisierung der Gesellschaft" auf die Entmenschlichung der Welt hin, in der die Prinzipien von Effizienz, Berechenbarkeit, Vorhersagbar-

言語・個人・社会

はじめに

本稿の原題 („Ein Volk, ein Reich, eine Sprache") は、„Ein Volk, ein Reich, ein Führer" をもじったものである。これは、一九三三年の政権獲得以来ナチ党が国民的団結、「民族共同体」の理想を鼓吹するために用いたスローガンで、「一つの民族、一つの国家（帝国）、一人の指導者（総統）」を意味する。

近現代を通じて、日本とドイツは似通った道のりを歩んできた。この国に今なお根強い国語イデオロギーは、かつて日本がドイツから学び取り、ドイツが既に克服したものの負の痕跡と言うことができる。

ドイツでは毎年、人々の言語意識や言語に対するセンシビリティーを促すための言語批判的活動として、「その年の嫌な言葉 (Unwort des Jahres)」が選ばれている。日本では、「流行語大賞」はあっても、公的な言語使用において、客観的に不適切だったり非人間的だったりする表現に焦点を当て、日常的な言語批判的省察を求める活動は存在しない。「嫌な言葉と疑われる unwortverdächtig」ものは、

「一つの民族、一つの国家、一つの言語」?
――日本の国語イデオロギーに関する考察

木戸衛一

keit und Kontrolle durchgesetzt werden.⁹₂ Es ist deshalb nachvollziehbar, dass man im Gegensatz zur Nivellierung der Welt seine eigene Identität betont. Aber was ist die Identität überhaupt? Ist es selbstverständlich, dass die kulturelle und die politische Identität miteinander übereinstimmen oder übereinstimmen müssten?

Ein Beispiel, das eine Differenz zwischen der politischen und der kulturellen Identität der Bewohner aufweist, ist das Elsaß. Das Elsaß gehört ursprünglich zum Kulturkreis der germanischen Sprache. Nachdem Habsburg im Westfälischen Frieden 1648 seine elsässischen Rechte und Besitzungen komplett abgetreten und Frankreich die Annexion dieses Gebietes durchgeführt hatte, wurde versucht, zentralistisch die kulturelle Integration voranzutreiben und die sprachliche Vielfalt einzuebnen. Aber die Sprache, das Elsässische, hat sich nicht beseitigen lassen. Also ist die Region heute politisch französisch, sprachlich-kulturell germanisch (deutsch) geprägt.

Dass es bei den Bewohnern des Elsaß eine Diskrepanz zwischen der kulturellen und der politischen Identität gibt, erlebte der Soziologe Max Weber. Als er 1883 als 19-jähriger Soldat in Straßburg stationiert war, erwartete er, dass deutsche Soldaten von der Bevölkerung freudig begrüßt würden, weil das Elsaß zum deutschen Kulturkreis gehört. Er irrte sich. Am 8. August 1884 schrieb er seinem Bruder Alfred: „Es ist recht schade, daß das Volk im Elsaß sich mit uns preußischen Militärs so schwer befreunden will und uns so gleichgültig behandelt"⁹₃.

Nach intensiver Forschungsarbeit schildert er in seinem Monumentalwerk *Wirtschaft und Gesellschaft*:

> Andererseits sind auch Sprachunterschiede kein absolutes Hindernis für das Gefühl einer »nationalen« Gemeinschaft: die deutschsprachlichen Elsässer fühlten sich seinerzeit und fühlen sich zum großen Teil noch als Bestandteil der französischen »Nation«. Aber doch nicht in vollem Sinne, nicht so, wie der französisch redende Franzose. Also gibt es »Stufen« der qualitativen Eindeutigkeit des »nationalen« Gemeinsamkeitsglaubens. Bei den Deutsch-Elsässern ist die unter ihnen weit verbreitete Gemeinsamkeitsempfindung mit den Franzosen neben gewissen Gemeinsamkeiten der »Sitte« und ge-

wisser Güter der »Sinnenkultur« – auf die namentlich Wittich hingewiesen hat – durch politische Erinnerungen bedingt, wie jeder Gang durch das, an jenen für den Unbeteiligten ebenso trivialen, wie für den Elsässer pathetisch gewerteten Reliquien (Trikolore, Pompier- und Militärhelme, Erlasse Louis Philippe's, vor allem Revolutionsreliquien) reiche, Kolmarer Museum zeigt. Gemeinsame politische, zugleich indirekt soziale, als Wahrzeichen der Vernichtung des Feudalismus, von den Massen hochgewertete Schicksale haben diese Gemeinschaft gestiftet, und ihre Legende vertritt die Heldensage primitiver Völker.[4]

Die Mehrschichtigkeit der „Gemeinsamkeitsempfindung" der Elsässer, die Max Weber sehr deutlich darstellt, war im modernen Japan nicht erwünscht, weil die nationalstaatliche Identität ausgebaut werden sollte. Diese geschichtliche Tatsache erinnert an die These des US-amerikanischen Politikwissenschaftlers Benedict Anderson, dass die Sprache notwendig war, den Nationalismus zu erfinden und auszubauen: „Die weitaus wichtigste Eigenschaft der Sprache ist ihre Eigenschaft, vorgestellte Gemeinschaften hervorzubringen, indem sie besondere Solidaritäten herstellt und wirksam werden lässt."[5] Die Nation ist nämlich

> eine vorgestellte politische Gemeinschaft – vorgestellt als begrenzt und souverän. Vorgestellt ist sie deswegen, weil die Mitglieder selbst der kleinsten Nation die meisten anderen niemals kennen, ihnen begegnen oder auch nur von ihnen hören werden, aber im Kopf eines jeden die Vorstellung ihrer Gemeinschaft existiert.[6]

Und wie entsteht die Nation als vorgestellte Gemeinschaft? „Die Nation hat sich schon immer über die Sprache und nicht das Blut bestimmt, d.h. man kann in die vorgestellte Gesellschaft ‚eingeladen' werden"[7]. Der jüdische Philosoph, Franz Rosezweig, scheint schon recht gehabt zu haben: „Sprache ist mehr als Blut."[8]

Die Sprache ist also ein Politikum. Für Japaner, denen man nachsagt, sie sprächen eine uneindeutige Sprache, ist das schwer vorstellbar. Laut dem Sprachwissenschaftler Haruhiko Kindaichi ist zunächst einmal charakteris-

ティとは何かということである。文化的アイデンティティと政治的アイデンティティが一致する、あるいは一致しなければならないというのは、当然のことなのだろうか。

人びとの政治的アイデンティティと文化的アイデンティティとが一致しない一つの例が、アルザス（ドイツ語ではエルザス）である。アルザスは、元来、ゲルマン語文化圏に属している。一六四八年のウェストファリア条約で、神聖ローマ皇帝でもあったハプスブルク家がアルザスの諸権利を全て譲渡すると、フランスはこの地域を併合し、中央集権的に文化的な統合を進め、言語的多様性を均質化しようと試みた。しかしながら、言語、つまりアルザス語は、排除することができなかった。そして今日この地域は、政治的にはフランス、言語・文化的にはゲルマン（ドイツ）の刻印を受けている。

アルザス住民に文化的アイデンティティと政治的アイデンティティのずれがあることを身をもって体験したのは、社会学者、マックス・ヴェーバーである。一八八三年、十九歳の兵士としてストラスブール（シュトラスブルク）に駐屯したヴェーバーは、アルザスはドイツ文化圏に属するのだから、ドイツ兵は住民から歓迎されるだろうと期待していた。しかしそれは思い違いであった。一八八四年八月八日、彼は弟アルフレートへの手紙に、「エルザスの住民たちがこれほどわたしたちプロイセンの軍人と親しもうとしたがらず、これほどわたしたちを冷淡にあしらうのは本当に残念です」と記している。

そして、この体験をもとに思索を深めたヴェーバーは、その記念碑的著作『経済と社会』第二部

―― 人間の尊厳の原則に反する、
―― 民主主義の諸原則に反する、
―― 個々の社会集団を差別する、
―― 婉曲な、事柄を隠蔽する、あるいは人を惑わせる

単語あるいは表現である。

二〇世紀の「嫌な言葉」には「人材 Menschenmaterial」、二〇一〇年の「嫌な言葉」には「他に選択肢はない alternativlos」が選ばれた。こうした選考を通じて審査員たちは、新自由主義がもたらす民主主義の空洞化や文化の商業化に抗おうとしているように思われる。

「遅れてきた国民」(ヘルムート・プレスナー)である日本にとって、ドイツは、政治制度や文化的業績を取り入れる際の模範であった。このことは、当時の言語政策にも当てはまる。しかしながら、今日両国は、言語規範が民主主義に資すべきだという点に関して対照的な立場をとっている。まさにグローバル化の時代にあって、世界中でアイデンティティの政治がテーマとなっている。

この現象は、グローバル化がその実米国化しか意味しないことへの反動である。米国の社会科学者、ジョージ・リッツアは、「社会のマクドナルド化」という概念を使って、効率、予測、予測・予告可能性、管理の諸原則に支配された世界の非人間化を指摘している。したがって、世界の平準化に抗して自らのアイデンティティを強調しようとするのは理解できる。しかし問題は、そもそもアイデンティ

tisch für die Sprachverwendung der Japaner, dass es die Einstellung gibt, nicht zu sprechen und nicht zu schreiben, sei gut.⁹ Der Autor meint, dass Japaner eigentlich ungern erklären. Die Erklärungen von Japanern verließen sich auf die Intuition des Gegenübers und seien nicht darum bemüht, verständlich zu machen. Auch der Hörer rechne nicht damit, genau zu verstehen. Das könne laut Kindaichi auf die Herrschaftsmethode im Feudalismus zurückzuführen sein, nach der man das Volk folgen lassen, jedoch nicht wissen lassen soll. Die Oberen befählen, ohne zu erklären, und die Unteren läsen im Gesicht des Herrschenden.

Noch heute sind Überreste dieses Verhaltens in der Agrargemeinschaft zu spüren, wo das Individuum im Kollektiv versteckt ist. Ähnliche Züge finden sich aber auch in der Medienmanipulation der modernen Zeit. Japanische Medien sind im Grunde unkritisch. Sie stellen Entscheidungen nicht als Entscheidungen verantwortlicher Politiker dar, sondern verwenden die Formulierung ‚es ist dazu gekommen‘, so dass Geschehnisse und Entwicklungen wie unvermeidliche Naturereignisse erscheinen.

Zur Geschichte der Sprachpolitik Japans

In Japan spielte und spielt die Sprachpolitik eine wesentliche Rolle, um den Nationalismus zu schaffen und erweitern. In diesem Zusammenhang sei auf eine interessante Komödie von Hisashi Inoue (1934-2010) hingewiesen mit dem Titel *Im Jahre 1 der Nationalsprache*.¹⁰ Sie ist ursprünglich eine Fernsehserie, die im Sommer 1985 gesendet wurde. Die Hauptfigur heißt Seinosuke Nangō und ist ein Beamter des Kultusministeriums, der aus Chōshū (heute Yamaguchi) stammt. Im Jahre 1874, nämlich sechs Jahre nach der Meiji-Restauration, wird ihm aufgetragen, eine ‚landesweit einheitliche Sprechsprache‘ zu erfinden. Aber schon sein Haus ist ein Mikrokosmos der sprachlichen Vielfältigkeit im damaligen Japan. Denn seine Frau kommt aus Satsuma (Kagoshima). Ihre Hausangestellten kommen aus Tsugaru (Aomori), Toono (Iwate) und der Ober- bzw. der Unterstadt von Edo (Tokio). Bei der Familie Nangō wohnt auch ein Schmarotzer aus Kyoto, der angeblich ein Vertreter der Nationalen Schule *(Kokugaku-sha)* ist. Daneben treten noch weitere Personen auf, und alle sprechen ihre eigenen Muttersprachen und haben Schwierigkeiten, sich gegenseitig zu verstehen. Auch für das japanischsprachige Publikum der Komödie ist es völlig unmöglich, dieser ohne Untertitel zu folgen. Nangô scheitert daran, seine Amtspflicht zu erfüllen. Es gelingt ihm nicht einmal, im eigenen Haus die Sprechsprache zu vereinheitlichen. Weil er von seinem Vorgesetzten heftig getadelt wird, wird der arme Staatsbeamte wahnsinnig und stirbt 1894 in einem psychiatrischen Krankenhaus in Tokio.

Mit dieser Komödie wollte der Autor darauf aufmerksam machen, dass es für Japan möglicherweise einen alternativen Modernisierungsweg gegeben hätte, weniger zentralistisch, weniger effizient und weniger geeignet für die wirtschaftlich-militärische Hochentwicklung, aber mit mehr Vielfalt, selbstbewusster und mit mehr Selbstbestimmung.

In der realen Geschichte wurde der Begriff ‚Nationalsprache' *(Kokugo)*, der dem ‚Nationalwesen' *(Kokutai)* Japans entsprach, im Prozess der Modernisierung etabliert[11]. Dabei spielte der Sprachwissenschaftler Kazutoshi Ueda (1867-1937) eine wichtige Rolle[12]. Von 1890-94 studierte er in Berlin und Leipzig. Damals initiierte der im September 1885 gegründete Allgemeine Deutsche Sprachverein eifrig die „Reinigung der deutschen Sprache", um „echten Geist und eigentümliches Wesen der deutschen Sprache zu pflegen" und darüber hinaus „das allgemeine nationale Bewusstsein im deutschen Volke zu kräftigen"[13].

Den japanischen Forscher beeinflussten vor allem die Leipziger Junggrammatiker wie Karl Brugmann und Eduard Sievers. Er beobachtete vor Ort, dass die junge wissenschaftliche Sprachwissenschaft Schritt für Schritt an der Universität sicher Fuß fasste. Nach seiner Heimkehr führte Ueda moderne wissenschaftliche Methoden wie vergleichende Sprachwissenschaft und Phonetik in die japanische Sprachwissenschaft ein, wo man bisher ausschließlich klassische Literatur erforscht hatte. Er gründete und leitete das Institut für Nationalsprache an der Universität Tokio.

Mit dem Begriff ‚Nationalsprache' meinte der Professor die ‚Staatsspra-

は望まれなかった。この歴史的事実は、ナショナリズムを創造し強化するのに、言語が不可欠であったという、米国の政治学者、ベネディクト・アンダーソンのテーゼを想起させる。彼は「言語において、そんなことよりずっと重要なことは、それが想像の共同体を生み出し、かくして特定の連帯を構築するというその能力にある〔傍点原文──引用者〕」と述べている。[5]つまり国民とは

──〔イメージとして心の中に──訳者〕想像されたものである〔傍点原文──引用者〕。というのは、いかに小さな国民であろうと、これを構成する人々は、その大多数の同胞を知ることも、会うことも、あるいはかれらについて聞くこともなく、それでいてなお、ひとりひとりの心の中には、共同のイメージが生きているからである。[6]

それでは、想像の共同体としての国民は、どのように生まれるのであろうか。アンダーソンが指摘しているのは、「国民が最初から血ではなく言語によってはぐくまれたこと、そして人はこの想像の共同体に「招き入れ」られうること」である。[7]「言語は血よりも濃い」というユダヤ人哲学者、フランツ・ローゼンツヴァイクの言は、妥当であったようだ。[8]

つまり、言語はすぐれて政治的なのである。あいまいな言語を話すと言われる日本人にとって、これは理解し難いことである。言語学者の金田一春彦によれば、日本人の言語生活の特色には、「話さないこと、書かないことをよしとする精神がある」。[9]彼はまた、「根本的なこととして、日本人は

265

「一つの民族、一つの国家、一つの言語」？

第四章「種族的共同社会関係」の第四節「国民所属と文化威信ナチオナリテート クルトゥーアプレスティージュ」においてこう綴っている。

　文化の相違といえども、「国民的」共属の感情を絶対に妨げるとは限らない。ドイツ語を話すエルザス人は、あの当時フランス「国民」の一員だと感じていたし、大部分はいまもなおそう感じている。にもかかわらず、フランス語を喋るフランス人のような全き意味で、彼らはフランス国民ではない。それゆえ「国民的」共属の信念の質的な一義性には、様ざまな「段階」があるのだ。ドイツ系エルザス人のなかに浸透しているフランス人との共属感情は、「習俗」および──ヴィティヒの言う──いくつかの「感性的文化ジンネンクルトゥーア」の共通性に制約されたものであると同時に、また政治上の思い出に制約されたものでもある。コルマルの博物館に一歩足を踏入れてみるがよい。そこには、局外者にはなんのこともないけれど、エルザス人にとっては悲壮感をかきたてる記念の品々（三色旗、軍帽、鉄かぶと、ルイ・フィリップの勅語、なかでもフランス革命時の記念品）が溢れている。封建制打破の象徴として大衆の称讃する共通の政治的運命──間接には社会的運命でもある──がこうした共同社会をつくり出したのであって、その伝説は素朴な民衆の英雄譚の最たるものである。（注四）

　このようにヴェーバーは、アルザス人の「共属感情」の重層性を極めて明晰に叙述しているが、そのような重層的な「共属感情」は、国民国家のアイデンティティ強化を図る近現代日本において

264

木戸衛一

che'. Er behauptete, das japanische Volk, das von der nördlichsten Chishima-Inselkette (Kurileninseln) bis zum südlichsten Okinawa lebt, habe aufgrund der gemeinsamen Geschichte der seit unzähligen Generationen ununterbrochenen Verwandtschaftslinie des Tenno-Hauses einen gemeinsamen Nationalstaat und müsse mithilfe der Nationalsprache diesen Nationalstaat mit Nationalgeist erfüllen. Er bemühte sich, das Standard-Japanisch *(Hyōjungo)* zu verbreiten und Dialekte als nicht mehr zeitgemäße Tradition zu bekämpfen[14]. Als Standard-Japanisch sei die ‚Sprache der Hauptstadt des großen Reiches', nämlich die ‚Sprache der gebildeten Tokioter' qualifiziert. Diese Sprache versinnbildlichte Moderne und Zivilisation. Die Dialekte galten als minderwertig. Das erinnert an Johann Christoph Gottsched (1700-1766), der das „korrekte" Deutsch zur über allen deutschen Dialekten stehenden „Hochsprache" erkoren hatte[15].

Die Verbreitung des Standard-Japanischen wurde vor allem in der Schule fleißig betrieben. Auf der Insel Hokkaido, wo die Ureinwohner Ainu die isolierte Ainu-Sprache sprachen, und ebenso auf Okinawa, wo bis 1879 das selbständige Königreich Ryūkyū bestand, führte man das ‚Dialektenschild' *(Hōgen-Fuda)* ein. Wenn ein Schüler in der Schule seinen Dialekt sprach, musste er als Strafe das Schild um den Hals tragen und zwar so lange, bis ein anderer den Dialekt sprach und ihn beim Tragen des Schilds ablöste.

Hier sieht man deutlich, dass die Sprache als strukturelle Gewalt funktioniert, die der norwegische Friedensforscher Johann Galtung beschrieben hat. Strukturelle Gewalt ist nämlich „die vermeidbare Beeinträchtigung grundlegender menschlicher Bedürfnisse oder, allgemeiner ausgedrückt, des Lebens, die den realen Grad der Bedürfnisbefriedigung unter das herabsetzt, was potentiell möglich ist", sie ist „in das System eingebaut und äußert sich in ungleichen Machtverhältnissen".[16]

Man kann hier auch von einem inneren ‚Sprachkolonialismus' sprechen, denn:

> Kolonialismus ist eine Herrschaftsbeziehung zwischen Kollektiven, bei welcher die fundamentalen Entscheidungen über die Lebensführung der Kolo-

nisierten durch eine kulturell andersartige und kaum anpassungswillige Minderheit von Kolonialherren unter vorrangiger Berücksichtigung externer Interessen getroffen und tatsächlich durchgesetzt werden. Damit verbinden sich in der Neuzeit in der Regel sendungsideologische Rechtfertigungsdoktrinen, die auf der Überzeugung der Kolonialherren von ihrer eigenen kulturellen Höherwertigkeit beruhen.¶17

Folgerichtig fungierte das Standard-Japanisch in den japanischen Kolonien wie Taiwan und Korea als normative ‚Nationalsprache'. In der großostasiatischen Wohlstandssphäre, deren Konzept als Rechtfertigung von Expansionismus und Aggressionen Japans in Ostasien bis zum Ende des Zweiten Weltkriegs diente, war das Standard-Japanisch die offizielle Sprache, um in der Region den ‚großostasiatischen Geist' zu verbreiten.

Für Kōichi Hoshina (1872-1955), einen Schüler von Kazutoshi Ueda, war die Sprachpolitik der Habsburgermonarchie ein abschreckendes Beispiel.¶18 Ihre Dezemberverfassung 1867, die im Artikel 19 bestimmte, die Gleichberechtigung aller landesüblichen Sprachen in Schule, Amt und öffentlichem Leben werde vom Staate anerkannt, hätte schließlich zum Untergang des Staates selbst geführt. Deshalb sollte man in den japanischen Kolonien und in Mandschukuo eilig Japanisch-Schulen gründen, weil es für die Entwicklung Japans der wichtigste Weg sei, den asiatischen Völkern die japanische Kultur und Sprache zu vermitteln und zu verbreiten.

Im Zweiten Weltkrieg wurde es in vom japanischen Militär besetzten Gebieten zur Pflicht, das Standard-Japanisch zu lernen, ebenso wie sich aus der Ferne in Richtung des Palasts des Tenno in Tokio zu verbeugen, die japanische Nationalfahne zu hissen und die japanische Nationalhymne zu singen. Im Indonesisches gibt es z.B. sprachliche Spuren der japanischen Militärherrschaft wie *Romusha*, was ‚Menschen, die Schwerarbeit leisten müssen' bedeutet.

1945 – kein Bruch mit der Nationalsprache-Ideologie

Der Zusammenbruch des Großjapanischen Kaiserreiches hat keinen Bruch

国統一話し言葉」を作成するよう命じられる。ところが、南郷の家自体が、当時の日本の言語的多様性のミクロコスモスなのである。妻が薩摩出身ならば、女中たちは津軽や遠野、江戸の山の手と下町から来ている。南郷家はまた、国学者を名乗る京都からの居候を抱える。その他の登場人物も含め、それぞれが自らの母語を話し、お互いに意思の疎通に苦労する。日本人の観客にとっても、この戯曲は字幕なしには全く理解できない。結局南郷は、任務を果たすことができない。それどころか、自分の邸宅での話し言葉すら統一できない。上司から厳しく叱責された哀れな南郷は発狂し、一八九四年、東京の精神病院で生涯を閉じる。

だが現実の歴史においては、日本の「国体」に対応する「国語」の概念が、近代化の過程で確立していった。その際決定的な役割を果たしたのが、言語学者、上田万年（一八六七—一九三七）である。一八九〇〜九四年、上田はベルリン大学、ライプツィヒ大学で学んだ。当時、一八八五年九月に設立された全ドイツ言語協会は、「ドイツ語の真の精神と固有の本質を保持」し、さらに「ドイツ民族における一般的な国民意識を強化」するために、熱心に「ドイツ語の純化」を進めていた。上田がことに影響を受けたのは、カール・ブルークマン、エドゥアルト・ジーフェルスら、ライプツィヒの青年文法学派であった。上田は、新興の科学的言語学が、大学で着実に地歩を固めてい

そもそも説明がきらいだという事実」を指摘する。日本人の説明の仕方は相手の勘に頼っていて、「わからせるということには骨を折っていない。聞くほうでも、はっきりわかるということをあきらめている」。金田一によれば、これは「封建時代の政治の根本方針というものが、民はよらしむべし、識らしむべからず、であった」ことに由来する。そして、その精神が「上の人は説明しないで、命令だけする、下の人は［上の人の―引用者］顔色だけ見ている」という習慣を生み出したというのである。

個人が集団に埋没する農村共同体におけるこのような態度の残滓は、今日でも感じ取ることができる。同様の特徴は、現代のメディア操作にも見られる。日本のメディアは、基本的に無批判である。彼らはさまざまな決定を、責任ある政治家の決定として伝えるのではなく、もろもろの事件や展開がまるで不可避の自然現象であるかのように、「〜となった」という表現を用いるのである。

日本の言語政策の歴史

日本では、過去から現在に至るまで、ナショナリズムを創出し広げるうえで、言語政策が本質的な役割を担ってきた。この関連で、井上ひさし（一九三四―二〇一〇）の喜劇『国語元年』はきわめて興味深い。これはもともと、一九八五年夏にNHKで放送されたテレビドラマである。主人公、南郷清之輔は長州出身の、文部省の役人である。明治維新から六年経った一八七四年、彼は、「全

mit der kolonialistischen Nationalsprache-Ideologie mit sich gebracht. Hier sei daran erinnert, dass Victor Klemperer schrieb: „Mit dem bloßen Verbot solcher Lektüre für die Allgemeinheit... wird es in Zukunft nicht getan sein; man muß den künftigen Lehrer auf Eigenart und Sünde der LTI[19] genau hinweisen."[20]

Vor 1945 ging man davon aus, dass Japan ein Nationalitätenstaat ist. Obwohl es als selbstverständlich angesehen wurde, dass die Japaner den anderen Nationalitäten überlegen seien, sprach man offiziell von der „Eintracht der fünf Völker" *(Gozoku-Kyōwa)*[21] und von der „Einigkeit von Festland und Korea" *(Naisen-Ittai)*. Ironischerweise wurde die Fiktion, Japan sei eine ethnisch homogene Nation, nach dem Zweiten Weltkrieg etabliert. Diese Situation war günstig für die Nationalsprache-Ideologie, die eine Affinität zum Abstammungsprinzip hatte. Juristische Rückendeckung kam zudem dadurch, dass Hirohito am 2. Mai 1947, einen Tag vor dem Inkrafttreten der neuen Verfassung, ein Dekret erließ, mit dem die in Japan lebenden Koreaner plötzlich zu ‚Ausländern' erklärt wurden.

Die Koreaner, die in Japan geblieben waren, behaupteten ihre Erziehungsautonomie und gründeten eigene koreanische Schulen. Aber die US-amerikanische Besatzungsmacht und die japanische Obrigkeit betrachteten diese als Bildungsstätte der Kommunisten und verordneten, sie zu schließen. Sie schlugen die protestierenden Koreaner mit Gewalt nieder. Am 24. April 1948 verhängte die US-Militäradministration in der Präfektur Hyōgo den Ausnahmezustand, der in der Geschichte nach 1945 einmalig war. Schließlich konnten die koreanischen Schulen unter der Bedingung der Befolgung der japanischen Gesetze fortbestehen. Aber sie sind bis heute von der japanischen Obrigkeit deutlich diskriminiert.

Nach dem Zweiten Weltkrieg gab es in Japan eine heftige Debatte um die Reform der Nationalsprache. Man debattierte, ob man die chinesischen Zeichen *(Kanji)* abschaffen und das Japanische in lateinischen Buchstaben schreiben sollte. Der berühmte Schriftsteller Naoya Shiga schlug sogar vor, die ‚schönste Sprache der Welt', Französisch, zur japanischen Nationalsprache zu machen. Schließlich wurde die Form der chinesischen Zeichen vereinfacht und die Zahl der chinesischen Zeichen für den allgemeinen Gebrauch reduziert. Die Verwendung der japanischen Silbenschriften *(Kana)* wurde neu geregelt.

Trotz alldem funktioniert die Nationalsprache-Ideologie weiter. Überhaupt dient die ‚Nationalsprache' dazu, durch das Mittel der sprachlichen Gemeinsamkeit und durch die Idee der Gleichheit der Nation die reale sprachliche Ungleichheit zu vertuschen sowie durch die Verherrlichung der einzigen Monopolsprache die sprachliche und kulturelle Vielfalt zu bekämpfen."[22]

Japanische Sprachpolitik im Zeitalter der Globalisierung

Das Schulfach zur Vermittlung der offiziellen Landessprache heißt in Japan nach wie vor ‚Nationalsprache', nicht ‚Japanisch'. Daraus ergibt sich eine eigenartige Arbeitsteilung: ‚Nationalsprache'-Erziehung für japanische Schüler und ‚Japanisch'-Erziehung für Ausländer.

1997 kam es zu einem Eklat um diese Problematik. Seit einiger Zeit hatten einige Grundschulen in Toyonaka nördlich von Osaka aus Rücksicht auf ihre Schüler mit ausländischer Herkunft das Fach in ‚Japanisch' umbenannt. Ende 1997 attackierten rechte Zeitungen plötzlich diese Fachbezeichnung, einmal mit einer sensationellen Schlagzeile: „Die Nationalsprache stirbt aus"[23]. Die Schulbehörde Toyonaka beugte sich sofort der rechten Kampagne und verordnete ihren Schulen, die Umbenennung des Schulfachs wieder rückgängig zu machen, natürlich ohne Anhörung der Schüler, die nun ‚Japanisch' statt ‚Nationalsprache' gelernt hatten.

Die im März 1944 gegründete Gesellschaft für Nationalsprache *(Kokugo-Gakkai)* hat sich im Januar 2004 offiziell in Gesellschaft für Japanisch *(Nihongo-Gakkai)* umbenannt. Nachdem der Vorstand die Namensänderung angeregt hatte, gab es vom Januar bis Februar 2003 eine Urabstimmung der Mitglieder. 1.170 Mitglieder von 2.155 Berechtigten schickten die Antwort zurück: davon waren 776 für und 367 gegen die Umbenennung (Enthaltung 7, ungültig 20).

Auch an Universitäten gibt es immer mehr Institute und Seminare für ‚Ja-

実・現・可・能・で・あ・っ・た・も・の・と・現・実・に・生・じ・た・結・果・と・の・あ・い・だ・の・ギ・ャ・ッ・プ・を・生・じ・さ・せ・た・原・因と定義される暴力が、社会構造に埋め込まれた状況を指す〔傍点原文——引用者〕。

これはまた、内なる「言語植民地主義」と呼ぶこともできよう。植民地主義を一般概念化する下記の定義は、それを裏付けている。

——植民地主義は、文化的に別種で、ほとんど順応する意志のない少数の支配者が、外部の利益を優先的に考慮して、植民地化された人間の生き方を根本的に決定し実際に貫く、集団間の支配関係である。近代ではたいていそれに、自分たちが文化的に優れているという植民地支配者の確信に基づいた使命イデオロギー的な正当化のドクトリンが結びつく。

当然ながら、標準日本語は、台湾・朝鮮といった日本の植民地で、規範的な「国語」として機能した。第二次世界大戦終結まで東アジアにおける日本の膨張主義と侵略を正当化する構想であった「大東亜共栄圏」においても、標準日本語は、この地域に「大東亜精神」を広める公用語であった。上田万年の弟子の一人である保科孝一（一八七二—一九五五）にとって、ハプスブルク帝国の言語政策は、反面教師であった。一八六七年、オーストリア＝ハンガリー二重帝国発足による十二月憲法は、その第十九条で、学校、官庁、および公的生活におけるあらゆる言語の平等を定めていたが、保科によれば、それこそが国家崩壊を招いた。したがって、アジア諸民族に日本文化・日本語を伝

くさまを現場で目撃した。帰国後彼は、それまでもっぱら古文研究に偏っていた日本の言語学に、比較言語学・音声学といった近代の科学的方法を導入、一八九七年、東京大学（正確には帝国大学文科大学）に国語研究室を開設した。

「国語」の概念で上田が想定していたのは「国家語」である。彼は、千島の果てから沖縄の端まで住む日本人が、「万世一系」の共通の歴史に基づいて共通の国民国家を有しているのであり、国語の力を借りて国民国家に国民精神を注入しなければならないと説いた。そして彼は、「標準語」を普及させ、方言を因習として撲滅しようとした。「標準語」にふさわしいのは、「一大帝国の首府の言語」、つまり「教育ある東京人の話す言葉」とされた。この言葉が近代と文明を象徴し、方言は価値の低いものとみなされた。一連の話は、「正しい」ドイツ語をあらゆるドイツ語方言の上に立つ「標準語（Hochsprache）」に選んだヨハン・クリストフ・ゴットシェート（一七〇〇—一七六六）を思い起こさせる。

標準語の普及は、とりわけ学校で推進された。先住民族アイヌがアイヌ語を話していた北海道や、一八七九年まで独立した琉球王国が続いていた沖縄では、「方言札」が導入された。学校で方言を喋ってしまった児童は、他の児童が方言を話すのが見つかるまで、罰としてこの「方言札」を首から下げていなければならなかったのである。

ここに明瞭に見てとれるのは、ノルウェーの平和学者、ヨハン・ガルトゥングが述べた構造的暴力として言語が機能していることである。構造的暴力とは、「可能性と現実とのあいだの、つまり

panisch'. Das scheint ein Zeichen dafür zu sein, dass hier die Nationalsprache-Ideologie allmählich überwunden wird. Es wird ja auch Zeit, dass die Japanisch-Forschung langsam vom Begriff des japanischen Staates abgekoppelt wird.

Mir ist nicht bekannt, wie die nationalistischen Medien auf diese Tendenz reagieren. Sie scheinen sie zu dulden, und das ist nicht verwunderlich, denn seit der Modernisierungszeit ist es in Japan üblich, die Forschungsarbeit und die Schulerziehung zu unterscheiden. Während jene relativ frei agieren kann, dient diese dem Staat als Indoktrinationsinstrument. Somit bedeutet ein Umdenken im Bereich der Japanisch-Forschung nicht gleichzeitig auch ein Umdenken im politischen System.

Trotzdem ist die Tatsache, dass in Japan immer mehr Bürger mit ausländischer Herkunft leben, nicht mehr zu ignorieren. Außer Chinesen und Koreanern arbeiten in Japan hunderttausende *Decasségui* (im brasilianischen Portugiesisch) bzw. *Dekasegi* (im Spanischen) aus Südamerika. Die japanische Gesellschaft sollte endlich ihre Herkunft anerkennen und durch Muttersprachenbildung die Schulkinder in ihrer Mehrsprachigkeit ermutigen. Es gibt verschiedene Bürgerinitiativen, die interkulturelle Kommunikation mit ausländischen Mitbürgern fördern.

Auch sind Aktivitäten zur Rehabilitierung von Dialekten auffälliger geworden. Zum Beispiel entwickelt die Stadt Naha, Hauptstadt der Präfektur Okinawa, seit April 2012 die ‚*Haisai*-Bewegung'. ‚*Haisai*' bedeutet in der Okinawa-Sprache ‚Guten Tag', und es klingt völlig anders als das ‚*Konnichiwa*' im Japanischen. Das Ziel dieser Initiative ist es, die Okinawa-Sprache zu verbreiten und zu etablieren, indem sie auch offiziell im Rathaus gesprochen wird. Kritische Stimmen bewerten diese Bewegung jedoch als nahazentristisch, denn in Okinawa werden etwa 800 verschiedene Sprachen gesprochen.

Laut UNESCO gibt es in Japan acht bedrohte Sprachen: Ainu wird als „moribund", Yaeyama und Yonaguni werden als „ernsthaft gefährdet" und fünf weitere Sprachen, darunter die Okinawa-Sprache und Hachijō, als „gefährdet" eingestuft. Zum Schutz der Muttersprachen und dem Erhalt der sprachlich-kulturellen Vielfalt ist die Idee der Europäischen Charta der Regional- oder Minderheitensprachen von 1992 sowie der Allgemeinen Erklärung der Sprachenrechte von 1996 wegbereitend.

Daneben wird in Japan immer mehr Englisch gesprochen. Bei vielen Unternehmen ist es die offizielle Sprache, und diese Tendenz steigt. Eine Sprachschule wirbt daher mit dem fast drohend wirkenden Hinweis: ‚Ab dem kommenden Geschäftsjahr ist die offizielle Sprache innerhalb des Unternehmens Englisch'.

Auf diese Situation hat die zentralistische Sprachpolitik sofort reagiert. Im Januar 2000 schlug ein Beratungsorgan des Ministerpräsidenten vor, Englisch zur zweiten Amtssprache zu machen. Seit 2011 ist Englisch ein Pflichtfach an der Grundschule. Das ist zwar eine Maßnahme, um der Globalisierung zu entsprechen, aber damit wird nicht gleichzeitig die japanische Gesellschaft geöffnet. Es geht vielmehr darum, mittels der englischen Sprache, die die Globalisierung leitet, das japanische Nationalinteresse in der Welt durchzusetzen. Die Befürworter dieser Sprachpolitik setzen die hegemoniale Stellung der englischen Sprache voraus und ignorieren die Tatsache, dass Nichtjapaner, die in Japan leben, nicht unbedingt Englisch sprechen. Gewalt durch Linguizismus, auf die Robert Phillipson hingewiesen hat, wird noch ein gravierenderes Problem werden.[24]

Im Zeitalter der Globalisierung könnte das Motto der japanischen Sprachpolitik daher lauten: „Ein Volk, ein Staat, *zwei* Sprachen", nämlich Japanisch und Englisch. Trotzdem oder gerade deshalb funktioniert die Nationalsprache-Ideologie weiter hartnäckig. Anders als beim englischen oder französischen ‚Sprachimperialismus' kann die japanische Sprache keinen Anspruch auf Universalität erheben. Es herrscht die Illusion, die japanische Muttersprache sei automatisch die Nationalsprache, und davon gebe es nur eine.

In der Vergangenheit diskriminierten Japaner mit ihrer Nationalsprache-Ideologie die Mituntertanen aus den japanischen Kolonien, wie gut sie auch Japanisch können mochten. Im 21. Jahrhundert geht es in diesem Land darum, sprachliche und kulturelle Vielfalt endlich anzuerkennen und den Anderen aktiv einzubeziehen. Das würde in Zukunft zur demokratischen ‚sprachlichen Öffentlichkeit' führen.

都合であった。法的にも、一九四七年五月二日、つまり日本国憲法が施行される前日に出された天皇の命令（外国人登録令）により、日本に住む朝鮮人が突如「外国人」と宣言されるという後押しがあった。

日本にとどまった朝鮮人は、自分たちの教育自治を主張し、独自の民族学校を設立した。しかし、アメリカ占領当局と日本の官憲は、これを共産主義者の養成所と見なし、閉鎖を命じた。彼らは、抗議する朝鮮人を暴力で鎮圧した。一九四八年四月二十四日、兵庫県軍政部は「非常事態宣言」を発令、これは一九四五年以後の歴史で唯一の事態である。結局朝鮮学校は、日本の法律を順守するという条件の下で存続することができた。しかし今日に至るまで、日本の官公庁によってあからさまな差別を受けている。

第二次世界大戦後、日本では国語改革をめぐる論争が激しく展開された。漢字の廃止、ローマ字綴りの導入の是非をめぐる議論である。著名な作家、志賀直哉は、「世界で最も美しい言語」であるフランス語を日本の国語に採用する提案すら行った。結局のところ、漢字の字体が簡素化され、一般社会で使用する漢字の数が制限される一方、かなづかいが、現代の音韻に基づいて改変された。

これら一連の「改革」にもかかわらず、国語イデオロギーは引き続き機能した。そもそもそれは、手段としての言語の共通、共有による国民的平等という理念によって、現実の言語的不平等を覆い隠し、単一独占言語を神聖化することによって、言語的・文化的な多様性を抑圧するものなのである。

277

「一つの民族、一つの国家、一つの言語」？

え広めることが日本の発展にとって最も重要な道であるとの理由で、植民地や「満州国」では日本語学校の設立が急がれた。

第二次世界大戦中、日本軍が占領した地域では、皇居遥拝、日の丸掲揚、君が代斉唱と同様、標準日本語の学習が義務となった。たとえばインドネシアでは、重労働をしなければならない人を意味するロームシャのように、日本の軍事支配の言語的痕跡が見られる。

一九四五年——国語イデオロギーの継続

大日本帝国の崩壊は、植民地主義的な国語イデオロギーからの断絶をもたらさなかった。ここで思い出されるのは、「一般の人人に対してこのような著作を読むことを単に禁止することで、将来、かたがついたこととして済まされてしまう問題ではないだろう。未来の教師には、LTI〔第三帝国の言語、引用者〕の特性と罪悪を詳しく指摘してやらねばならない」というユダヤ人言語学者、ヴィクトール・クレンペラーの言葉である。

一九四五年以前は、日本は多民族の帝国であることが前提となっていた。もちろん、日本人が他の諸民族より優越しているのは自明とされていたが、それでも公式には「五族協和」・「内鮮一体」といったスローガンが掲げられた。皮肉なことに、日本が単一民族の国だというフィクションは、第二次世界大戦後に確立した。この状況は、血の原理と親和性を持つ国語イデオロギーにとって好

木戸衛一

Endnoten

1. Vgl. http://www.unwortdesjahres.net/
2. Vgl. Ritzer 1995 sowie derselbe 2005.
3. Weber 1936, S. 127.
4. Weber 1980, S. 242f.
5. Anderson 2005, S. 133.
6. Ebenda, S. 15.
7. Ebenda, S. 146.
8. Zit. nach Klemperer 2001, S. 8.
9. Vgl. Kindaichi 1975, S. 15 sowie derselbe 1977, S. 112-123.
10. Siehe Inoue 2002.
11. Auf der anderen Seite hatte Arinori Mori befürwortet, Englisch zur japanischen Nationalsprache zu machen, bevor er 1885 der erste Kultusminister wurde. Mori wurde 1889 von einem Chauvinisten niedergestochen.
12. Vgl. Lee 1996, S. 96-160.
13. In den Satzungen von 1886; zit. nach von Polenz 1999, S. 272.
14. Dabei betonte er den Sinn von *standard language* in der englischen und Gemeinsprache in der deutschen Sprache.
15. Schreiber 2007, S. 55.
16. Galtung 1975, S. 12.
17. Osterhammel 2006, S. 21.
18. Vgl. Lee 1996, S. 264-273.
19. LTI: Lingua Tertii Imperii (Sprache des Dritten Reichs).
20. Klemperer 2001, S. 334.
21. Japaner, Chinesen, Koreaner, Mandschu und Mongolen.
22. Vgl. Tanaka 1978, S. 287.
23. Siehe *Sankei-Shimbun* vom 20. Dezember 1997 sowie auch *Yomiuri-Shimbun* vom 20. Dezember 1997.
24. Vgl. Phillipson 1992.

Quellennachweise

Anderson, Benedict: Die Erfindung der Nation – Zur Karriere eines folgenreichen Konzepts. Frankfurt, New York 2005

Galtung, Johan: Strukturelle Gewalt. Beiträge zur Friedens- und Konfliktforschung. Reinbek bei Hamburg 1975

Inoue, Hisashi: Kokugo gan-nen. Tokio 2002

Kindaichi, Haruhiko: Nihonjin no gengo hyōgen. Tokio 1975
Kindaichi, Haruhiko (Hg.): Nihonjin no gengo seikatsu. Tokio 1977
Klemperer, Victor: LTI : Notizbuch eines Philologen. Leipzig 2001
Lee, Young-Suk: „Kokugo" toiu Shisō. Kindai Nihon no Gengo Ninshiki. Tokio 1996. (Englische Übersetzung: The ideology of kokugo. Nationalizing language in modern Japan. Honolulu 2010)
Osterhammel, Jürgen: Kolonialismus: Geschichte – Formen – Folgen, 5. aktualisierte Auflage, München 2006
Phillipson, Robert: Linguistic Imperialism. Oxford 1992
Ritzer, George: McDonaldisierung der Gesellschaft. Frankfurt am Main 1995
Ritzer, George: Die Globalisierung des Nichts. Konstanz 2005
Schreiber, Mathias: Das Deutsch der Bürger. In: SPIEGEL SPECIAL Geschichte 1/2007
Tanaka, Katsuhiko: Gengo kara mita Minzoku to Kokka. Tokio 1978
von Polenz, Peter: Deutsche Sprachgeschichte vom Spätmittelalter bis zur Gegenwart. Band III, 19. und 20. Jahrhundert. Berlin, New York 1999
Weber, Max: Jugendbriefe. Tübingen 1936
Weber, Max: Wirtschaft und Gesellschaft. Grundriß der verstehenden Soziologie. Besorgt von Johannes Winckelmann, 5., rev. Aufl., Studienausg., Tübingen 1980

離される時代も来るかもしれない。

このような傾向にナショナリスティックなメディアがどう反応しているかについては、詳らかではない。彼らは黙認しているように見えるが、それは不思議な話ではない。というのも、日本では近代化の時代以来、研究活動と学校教育を区別するのが普通だからである。前者が比較的自由に行えるのに対し、後者は教化の道具として国家に奉仕してきた。したがって、日本語研究の分野における思考転換は、政治システムの思考転換を同時に意味するわけではない。

それにもかかわらず、日本にもますます多くの外国系市民が生活しているという現実は、もはや無視できなくなっている。この国には、中国人、韓国・朝鮮人のほかに、数十万の南米出身のデカセギ（ポルトガル語で Dekassegui、スペイン語で Dekasegi）がいる。今こそ日本社会は、彼らの出自を承認し、母語教育を通じて、子どもたちの複数言語性をエンカレッジすべきである。外国系市民との文化間交流を促進する市民活動は、さまざまに展開されている。

方言の復権を図る活動も盛んになってきた。言うまでもなく「ハイサイ」は「こんにちは」を意味するが、この運動は、市役所窓口で「ウチナーグチ（沖縄語）」を使うことを通じて、その普及・確立を目指している。ただし、この運動を「那覇中心主義」と批判する声も聞こえる。なぜなら沖縄には、約八百のさまざまな言語が存在するからである。

ユネスコによると、日本には、消滅の危機に瀕している言語が八つある。アイヌ語は「きわめて

グローバル化時代の日本の言語政策

日本では、学校での教科名は依然として、「日本語」ではなく「国語」とされている。そこから、日本の児童・生徒には「国語」教育、外国人には「日本語」教育が行われるという、奇妙な分業が起こっている。

一九九七年、この問題をめぐり騒動が持ち上がった。大阪府豊中市のいくつかの小学校では数年前から、外国系の子どもに配慮して、科目名を「日本語」に変えていた。ところがこの年の末、右派系の新聞が、「国語消滅」などといったセンセーショナルな見出しでこの教科名を攻撃した。豊中市教育委員会は、右派のキャンペーンに即座に屈し、教科名を元に戻すよう各学校に通知した。もちろん、「国語」ではなく「日本語」を学んでいた子どもたちの意見が聞かれることは全くなかった。

一九四四年三月に設立された「国語学会」は、二〇〇四年一月、正式に「日本語学会」に改名した。理事会による名称変更提案の後、二〇〇三年一〜二月、会員による投票が行われた。有権者総数二一五五名のうち、一一七〇名が投票し、改名賛成七七六、反対三六七、白票七、無効二〇という結果であった。

大学においても、「日本語」を冠する学科や研究室が増加している。これは、国語イデオロギーが徐々に克服されている兆候と見ることもできる。ようやく日本語研究が、「国家」の概念と切り

想が支配的だからである。

過去において日本人は、国語イデオロギーをもって、植民地出身の臣民同胞を、彼らがどんなに日本語ができようと差別した。二一世紀のこの国の課題は、言語的・文化的な多様性をついに承認し、他者を積極的に統合することであると思われる。それが将来、民主的な「言語的公共性」を導くことであろう。

註

一 ── http://www.unwortdesjahres.net/
二 ── Vgl. Ritzer 1995 sowie derselbe 2005, リッツァ (一九九九および二〇〇五)
三 ── Weber 1936, S. 127. ウェーバー編(一九七三)上、一三九頁。参照。
四 ── Weber 1980, S. 24f. ヴェーバー (一九七七) 七九頁。
五 ── Anderson 2005, S. 133. アンダーソン (一九九七) 二二〇ー二二一頁。
六 ── Ebenda, S. 15, 前掲書二四頁。
七 ── Ebenda, S. 146, 前掲書二三九頁。
八 ── Zit. nach Klemperer 2001, S. 8. クレムペラー (一九七四) vii 頁。
九 ── 金田一 (一九七五) 一五頁。
一〇 ── 金田一編 (一九七七) 一一二ー一二三頁。
一一 ── 井上 (二〇〇一)。
一二 ── 他方森有礼は、一八八五年に初代文部大臣になる以前、英語を日本の国語にするよう唱えた。彼は一八八九年、国

深刻」、八重山語・与那国語は「重大な危険」、八丈語・奄美語・国頭語・沖縄語・宮古語が「危険」な状況にある。

母語を保護し、言語的・文化的多様性を維持するうえで、「欧州地域語少数言語憲章」（一九九二年）や「世界言語権宣言」（一九九六年）の理念は先駆的である。

他方で、日本ではますます英語が用いられている。多くの企業で英語が公用語となり、この傾向は強まっている。ある英会話学校が「来年度より社内の公用語を英語とする」というほとんど脅迫的な広告を出すほどである。

この状況に、中央集権的な言語政策は機敏に反応した。二〇〇〇年、総理大臣の諮問機関が、英語を第二公用語とするよう答申した。二〇一一年、英語が小学校の必修科目となった。これはグローバル化に対応した措置ではあるが、日本社会が同時に開かれたものになったわけではない。むしろ、グローバル化を導く英語という手段を使って、世界で日本の国益を貫徹することに眼目が置かれている。この言語政策の擁護者は、英語の覇権的地位を前提とし、日本に住む非日本人が必ずしも英語を話すわけではないという事実を無視している。ロバート・フィリプソンが指摘する言語差別主義の暴力は、今後、より深刻な問題となるであろう。(註二四)

グローバル化時代の日本の言語政策のモットーは、「一つの民族、一つの国家、二つの言語（つまり日本語と英語）」となるかもしれない。それにもかかわらず、国語イデオロギーは引き続き頑強に機能するのである。英語やフランス語の「言語帝国主義」と異なり、日本語は普遍性を主張できない。そして日本人の母語が自動的に国語となり、それは一つでしかないという幻

282

木戸衛一

金田一春彦『日本人の言語表現』講談社現代新書、一九七五年

金田一春彦編『日本人の言語生活』講談社、一九七七年

Klemperer, Victor: LTI : Notizbuch eines Philologen, Leipzig 2001 [ヴィクトール・クレムペラー『第三帝国の言語〈LTI〉——ある言語学者のノート』法政大学出版局、一九七四年]

Osterhammel, Jürgen: Kolonialismus: Geschichte – Formen – Folgen, 5. aktualisierte Auflage, München 2006

Phillipson, Robert: Linguistic imperialism, Oxford 1992 [ロバート・フィリプソン『言語帝国主義——英語支配と英語教育』三元社、二〇一三年]

Ritzer, George: Die Globalisierung des Nichts, Konstanz 2005 [ジョージ・リッツア『無のグローバル化——拡大する消費社会と「存在」の喪失』明石書店、二〇〇五年]

Ritzer, George: McDonaldisierung der Gesellschaft, Frankfurt am Main 1995 [ジョージ・リッツア『マクドナルド化する社会』早稲田大学出版部、一九九九年]

Schreiber, Mathias: Das Deutsch der Bürger. In: SPIEGEL SPECIAL Geschichte 1/2007

田中克彦『言語からみた民族と国家』岩波現代文庫、二〇〇一年

Weber, Max: Wirtschaft und Gesellschaft. Grundriß der verstehenden Soziologie. Besorgt von Johannes Winckelmann, 5. rev. Aufl., Studienausg., Tübingen 1980 [マックス・ヴェーバー『種族的共同社会関係』「みすず」第二二一号、一九七七年九—十月]

Weber, Max: Jugendbriefe, Tübingen 1936 [マリアンネ・ヴェーバー編『マックス・ウェーバー青年時代の手紙』勁草書房、一九七三年]

イ・ヨンスク『「国語」という思想——近代日本の言語認識』岩波書店、一九九六年

von Polenz, Peter: Deutsche Sprachgeschichte vom Spätmittelalter bis zur Gegenwart. Band III, 19. und 20. Jahrhundert, Berlin/New York 1999 [ペーター・フォン・ポーレンツ『ドイツ語史』白水社、一九七四年]

粋主義者に刺殺された。

一三 ――イ（一九九六）九六―一六〇頁。
一四 一八八六年の規約より。von Polenz 1999, S. 272. ポーレンツ（一九七四）一七六―一七七頁参照。なお邦訳書では「全ドイツ国語協会」と記されている。
一五 その際上田は、英語の standard language、ドイツ語の Gemeinsprache の意義を強調した。
一六 Schreiber 2007, S. 55.
一七 Galtung 1975, S. 12. ヨハン・ガルトゥング（一九九一年）六頁。
一八 Osterhammel 2006, S. 21.
一九 ――イ（一九九六）二六四―二七三頁。
二〇 Klemperer 2001, S. 334. クレムペラー（一九七四年）三八〇頁。
二一 日本人、中国人、朝鮮人、満州人、蒙古人。
二二 田中（一九七八）二八七頁参照。
二三 一九九七年十二月二十日付『産経新聞』、『読売新聞』各大阪本社版参照。
二四 ――Vgl. Phillipson 1992. フィリプソン（二〇一三）参照。

主要参考文献

Anderson, Benedict: Die Erfindung der Nation – Zur Karriere eines folgenreichen Konzeptes, Frankfurt/New York 2005〔ベネディクト・アンダーソン『増補 想像の共同体――ナショナリズムの起源と流行』NTT出版、一九九七年〕

Galtung, Johan: Strukturelle Gewalt. Beiträge zur Friedens- und Konfliktforschung, Reinbek bei Hamburg 1975〔ヨハン・ガルトゥング『構造的暴力と平和』中央大学出版部、一九九一年〕

井上ひさし『国語元年』中公文庫、二〇〇二年

Takashi Sashima

*Sprachgebrauch und Konflikt
in Bezug auf
das Verständnis der Aleviten*

Einleitung

Ziel dieses Aufsatzes ist es, auf kultureller, politischer, sozialer und religiöser Ebene Konflikte und Spannungen / Reibungen zwischen den Aleviten und anderen Gruppen sowie zwischen verschiedenen Aleviten-Gruppen zu betrachten, indem vor Allem die Sprache zum Anhaltspunkt genommen wird.

Gegenwärtig gliedert sich die alevitische Gemeinde in verschiedene Gruppen. Aufgrund dieser Situation unterscheiden sich die Sprache oder der alevitenbezogene Sprachgebrauch je nach der politischen Position, der sozialen und regionalen Herkunft, ökonomischen Verhältnissen oder dem individuellen Lebensverlauf sowie Perspektiven und Strategien für das Fortbestehen der Organisation.

Vor diesem Hintergrund möchte ich in vorliegendem Aufsatz über eine Reihe von Problemen nachdenken – beispielsweise über den Umstand, dass der Gebrauch der alevitenbezogenen Alltags- und Fachsprache Konflikte zwischen Individuen und Gruppen zeitigt, oder dass dadurch Spannungen / Reibungen zwischen verschiedenen Diskursen entstehen.

Es ist demnach nicht so, dass es zuerst eine Ethnie und dann als ihr Folgeprodukt eine bestimmte Sprachverwendung gibt, sondern eher so, dass die Sprachverwendung in unterschiedlichen Situationen und die opponierenden Bedeutungszuweisungen in der fachsprachlichen Praxis Risse und ‚Grenzlinien' erzeugen. Im Zusammenhang und in Entsprechung mit den Grenzlinien entstehen Erklärungsmuster und -systeme. Oder es werden neue Erklärungsmodelle aus einer bereits vor Ort erhältlichen Auswahl gewählt bzw. als Flickwerk kreiert. Selbstverständlich können sich die ‚Grenzlinien' politisch, religiös und sozial verändern. Auch muss davon ausgegangen werden, dass sie einem dauerhaften historischen Wandel unterliegen.[1]

Ich habe angefangen, über solche Dinge nachzudenken, weil ich Risse wahrgenommen habe und ‚Grenzlinien', die Unterschiede zwischen verschiedenen Gruppen oder Individuen, die zu der alevitischen Gemeinschaft gezählt werden, markieren.[2] Wenn wir von Rissen sprechen, dann klingt es so,

はじめに

本稿の目的は、トルコにおける「アレヴィー」諸集団と他集団あるいは同じアレヴィーの諸集団間に起きているコンフリクト、軋轢について、特に言語を手がかりにして、文化的、政治的、宗教的に考察することである。

現在、様々な諸集団からなる「アレヴィー集団」が一つになれない理由として、言語やアレヴィー関連の言葉に対する認識が、その政治的な立場によって、(出自とも言うべき)自分の持つ経歴や伝統的歴史的背景によって、そして経済やライフコース、あるいは組織存続の戦略や見通しなどによっても、さまざまに異なっているという点が挙げられる。

このような状況のなかで、本稿では、アレヴィーに関連する言葉や術語、言葉の使用法が、人々や諸集団間にコンフリクトを起こし、諸言説の間に一種の「境界線」が現れる、といった諸問題について考えてみたい。

つまり、先ずエスニシティがあり、それに従って言葉の使用法があるというよりも、むしろ、様々な場面での言葉の使用法、用語使用に関する意味づけの対立、軋轢が、人々の亀裂や「境界線」をつくり出しているのである。その「境界線」が生じるに従って、そこにそれに従った説明、体系が生じる。あるいはその場に存在する様々な選択肢から選びとり、あるいは、つぎはぎをして、新た

言語の使用とアレヴィー認識をめぐるコンフリクト

佐島 隆

als handele es sich um Risse, die zwischen einem Zusammenschluss von Leuten entstanden sind, aber Studien zeigen, dass es keinen großen Zusammenschluss der Aleviten gibt. Sie bestehen vielmehr in vielen verschiedenen Gruppen. Und zwischen den unterschiedlichen Gruppen und deren Angehörigen können einige sie unterscheidende ‚Grenzlinien' oder Risse ausgemacht werden.[43]

In diesem Aufsatz beschäftige ich mich mit der Wortwahl und dem Wortgebrauch, die die Quelle solcher ‚Grenzlinien' und Risse ausmachen. Denn auch wenn dieselben Wörter benutzt werden, entstehen manchmal Risse und ‚Grenzlinien'. Denn sowohl die Art der Verwendung der Wörter und Sprache als auch das Beziehungsgeflecht der Bedeutung der verwendeten Termini können manchmal Aufschluss geben über die jeweilige Identität der Individuen und die Ethnizität der Gemeinschaft. Die diesem Aufsatz zugrundeliegende Untersuchung basiert auf Daten aus direkten Beobachtungen und Feldstudien, die im Zeitraum von 1994 bis 2014 durchgeführt wurden. Viele dieser Daten sind in Publikationen dokumentiert (siehe Quellennachweise).

In diesem Aufsatz möchte ich über einige der Hintergründe nachdenken, die den besagten Umstand hervorbringen. Dabei möchte ich mich auf Schulbücher sowie offizielle Bezeichnungen als Fallbeispiele beziehen.

In Bezug auf Schulbücher lässt sich sagen, dass mit der Ausweitung der Schulpflicht in der Türkischen Republik ihr Einfluss auf sowohl die gegenwärtige Erziehung als auch die nächste Generation sich verstärken kann. Es kann also davon ausgegangen werden, dass die Darlegungen in Schulbüchern einer der Faktoren sind, die das bislang übermittelte traditionelle Alevitentum verändern, verklären.

In Bezug auf die „öffentlichen Bezeichnungen" möchte ich mir ‚Yavuz Sultan Selim' und ‚Hadschi Bektasch Veli' aus der Nähe anschauen. Damit möchte ich aufzeigen, dass, auch wenn eine Organisation der Aleviten gegründet wird, innerhalb derselben das Verständnis der Aleviten und des Alevitentums differieren kann.

Weil es viele verschiedene Gruppen von Aleviten gibt und auch deren Mitglieder verschiedene Anschauungen haben, will ich hier eine grobe Unterscheidung in drei oder vier Gruppen vornehmen. Es muss jedoch darauf hingewiesen werden, dass die jeweiligen Bezeichnungen nicht genügend klar formuliert sind, um als Sammelbegriffe gelten zu können.

Unter den alevitischen Organisationen bilden die politisch Ausgeprägtesten um die Cem Vakfı (Cem Stiftung) herum ein Machtzentrum. Ich werde hier die türkischsprachige Bezeichnung ‚Cem Vakfı' gebrauchen. Dabei muss beachtet werden, dass sich – soweit man das Presseorgan der Stiftung, das Magazin „Cem" betrachtet – die Handlungsrichtlinien und Anschauungen ändern. In der letzten Periode der Herausgabe der Zeitschrift sieht es so aus, als würde weniger versucht, die Diskussion „was sind Aleviten?" in weiten Kreisen der türkischen Bevölkerung bekannt zu machen, sondern vielmehr die Richtung der im Dezember 2003 etablierten Organisation des Alevi-Islam eingeschlagen, und damit in eine politische Richtung gegangen, die sehr viele ideologische / gedankliche Widersprüche enthält, aber möglicherweise das Budget sichert.¶4 Wenn ich daher in diesem Aufsatz von den „Cem Vakfı" schreibe, beziehe ich mich auf diese Richtung des alevitischen Islam. In Bezug auf die Lehrbücher gibt es hier viele gemeinsame Punkte mit dem „Bektaschi-Alevitentum". (Innerhalb der jüngeren Generationen gibt es jene, die anders denken und einen anderen Weg einschlagen wollen, aber auch jene, die sich von „Cem Vakfı" distanzieren.)

Fragt man nach weiteren einflussreichen Organisationen, so sind der sich in Ankara befindende Anatolische Kulturverein „Haci Bektas Veli" oder der „Alevitische Kulturverein" zu nennen. Diese beiden haben eine enge Verbindung, sind jetzt aber ziemlich anders als zu der Zeit, in der „Ali Dogan" im Zentrum stand (d.h. bis etwa 2005). Man konnte verhältnismäßig viele Personen beobachten, die Aleviten und das Alevitentum als eine Religion ansahen. Danach nahmen sowohl die Regierung als auch Cem Vakfı eine Richtung ein, um keine Unstimmigkeiten zu provozieren. Es gab unter Aleviten auch die Tendenz, mit der in Köln ansässigen „Konföderation der alevitischen Gemeinde Europas" (von der die „Alevitische Gemeinde Deutschland e.V.". ein Teil ist) Schritt zu halten. Im Übrigen gibt es noch den „Pir Sultan Abdal Kulturverein", der eine klare Form der Organisation aufweist, über den ich in diesem

育そして次の世代にまで及んでいく可能性がある。ゆえに、「教科書」の記述は、それまで語られてきた「伝統的なアレヴィー」を変容させる一因となる、と見ることができよう。

「公的な名称」では、ヤウズ・スルタン・セリムやハジュ・ベクタシ・ヴェリについて見てみたい。さらに組織がアレヴィーのもとにつくられても、その中ではアレヴィー／アレヴィーリキが違った意味で捉えられ、認識されている状況を見ることにしたい。

アレヴィー諸集団には、かなりの数があり、そしてそのメンバーも様々な思想を持っていることから、ここでは大雑把に三つあるいは四つに分けておきたい。ただし、これら各々の集団は、ある名称によってそれら各々を包括できるほどに明瞭に形をなしているわけではない。

アレヴィーの組織の中でも政治的に明瞭なものは、ジェム・ワクフを中心とした勢力である。これは「ジェム・ワクフ」と記しておく。ただし、ジェム・ワクフの機関誌であった『ジェム』(Cem)という雑誌をみるかぎり、その活動方針や思想は変化してきている。雑誌発行の末期には、「アレヴィーとは何か」という議論を広くトルコ国民に知らしめるというよりも、二〇〇三年十二月に設立される「アレヴィー・イスラーム宗務庁」につながる、思想的には非常に矛盾の多い（しかし予算は確保できそうな政治的な）方向性に変化したように思われる。従って、アレヴィー・イスラームへの方向性を示すものを指す場合に、ジェム・ワクフと記すことにしたい。これは、「教科書」で言えば、「アレヴィーリキ＝ベクタシリキ」と重なるところが多い（若い世代の中には、違う考え方、別の路線をとろうとする人も出てきている。そのような場合には、ジェム・ワクフから離れる人もいる）。

な意味体系がつくられていく。もちろん、その「境界線」は政治的・宗教的・社会的に変化する可能性があり、歴史的にも変化しているものであると考えられる。

このようなことを考えるようになったのは、アレヴィーのなかに含まれると思われる諸集団あるいは人々の間に亀裂や区別を示す「境界線」があることに気がついたからである。亀裂というと、もともと一つの「まとまり」(集団、協会、社会など)を構成していた人々の間に「亀裂」が入るということになろうが、アレヴィー諸集団を調査していると、「アレヴィー」が大きな一つのまとまりであるとは見受けられない。むしろ様々な諸集団からなっている。そしてその諸集団間、人々の間に、いくつもの区別する「境界線」や亀裂が見られるのである。

本稿で取り扱うのは、このような亀裂、「境界線」を湧出する語彙の選択や単語の使用法である。つまり言葉・言語の使用法、用語の関連する意味の関連構造が、集団の示差的特長や各個人のアイデンティティを示すことに繋がるケースもあるのである。なお、本稿の調査は一九九四—二〇一四年の間、ほぼ毎年、一ヶ月程度の観察を断続的に継続して得たデータに基づいている。その多くのデータは次の書籍に反映されている(文末参考文献の佐島関係を参照)。

ここでは、このような状況を生み出すいくつかの背景について考慮しながら、「教科書」をめぐる問題と、若干の「公的な名称」をめぐる問題を事例として考察したい。

「教科書」については、トルコ共和国における義務教育の拡大に伴って、その影響力が現在の教

Zusammenhang aber nicht sprechen werde.

Außerdem gibt es noch eine Gruppe von Aleviten, die in Siedlungen in ländlichen Gebieten wohnen, in denen das Alevitentum als Überlieferung weitergegeben wird, und die nur wenig Einfluss von der islamischen Bewegung „Cem Vakfı" bekommt. Diese Gruppe werde ich in zwei Subgruppen teilen. Die eine werde ich traditionelle „türkische Aleviten" nennen. Die Gesamtheit der regionalen alevitischen Gruppen einschließlich kurmanji- oder zazasprachigen Aleviten werde ich „traditionelle Aleviten" nennen. Aber Alevitentum weist von Siedlung zu Siedlung, und sogar von Haushalt zu Haushalt oder von Stamm zu Stamm innerhalb der gleichen Siedlung unterschiedliche Ausprägungen auf.

Das Verständnis der Aleviten in Schulbüchern

Die Darstellung der Aleviten, die hier im Fokus steht, befindet sich in dem Schulbuch „Religiöse Kultur und Ethik" für die 12. Jahrgangsstufen, herausgegeben vom nationalen Erziehungsministerium. Der Grund für die Wahl dieser Darstellung ist, dass sie einerseits umfassend ist und andererseits das Schulbuch im Rahmen der allgemeinen Schulpflicht Verwendung findet. Bei der Betrachtung der unterschiedlichen Ausgaben für die Schuljahre 2011 / 2012 und 2012 / 2013 stellt man fest, dass sie sich kaum unterscheiden. Und dabei können wir vermuten, dass die neue Auflage zwecks Anpassung an die Veränderungen im Folgejahr redigiert wurde. Denn zum Schuljahr 2012 / 2013 wurde das Schulsystem von 5+3+3 auf 4+4+4 umgestellt und die Schulpflicht von 8 Jahren (5+3) auf 12 Jahre (4+4+4) geändert.

Hier möchte ich das Verständnis der Aleviten in diesem Schulbuch verdeutlichen. Wenn ich im Folgenden von dem Schulbuch schreibe, meine ich das oben genannte Buch „Religiöse Kultur und Ethik für die 12. Klasse" (Din Kültürü ve Ahlak Bilgisi Ders Kitabı 12) in der Ausgabe von 2011 / 2012.

Das Wort „Alevit" erscheint in diesem Schulbuch im Bereich „Offenbarung und Vernunft" in der vierten Einheit mit dem Titel „Die Auslegung des

Tasawwuf im islamischen Denken", und zwar als „Alevilik-Bektaschilik". Dass es im Zusammenhang mit dem Tasawwuf genannt wird, bedeutet, dass das Alevitentum innerhalb des islamischen Mystizismus (Sufismus) angesiedelt wird. Darüberhinaus taucht es im Schulbuch in dem Kompositum Alevilik-Bektaschilik auf, was bedeutet, dass die Aleviten mit den Bektaschi gleichgesetzt und in eine Gruppe eingeordnet werden. Sie werden also im Zusammenhang mit den Bektaschi zum Tasawwuf-Mystizismus gezählt.[5]

Wenn man jedoch die Aleviten und die Bektaschi betrachtet, dann gibt es sowohl Gemeinsamkeiten als auch Unterschiede und sie sind nicht das Gleiche. Außerdem wird der Bektaschi-Orden der Gruppe der Sunniten zugeordnet, während die Aleviten / das Alevitentum als eine dem sunnitischen Islam entgegenstehende Gruppe betrachtet werden, manche behaupten sogar, dass sie ganz außerhalb des Islam stünden. Demnach besteht bezüglich der tatsächlichen Bedeutung der Bezeichnung ‚Alevit' keine Einigkeit.

Die Bektaschi-Aleviten werden in eine Reihe mit den Sekten der „Jesewi" und „Kadiri" und den Orden der „Naqschbandi" und „Mewlewi" gestellt. Wir können also sagen, dass sie innerhalb einer Religionsgemeinschaft des islamischen Mystizismus stehen, die einen beträchtlichen Umfang hat. Nach dem herkömmlichen Verständnis ist es so, dass zwar so etwas wie der Bektaschi-Orden tatsächlich existiert, es aber keine „alevitische Religionsgemeinschaft" oder eine solche Bezeichnung gibt. Dabei muss man bemerken, dass es ein bestimmter Kreis von Leuten ist, die vom „Bektaschi-Alevitentum" und den „Bektaschi-Aleviten" sprechen. Seit der ersten Hälfte des 20. Jahrhunderts gibt es Bücher mit diesem Namen, aber es ist nicht bekannt, wie weit die Begriffsverwendung zurückreicht.

Was im Schulbuch unter dem Stichwort „Alevilik-Bektaschilik" beschrieben wird, sind unter anderem die Denkweisen und Ideen der „Bektaschi-Aleviten", die Cem-Zeremonie, das Cemevi, der Semah, die Musahiplik, die religiösen Lieder (Dua, Gülbang), der Muharram-Monat und Aschure. Im Folgenden werde ich alle diese Punkte betrachten. Im Schulbuch heißt es über die Aleviten:

教科書のアレヴィー認識

ここで扱うアレヴィーの記述は国民教育省の教科書『宗教文化と道徳の知識』の第十二学年のものである。その記述が、まとまった形で出ているからであり、義務教育の教科書でもあるからである。それを見ると、二〇一一―一二年の教科書と二〇一二―一三年の教科書とは内容がほぼ同じである。翌年の変更に合わせて教科書が編まれたように推定できる。その変更とは二〇一二―一三年から教育制度が変わり、五十三制から四十四十四制になり、義務教育も、五十三年の八年から四十四十四制の十二年に延長されたことである。

ここでは、「教科書」の中にあるアレヴィー認識を明らかにしたい。ただし「教科書」と記載したときは、『宗教文化と道徳の知識 第十二学年 (Din Kültürü ve Ahlak Bilgisi Ders Kitabı 12)』(二〇一一―一二年版) を指すものとする。

この「教科書」に「アレヴィー」という言葉が出てくるのは、学習分野「啓示と理性」の中の第四単元「イスラーム思想におけるタサッウフの解釈」の中であり、「アレヴィーリキ―ベクタシリキ」という形で、出ている。タサッウフ (tasavvuf) の中に出てくるということは、イスラーム神秘主義 (欧米の術語を使うと「スーフィズム」) の中に位置づけられている、ということが出来る。しかも「教科書」のなかではアレヴィーリキ―ベクタシリキと連結された形であり、アレヴィーリキとベクタシリキ

これとは別の組織で有力な組織としては、アンカラにあるハジ・ベクタシ・ヴェリ・アナトリア文化ワクフあるいはアレヴィー文化協会が挙げられるだろう。この両者は関連組織であるが、現在この組織は、アリ・ドアンが中心的であった時期（二〇〇五年頃まで）とは、大きく変わってきている。割合にアレヴィーおよびアレヴィーリキをひとつの din（宗教）として考えようとする人々が見られたのであった。その後、政府ともジェム・ワクフとも事を荒立てない方向をとることもある。またヨーロッパ、ドイツのケルンの Avrupa Alevi Birlikleri Konfederasyonu (Almanya Alevi Birlikleri Federasyonu <AABF>はその一部）と同一歩調をとることもみられた。他に協会という形として明瞭なものは「ピル・スルタン・アブダル文化協会」もあるが、ここでは触れない。

もうひとつ、それほど確たる形態をとっているとはいえないのであるが、「農村部、地域社会におけるアレヴィー集落」において、その地域で昔から伝承でもって伝え継承してきた「アレヴィー／アレヴィーリキ」をもつ集落、集団すなわち、ジェム・ワクフや「イスラーム運動」の影響をあまり受けなかった人々の存在がある。このなかでもトルコ人の場合には、伝統的「トルコ・アレヴィー」としておきたい。クルマンジ系やザザ系の話者なども加え、広く地域社会の場合には、とりあえず「伝統的アレヴィー集落」と表記しておきたい。ただしこれらは集落ごとに、また集落の中でも親族集団や部族などの集団によって、異なる形をとることがありうる。

> Die Aleviten sind Muslime, die an den alleinigen Gott Allah glauben, den Propheten Mohammed als letzten Propheten anerkennen, den Koran als heiligen Text betrachten sowie den Propheten Mohammed und seine Heilige Familie [ich übersetze Ehl-i Beyt als Heilige Familie; Anm. d. Verfassers] lieben.¶6

Es gibt jedoch keine Bemerkung darüber, nach welchen Kriterien sie als Muslime betrachtet werden. Zudem passt diese Definition zwar auf den „alevitischen-Islam", aber ein Großteil der Aleviten würde nicht darunter fallen.

Im Schulbuch wird dem Buyruk (eine Sammlung von Predigten, Briefen, Auslegungen und Erzählungen, die Ali zugeschrieben werden) eine wichtige Stellung zugewiesen, da behauptet wird, es führe zum mystischen Denken (zikir), zu Reue und Buße (tövbe), zur Liebe Gottes (ilahî aşk), zum vollkommenen Menschen (insan-ı kâmil), zur Bescheidenheit (tevazu) und zur Vereinigung des Menschen mit Gott (murakabe).

Auch im Bektaschi-Alevitentum gibt es den Gedanken von der Liebe zur Heiligen Familie. Nach dem Verständnis der traditionellen Aleviten ist die Heilige Familie mit Ali verbunden (was Ali zum Ursprung macht), nach den Beschreibungen im Schulbuch ist es jedoch die Heilige Familie Mohammeds.¶7

Als nächstes wird gesagt, die Basis des Bektaschi-Alevitentums liege in den religiösen Pflichten (ibadet), nämlich Gebet (namaz), Armenabgabe (zekat), Fasten (oruç) und Haddsch (hac), die durch die Propheten Mohammed und Ali im Buyruk festgelegt sind. Aus der Perspektive des Verständnisses der traditionellen Aleviten betrachtet, sind dies religiöse Handlungen (ibadet) des „sunnitischen Islams", die nicht unbedingt befolgt werden müssen. Folgt man jedoch der Beschreibung des Schulbuchs, so habe das Bektaschi-Alevitentum Toleranz (hoşgörü), Liebe (sevgi), Frieden (barış), Brüderlichkeit (kardeşlik) und Moral (ahlak) von diesen religiösen Pflichthandlungen (ibadet) abgeleitet.¶8

Man kann also sagen, dadurch, dass den Beschreibungen Begriffe zugrunde liegen, die im sunnitischen Islam bzw. in der islamischen Theologie diskutiert werden, werden diese dem Bektaschi-Alevitentum aufgepfropft.

Cem und Cemevi
Cem heißt „Versammlung", aber im Fall der Bektaschi-Aleviten bezieht es sich auf eine Zeremonie. Also bedeutet der Begriff Cem sowohl Versammlung als auch eine bestimmte Zeremonie.

Im Schulbuch steht: „Während der Cem-Zeremonie richten die Menschen ihre Herzen zusammen mit dem Aşık (Musiker und Rezitator) zu Allah." Jedoch ist es im Fall der traditionellen Aleviten nicht so eindeutig, ob das Objekt, zu dem das Herz gerichtet wird, einzig „Allah" ist. In der Zeremonie der Bektaschi wird „Ya Allah, ya Mohammed, ya Ali" rezitiert, so erscheinen die drei hier als eine Einheit. Damit ist es unklar, ob man davon sprechen kann, dass Allah als der alleinige Gott gilt oder nicht.

Cemevi sind Häuser der Cem, also Orte der Versammlung. Hier werden die Tasawwuf, die sufistischen Gespräche (sohbet) geführt, es gibt eine Küche für die Armen und einen Gastraum, der als Ort der Zusammenkunft, Knüpfung freundschaftlicher und brüderlicher Beziehungen, Weitergabe des Wissens, der Erziehung und Kultur dient. Bezüglich dieser Passage kann davon ausgegangen werden, dass einerseits Kenntnisse der türkischen Aleviten durch Massenmedien verbreitet werden, andererseits das Wissen um sie durch Forschungen der theologischen Fakultäten oder des Ministeriums zunimmt, so dass es keinen großen Unterschied zwischen den tatsächlichen Cem-Zeremonien der traditionellen Aleviten und der Beschreibung der Cem-Struktur im Schulbuch gibt.[49]

Semah
Was die Schreibweise der Bezeichnung „semah" angeht, so unterscheidet man sie normalerweise von der im Sufismus verwendeten und ‚Meditation' bedeutenden Bezeichnung „sama" / „sema". Die Aleviten schreiben „semah" unbedingt mit „h" und unterscheiden es von dem u.a. von den Mewlewi gebrauchten Begriff „sema". Da sich die Inhalte der Zeremonien unterscheiden, wird diese Unterscheidung auch in der Schreibweise beibehalten. Mit anderen Worten, die Aleviten und Bektaschiten unterscheiden also „semah" und „sema". Weiterhin heißt es im Schulbuch, dass sich beim Drehen im „semah"

ではアレヴィーについて、「アレヴィーたちは唯一神アッラーを信じ、預言者ムハンマドを最後の預言者と認め、聖典をコーランとし、預言者ムハンマドとその聖家族（Ehl-i Beyt を聖家族と訳しておく━引用者）を愛するムスリムである」としている。しかしムスリムとする証拠、規準については記されていない。しかも、この定義に当てはまるのは「アレヴィー・イスラーム」ぐらいであり、大部分のアレヴィーたちは、こぼれ出てしまうであろう。

「教科書」でもブイルク（アリーのものとされる説教、手紙、釈義と語りの集成）に重要な位置が与えられているが、神秘主義的な思想（ズィクル zikir）、トゥヴベ（悔悛、悔恨、悔い改め）tövbe、神の愛 ilahi ask、完全なる人間（insan-ı kâmil）、テヴァズ（謙遜）tevazu、ムラカベ murakabe（神人合一）などに繋がるからであるとしている。

またアレヴィーリキーベクタシリキの思想に聖家族への愛があるとしている。伝統的なアレヴィー認識からすると、その聖家族はアリーにつながるもの（アリーを基点、根源としたもの）であるのに対して、「教科書」ではムハンマドあっての聖家族とする記述となっている。

次に、アレヴィーリキーベクタシリキの基本として行（イバーデット、ibader）があり、それは礼拝（namaz）、喜捨（zekat）、断食（oruç）、巡礼（hac）であるとされ、これは預言者ムハンマドとアリーのブイルク（buyruk）として承認されているとしている。伝統的なアレヴィーたちの認識からすると、これらは「スンニー・イスラーム」の行（イバーデット）であるとされ、必ずしも遵守すべきものとはされていない。教科書の記述によると、この基本としての行（イバーデット）から、アレヴィーリ

は同等のものとして、ひとまとまりにできるものとして、考えられている。ベクタシとの関係で、タサッウフつまり神秘主義の中に入れられているということが分かる。[注五]

しかしアレヴィーリキとベクタシリキについて観察してみると、共通することもあるが、異なるものも見られ、同じではない。しかもベクタシ教団はスンニー派の中に入れられており、アレヴィー／アレヴィーリキはスンニー・イスラームに対置されるものと考えられるため、イスラームの外にあると考える人もいる。従ってこの概念は、実態から見ると、混乱したものとなっている。

そして「アレヴィーリキ―ベクタシリキ」は「イェセヴィーリキ（イェセヴィー派）」「カーディリーリキ（カーディリー派）」「ナクシュバンディー（教団）」「メヴレヴィー（教団）」と同列におかれている。[注六]つまりある程度の規模をもったイスラーム神秘主義教団の中に入るということである。しかし従来からの認識からすると、ベクタシ教団というのは存在するが、「アレヴィー教団」というものは未だ存在していないし、そのような表現もない。そして「アレヴィーリキ―ベクタシリキ」あるいは「アレヴィー―ベクタシ」という言い方をする人々は、ある特定の人々であるといわざるを得ない。この名称を持った書籍は、二〇世紀前半期からも見ることができるが、どこまで遡ることができるのかは不明である。

「教科書」において「アレヴィーリキ―ベクタシリキ」として記述されているのは、アレヴィーリキ―ベクタシリキの思想・考え方、ジェム儀礼、ジェムエヴィ、セマーフ、ミュサーヒプリキ、祈祷文句（ドゥア、ギュルベンキ）、ムハッレム月とアシュレーなどである。各項について見ていく。教科書

die göttliche Liebe in den Menschen ergießt, und dass durch das reine und unschuldige Drehen die Sünden der Menschen vergeben werden. Wie genau sich die traditionellen Aleviten die Vergebung der Sünden im „semah" vorstellen, wird jedoch nicht explizit ausgeführt.

Musahiplik

In der Cem-Zeremonie wird manchmal eine spirituelle Bruderschaft (musahiplik), also sozusagen eine brüderliche Verbindung geknüpft. Jedoch unterscheidet sich hier die Erläuterung von der Erklärung der traditionellen Aleviten.

Das Schulbuch sieht die Vorlage dazu in der Beziehung des Propheten Mohammed zu seinen Gefährten / Sahabah, den aus Mekka stammenden Auswanderern (Muhadschirun) und den in Medina angesiedelten Unterstützern, welche in Form eines „Weggefährtentums (yol kardeşliği)" mit ihm verbunden sind. Diese Beziehung stellt Mohammed in die Mitte und macht Ali zu einem Bruder. Das Buch sieht hierin die Vorlage für die sprituellen Brüderschaften (Musahiplik) im Bektaschi-Aleventum.[10] Wenn es nach dieser Erklärung ginge, würde man denken, dass man damit nicht falsch läge, wenn man sagte, dass es vielmehr eine Mohammed-zentrierte Beziehung, eine einzelne Individuen aneinander bindende Beziehung, d.h. eher eine Beziehung zwischen den Gläubigen der muslimischen Gemeinde, als ein "Weggefährtentum" sei.

Auch wenn die Beschreibungen des Schulbuchs auf Beobachtungen der heutigen Situation basieren, so werden darin Erklärungen des Islam, insbesondere mit dem Fokus auf Mohammed, eingewoben. Während die Grundlage der Musahiplik die Idee des Helfens und Teilens bildet, verknüpft die Beschreibung damit Erklärungen des Islam, vor allem Mohammed-zentrierte Erklärungen.

Das Buch stellt fest, dass es die gegenwärtige Musahiplik wiederspiegle, aber nach tatsächlichen Beobachtungen ist dies nicht der Fall. Zum Beispiel war einer Untersuchung des Autors zufolge die Musahiplik eine Beziehung, die zwischen Eheleuten geknüpft wird. Somit ist es nicht möglich, dass unverheiratete Personen eine solche Verbindung eingehen.⸿₁₁ Die Menschen, die in einer solchen Paarbeziehung miteinander stehen, stehen damit gleichzeitig in einer sich gegenseitig helfenden Verbindung zur jeweiligen Familie. Wenn zum Beispiel ein Mann zum Militärdienst eingezogen wird, muss sich ein anderer Ehepartner um dessen Zurückgelassene kümmern. Mit dieser Verbindung wird unter den Aleviten also eine Form der Lebenshilfe geschaffen.

Laut des Schulbuchs bildet die Grundlage für die Musahiplik jenes „Helfen und Teilen", das von den Muhadschirun⸿₁₂ und den Leuten aus Medina praktiziert wurde.⸿₁₃ Die Erklärung des Buchs spricht vom Helfen und Teilen innerhalb der islamischen Glaubensgemeinschaft, in Wirklichkeit jedoch geschieht eine ‚tatsächliche' Musahiplik mit dem Ziel, sich gegenseitig im Leben zu helfen, das sind zwei unterschiedliche Dinge.

Kurz gesagt, das Schulbuch liefert Erklärungen, in denen der Prophet Mohammed eine zentrale Achse darstellt. Und auch wenn über die Wichtigkeit Alis gesprochen wird, geschieht dies mit Bezug auf den Propheten Mohammed. Man könnte also betonen, dass in dieser Erklärung das Verständnis der Aleviten und des Alevitentums implizit durch ein sunni-islamisches Verstehen ausgetauscht wird.

Dua und Gülbang

Das Schulbuch berichtet, dass die Basis der religiösen Handlungen (ibadet) des Bektaschi-Alevitentums Dua ist.⸿₁₄ Wenn der Mensch im Alltagsleben in materielle oder seelische Bedrängnis gerät, bittet er Allah um Hilfe. Im Falle des Bektaschi-Alevitentums wird diese Dua als Gülbang⸿₁₅ bezeichnet. Obwohl das Buch das Wort Gülbang in Bezug auf das Bektaschi-Alevitentum benutzt, fügt es das im Sunni-Islam verwendete Wort Dua nebst einer Beschreibung hinzu.

Muharram und Aschure

Im Schulbuch wird der Muharram als Monat Allahs und erster Monat des Hidschra-Kalenders beschrieben, in dem gefastet wird. Es wird behauptet, dass der Prophet Mohammed am neunten, zehnten und elften Tag dieses Mo-

的兄弟関係を成立させ、さらにその上、知識、教育、文化の継承の場所として使われるのである。この部分に関しては、トルコ・アレヴィーの知識がマスコミを通じて、広く知られるようになったからとも考えられるし、神学部や宗務庁内での実態調査に基づいた知識が増加していることも考えられる。従って、おおむねジェム儀礼および「ジェムの構造」の記述については、伝統的なアレヴィーの実際と「教科書」に大きな差異は少ない。

　セマーフ

　セマーフについては、通常のタサッウフに表記される瞑想という意味のsama、semaとは表記上区別されている。アレヴィーたちは、必ずsemahとhを付け、メヴレヴィーなどのsemaとは区別している。儀礼の内容も大きく異なるので、その違いが表記に生かされている。つまり、アレヴィーやベクタシにおいては、semahはセマーフ、semaはセマーである。また教科書では、セマーフにおいて、回ることは、神の愛がその人の心に注がれ、純粋、無心で回ることで、その人の罪は許される、としている。このような罪の許しという考え方は伝統的アレヴィーのセマーフのなかでは、明白な形では聞かれないことである。

　ミュサーヒプリキ

　ジェム儀礼で、擬制的兄弟関係ともいえるミュサーヒプリキが取り結ばれることがある。しかし

キーベクタシリキは、寛容（hoşgörü）、愛情（sevgi）、平和（barış）、兄弟的関係（kardeşlik）、道徳（ahlak）を導き出している、としている。

これからすると、スンニーのイスラームで、あるいはイスラームの神学で議論する用語で語られていることから、それらの用語にアレヴィーリキーベクタシリキの用語が接ぎ木されていることが分かる。

ジェムとジェムエヴィ

ジェムとは集会という意味であるが、アレヴィーベクタシにおいては儀礼を指している。つまりジェムには集まりと特定の儀礼との意味がある。

「教科書」では、「ジェム儀礼においてアーシュク（楽器演奏・唱誦者）とともにアッラーに心が向かう」としている。しかし伝統的なアレヴィーにおいては、ここまではっきりと心の向かう対象が「アッラー」のみとしているようには見受けられない。ベクタシたちの儀礼において、「ヤァ、アッラー、ヤァ、ムハンメット（ムハンマド）、ヤァ、アリー」と唱えるところから、三つにして一つという言い方ができる場面がある。アッラーという唯一神といえるかどうかは不明瞭であるように観察され得る。

ジェムエヴィというのは、ジェムの家、つまり集会所の意味である。この場所で、タサッウフのソフベット（sohbet、談話）がなされるところであり、貧者への調理場、客間、団結、仲良し、擬制

nats gefastet hat, und besonders der zehnte Tag wird als Aschura bezeichnet. Der Muharram ist sowohl aufgrund seiner Verbindung mit Mohammed und der Heiligen Familie bedeutsam, als auch wegen seiner Beziehung zu Hussein und dessen Märtyrer-Tod in Kerbela ein wichtiger Monat.¶16

Im Schulbuch kann man lesen, dass am 13. Tag eine Speise in Form eines süßen Breis, Aschure, zu Ehren von Zein Al Abidin gekocht und gegessen wird, aber diese Erklärung wird von fast keinem Aleviten gegeben. Tatsächlich wird Aschure unter Nachbarn und Verwandten verteilt, aber die unter Aleviten gegebene entsprechende Erklärung dazu ähnelt nicht dem „Almosengeben" als einer der fünf Handlungen des Islam, wie es im Buch erklärt wird. Auch dies kann man als den Versuch ansehen, die fünf Handlungen des Islam zur Erklärung heranzuziehen.¶17

Wir haben uns oben einen kleinen Ausschnitt der relevanten Abschnitte über die Aleviten in einem Schulbuch des Pflichtlehrplans angesehen. Demnach wird das, was man unter der Bezeichnung Aleviten / Alevitentum versteht, im Lehrbuch als „Bektaschi-Alevitentum" dargestellt. Dies entspricht teilweise der Richtung, die auch von der Cem Vakfi vertreten wird. Aus der Sicht der „traditionellen Aleviten" jedoch, kann diese Beziehung zwischen Inhalt und Bezeichnung als an der islamischen Theologie ausgerichtet verstanden werden. Wenn außerdem die Ursprünge des Bektaschi-Alevitentums im sunnitischen Islam gesehen würden, so würde das, nicht nur als eine Inkongruenz, sondern als etwas ganz Anderes verstanden.

Ein weiteres Problem in diesem Zusammenhang ist, dass es schwer zu sagen ist, welche Bezeichnung für den Gegenpol des Alevitentums gebraucht werden sollte. Wie sollte man die Widersacher der Aleviten nennen? Könnte das der Islam oder der Sunni-Islam sein? Wenn wir den Islam als Opposition / Gegenstück betrachten, würden die Aleviten außerhalb desselben gestellt. Wenn wir dagegen den Sunni-Islam nehmen, würde das bedeuten, dass die Aleviten zum Islam dazugehören, und auch wenn sie keine Schiiten wären, so wären sie jedenfalls Muslime. Wenn die Aleviten Muslime wären, würden sie ihr Gebet und die Cem-Zeremonie in der Moschee verrichten. Dies würde jedoch aus alevitischer Sicht als etwas von sich selbst Entferntes empfunden.¶18

Die obigen Ausführungen haben gezeigt, dass es nicht die eine Form der „traditionellen Aleviten" gibt. Auch in den bisherigen Forschungen wurden viele verschiedene Varianten gesehen.¶19

Wenn man über die Kräfte nachdenkt, die auf den Einfluss des Schulbuchs einwirken, so ist vermutlich der Einfluss sehr groß, den die vom Erziehungsministerium (MEB) beauftragten Forscher ausüben. Wären mehrere Schulbücher erlaubt, würde es einen Toleranzbereich geben, aber auch in diesem Fall wäre der Einfluss der Autoren sehr stark. Auch dann ergäbe sich das Problem, welche Absicht die Regierung hat, dessen religiöse Auffassung vom „Amt für religiöse Angelegenheiten" vertreten wird, deren Mitglieder Absolventen der Theologischen Fakultät sind. Des Weiteren ist unklar, inwieweit die Aktivitäten der muslimischen Religionsgemeinschaften einen Einfluss haben.

Gülağ Öz berichtet, dass islamische Gruppen die Tätigkeiten der Aleviten beeinflussen, zum Beispiel würde die islamische Gemeinschaft Süleymancılar alevitische Kinder zu einem regelmäßigen Besuch der Koranschule zwingen, um sie dort zu drillen.¶20 Eine ähnliche, wenngleich nicht so gewaltsam vorgehende Tendenz gibt es auch bei der Cem Vakfı.

Auch in den bisherigen Forschungen wird beobachtet, dass es in der zweiten Hälfte der 1990er Jahre im Umkreis der Cem Vakfı, vor allem der Dedes (sozio-religiöser Führer einer alevitischen Gemeinde), die Bewegung gab, dass Menschen, die bislang den Koran nicht gelesen hatten, ihn nun zu lesen versuchten. Mit anderen Worten, die traditionellen türkischen Aleviten, die den Koran nicht gelesen haben, werden nun dazu gelenkt, ihn ‚aus freiem Willen' zu lesen.

Problematische Benennungen im Zusammenhang mit den Aleviten

Benennungen, von denen ‚angenommen' wird, dass sie mit den Aleviten im Zusammenhang stehen, wurden von den Aleviten (und auch von anderen) prob-

「教科書」では、ミュサーヒプリキについて、ムハージルーンとメディナ出身者とが行った「扶助と分担」が基本であるのだとするのである。これから考えると、教科書の説明は、信者共同体のなかでのイスラーム的な扶助と分担ということになるが、実際のアレヴィーおよびアレヴィーリキの認識においては、生活の相互扶助関係をミュサーヒプリキとしているので、異なるものである。

つまり、「教科書」は、預言者ムハンマドを中心的な軸として説明をしている。アリーの重要性についても、預言者ムハンマドを中心にして説明することになる。もしも、この説明を強調するならば、アレヴィーおよびアレヴィーリキの認識を、スンニー・イスラーム的な理解にすり替えることになる。

ドゥアとギュルベンキ

「教科書」では、「アレヴィーリキ=ベクタシリキにおける行（イバーデット ibadet）の基本はドゥアである」としている。日常生活のなかで人間は、物質的にも精神的にも困難に陥ると、アッラーからの援助を願う。このドゥアを、アレヴィーリキ=ベクタシリキでは、ギュルベンキと言っている。アレヴィーリキ=ベクタシリキではギュルベンキと言っているにもかかわらず、スンニー・イスラームで使われるドゥアという言葉を付し、ドゥアの説明も加えている。

ムハッレム月とアシュレー

その説明は、伝統的なアレヴィーの説明とは異なっている。

「教科書」では、その原型を、預言者ムハンマドと教友との関係にもとめ、メッカ出身の移住者（ムハージルーン）とメディナ出身の支持者とに結ばれた関係を「同道の兄弟関係（yol kardeşligi）」とする。その関係は、ムハンマドを中心にして、アリーをも兄弟とする。それをアレヴィーリキ―ベクタシリキのなかのミュサーヒプリキの原型としてみなしている。ムハンマドを中心とした関係であり、個人と個人が結ぶ関係であり、「同道の兄弟関係」というよりも、イスラーム共同体の信者のつながりといっても、大きな違いがないと考えられる。

「教科書」では、現在の観察にもとづいた記述をしながらも、その基本としてイスラームの、特にムハンマドを中心とした説明に、すべり込ませている。ミュサーヒプリキの基本を、扶助と分担であるとしながらも、その説明は、イスラームの、特にムハンマドを中心とする説明に結びつけている。

それを反映させたのが、現在のミュサーヒプリキであるとするが、実際の観察からすると、異なっている。例えば、筆者の調査によれば、ミュサーヒプリキの関係を取り結ぶのは二つの夫婦関係者であり、未婚の者は取り結ぶことができないとされていた。そして、この二つの夫婦関係にある者は、互いの家族にとって相互扶助的な関係を取り結ぶことになる。例えば一方の夫が徴兵で出かけた場合に、もう一方の夫婦が、残された者たちの面倒を見ることになっている。つまり一種の生活扶助関係が「アレヴィー／アレヴィーリキ」の結びつきのもとで構成されているのである。

lematisiert, zeitweise waren die Medien von diesen Diskussionen belebt. Als ein Beispiel dafür möchte ich über die Frage der Benennung der dritten Bosporusbrücke und über die Namensgebungen nach Hadschi Bektasch Veli sprechen.

Laut der Zeitung *Radikal* vom 29.5.2013 hielt der damalige Ministerpräsident Erdogan eine Rede, in der er die dritte Bosporusbrücke, die die beiden Kontinente miteinander verbinden soll, Yavuz-Sultan-Selim-Brücke nannte. Dieser Name stellt sich in eine Reihe mit den Namen des ersten Präsidenten der Republik, Mustafa Kemal Atatürk, nach dem die erste Brücke benannt ist, und Fatih Sultan Mehmet, dem Eroberer Konstantinopels, dessen Namen die zweite Brücke erhielt.[21] Als die Regierung die Brücke nach Sultan Yavuz benannte, löste dies eine Kontroverse aus, berichtet die Zeitung, aus vielen Richtungen gab es Proteste, vor allem von den Aleviten.[22]

Zur Zeit Sultan Selims, kurz: Selim I., gab es, vereinfachend gesagt, zum einen die Dynastie der zwölfimamistischen Safawiten, zum anderen die sunnitische Dynastie der Osmanen. Man nennt Selim I. auch den ‚Schlächter der Aleviten'. Natürlich kann man nicht mit Sicherheit sagen, ob die Leute, die von Selim I. (Yavuz) grausam getötet wurden, tatsächlich direkt mit den heutigen Aleviten in Verbindung stehen. Aber es gibt Personen unter den Aleviten, die es als ein Massaker an den Aleviten ansehen. Zudem meinen einige, dass die Unterdrückung durch die sunnitisch-osmanische Dynastie, also die unter Yavuz erfolgte Unterdrückung der Schia (die in Verbindung mit den heutigen Aleviten stehen), vergleichbar sei mit der Unterdrückung der Schiiten oder der Nomaden. Nach dieser Sichtweise kann man sich vorstellen, das diese Personen es nicht wollen, dass eine Brücke, die als Folge eines staatlichen Projekts entsteht und auch für die nächsten Generationen bleiben wird, nach einem Sultan benannt ist, der sie unterdrückt hat.

Was die Aleviten betrifft, besonders wenn wir uns die Periode zwischen den neunziger Jahren bis etwa 2005 ansehen, konnten wir den Eindruck gewinnen, dass es eine Art von ‚Geschädigtenbewusstsein' ist, was die Alevitengruppen miteinander verbindet. Aber wenn man diesem Gedanken folgt, ist es schwierig, sowohl die Aleviten als auch verschiedene andere Minderheiten unter dem gemeinsamen Begriff ‚Schicksalsgemeinschaft' zu fassen. Laut Zeitungsberichten wurde schließlich der Baubeginn der dritten Bosporusbrücke als Yavuz-Sultan-Selim-Brücke beschlossen.

Wenn wir über Hadschi Bektasch Veli sprechen, so wird angenommen, dass er der Gründer oder Namensgeber des Bektaschi-Ordens ist, ein aus Zentralanatolien stammender Heiliger, der den Islam in Anatolien verbreitet hat, der auch der große Heilige des islamischen Mystizismus genannt wird. Er ist ein berühmter türkischer Heiliger des Islam, der die zweite Hälfte seines Lebens in Anatolien verbracht hat. In dem o.g. Schulbuch gibt es dazu einen Eintrag unter Tasawwuf / Sufismus.

Bei der Verschriftlichung des Namens gibt es eine problematisierte Differenz zwischen den Schreibweisen ‚Hacı Bektaşi Veli' und ‚Hacı Bektâş-ı Veli'. In der türkischen Provinz Nevşehir wurde 2013 eine Universität gegründet, die man „Hacı Bektâş-ı Veli Üniversitesi" nennen wollte. Man wollte Sie nach dem mit der Stadt tief verbundenen Heiligen Hadschi Bektasch Veli benennen. Die Stadt Hacibektas, in der sich das Mausoleum des Heiligen befindet, ist eine Kreisstadt in der Provinz Nevşehir. Jedoch meinen besonders die türkischsprachigen Leute in Anatolien, ihr Heiliger sei Hacı Bektaşi Veli und nicht Hacı Bektâş-ı Veli. Mit (der Schreibweise) Hacı Bektaşi Veli wird sozusagen ausgedrückt, dass er ein türkischer Heiliger ist, und nicht der in alten persischen oder arabischen Texten auftauchende Hacı Bektâş-ı Veli. Die Türken in Zentralanatolien finden, dass er nach türkischer Schreibweise geschrieben werden sollte, da er für sie eine wichtige Figur und eben ein türkischer Heiliger sei. Die im Jahr 2007 gegründete Universität in Nevşehir benutzt übrigens die Schreibweise „Nevşehir Haci Bektaş Veli University".

Hinzufügen lässt sich, dass wir aus bisherigen Untersuchungen wissen, dass die Menschen aus Zentralanatolien zum Heiligen Hadschi Bektasch Veli pilgern. Im von Kurden bewohnten südöstlichen Anatolien ist Hadschi Bektasch Veli kaum bekannt. Die Kurden im Südosten pilgern zu vielen verschiedenen Wallfahrtsorten, Mausoleen von Heiligen, die es in jeder Region gibt. Also war Hadschi Bektasch Veli zwar für die türkischen Aleviten wichtig, aber für die kurdisch- und zazasprachigen und anderen Menschen im Südos-

和感よりもむしろ、別のものとして理解されるであろう。

ここでもう一つ問題であるのは、逆に、アレヴィーの対極にあるものを一つの名称、名詞で表現することが難しいことである。アレヴィーの対立項については何と言えばよいのであろうか。イスラーム、あるいはスンニー・イスラームであろうか。

イスラームが対立項であるとすると、アレヴィーはイスラームの外にはみ出てしまう。スンニー・イスラームとすると、アレヴィーは、イスラームの中にあることになり、シーア派であるとしてもでないにしても、ムスリムであることになる。ムスリムであることになると、アレヴィーの人々は、モスクで「礼拝」をすることになり、ナマズ（イスラーム式礼拝）をし、モスクでジェム儀礼をすることになる。これは、アレヴィーの人々にとっては、自分たちとは異なることであると実感するであろう。[注三]

以上のような、「伝統的アレヴィー」については、一つの形があるわけではない。これまでの調査研究からしても、様々な変異形が見受けられた。[注三]「教科書」の影響という観点から考えると、国民教育省（MEB）から委嘱を受けた研究者の影響力は大きいものがあろう。二、三の複数の教科書が許されるのであれば、ある程度の許容範囲がでてくる可能性があるが、それでもそうした著者たちの影響力は大きなものがある。その時に、政府当局の意図がどれぐらい入るのか、政府の宗教的な見解を述べる「宗務庁」、宗務庁のメンバーになる神学部出身者の方向性などが問題ではある。またイスラームの「教団」の活動が影響力を持つ場合があるかどうかは不明である。

「教科書」では、ムハッレム月はヒジュラ暦の最初の月であり、アッラーの月とされ、この時に断食がなされる。預言者ムハンマドは、この月の九、十、十一日に断食をしたとされ、ムハッレム月十日が特に「アーシューラー」と名付けられている、としている。ムハッレム月は、ムハンマドとその聖家族との関係でも重要なことであるが、フセインとそのケルベラの殉死に関しても、重要な月となっている。[一九]

教科書では十三日が、アシュレーという甘い粥状の食べものを、ゼイネル・アービディンのために、調理し、食べる日となっていると読めるが、このような説明をしているアレヴィーたちは、ほとんどいない。アシュレーを隣人や親類に配ると言うのは実際に行われているが、アレヴィーたちの間で、それに関する説明は、教科書でされているようなイスラームの五行に近いものでもない。これも、イスラームの五行の一つ「喜捨」に引き寄せようとする、説明の仕方であると見て取ることができる。[二〇]

このように、「アレヴィー」に関連する記述について、義務教育の教科書の該当部分の一部を見てきた。それによると、アレヴィー/アレヴィーリキの名称で使われていることが、教科書では「アレヴィーリキーベクタシリキ」の形で表現されている。これは、一部ジェム・ワクフの方向にも近いものである。しかしながら、その内容と名称との関係は、「伝統的アレヴィー」の人々からするならば、多分にイスラーム神学の術語で表現されていると理解されてしまう。しかもその「アレヴィーリキーベクタシリキ」にしても、本来の形はスンニー・イスラームであるといわれると、違

ten ist er erst in den letzten Jahren wichtig geworden, seit sie durch Medienberichte und Schulbücher von ihm erfahren haben. Die Leute, die aufgrund von Berichten in Fernsehen und anderen Medien zur Gedenkfeier Hadschi Bektasch Velis sowie zu anderen Einrichtungen des Heiligen pilgern, nehmen immer mehr zu.

In 2011 habe ich Gazi Mahallesi, ein Stadtviertel in Istanbul besucht. Im Jahr 1995 gab es dort einen Vorfall, welcher der Grund für meinen Besuch war. Dieser Vorfall hat, so meint man, ähnlich wie der Madimak-Vorfall von Sivas von 1993, dazu beigetragen, dass sich das Bewusstsein der Zusammengehörigkeit verstärkt hat.

Im direkten Zusammenhang mit diesen Vorfällen steht eine Stiftung, die mit den Aleviten verbunden ist, deren Chef eine Richtung der Annäherung an die Cem Vakfi genommen hat. (Zurzeit meiner Forschungsreise im März 2012 befand sich nur 10 Minuten mit dem Auto von diesem Ort entfernt eine Organisation, die der Pir Sultan Abdal-Gesellschaft nahe stand und sich von der Cem Vakfi abgrenzte.❡23 Allerdings, so wurde gesagt, seien sie kein Zweig der Pir Sultan Abdal-Gesellschaft mit Sitz in Ankara.) Daraus können wir erkennen, dass zu jener Zeit der Einfluss der cem Vakfi in Istanbul groß war. In Sultan Gazi gibt es 14 Bezirke, von deren insgesamt 520.000 Einwohnern ungefähr 200.000 Aleviten sind. Obwohl es in diesen Bezirken etwa 95 Moscheen gibt, gibt es nur zwei Cemevi.❡24

Der Chef der Stiftung, die sich in Gazi Mahallesi befindet, spricht ursprünglich Kurmanji. Das Aleviten-Bild des Chefs ist im Sinne des alevitischen Islams, und er hat das Gespräch in die Richtung einer Verbindung mit der Cem Vakfi geführt. Wenn es während des Gesprächs mal etwas gab, das er nicht wusste, hat er in den Publikationen der Cem Vakfi nachgesehen und dann gesprochen. Daraus wurde ersichtlich, dass der Chef der Stiftung ein Aleviten-Bild hat, das Allah und den Propheten Mohammed als Achse nimmt.❡25

Als ich Gazi Mahallesi besucht habe um Gespräche zu führen, hatte ich auch die Gelegenheit mit einem Lehrer zu sprechen, der den Saal der Gemeinschaft für Vorträge mietet. Der Lehrer war 30 Jahre alt, verheiratet und

hatte ein wenige Monate altes Kind. Er hat eine Erinnerung an die Vorfälle in
Gazi Mahallesi. Er spricht ursprünglich Zaza.

Er lehrt Computer und Basketball an diesem Ort, wo es die Organisation,
die in Verbindung mit den Aleviten steht, gibt. Aber, so sagt er, die Organisation kenne er nicht gut. Außerdem sei sie eine Nachhilfeschule, in die auch
Sunni-Kinder kommen um zu lernen.

> Die Aleviten aus meiner Generation oder jünger wissen eher weniger [über
> die Aleviten]. Es gibt wenige junge Leute, die am Cem teilnehmen. Wenn sie
> zum Militärdienst gehen, wollen sie nicht sagen, dass sie Aleviten sind. [...]
> Beim Vorstellungsgespräch ist es nicht gut zu sagen, dass man in Gazi Mahallesi wohnt. Es gab jemanden aus Gazi Mahallesi, der im Lebenslauf einen
> anderen Ort als Adresse angegeben hat. [...] Das Gymnasium war in einem
> anderen Stadtbezirk. Dort gab es viele Sunniten, und erst dort habe ich gelernt, was es heißt, Alevit zu sein.¶26

Dieser junge Mann hat auch in anderen Bezirken unterrichtet. Aber das waren Bezirke der AKP. Deswegen habe er dort täglich den 5-6-jährigen Kindern, obwohl es Computerunterricht war, während des Unterrichts unbedingt 15 Minuten religiöse Erziehung lehren und vom Leben des Propheten
Mohammed sprechen müssen. Das habe er nicht ertragen können und nach
einer Woche die Arbeit aufgegeben.¶27

Es gab keinen Unterricht auf Zaza, wenn es in der Kindheit Unterricht auf
Zaza gegeben hätte und wenn er dort gelernt hätte, dann wäre er vielleicht
mehr ein Teil einer anderen Kultur geworden. Außerdem habe er im selben
Gebäude, in dem er gelehrt hat, Kontakt zu Aleviten bekommen. Ihm zufolge
seien Aleviten eigentlich weder fortschrittlich / progressiv noch gebildet. Es
fehle ihnen an Erziehung. Sie seien arm und kritisierten sich nur gegenseitig,
bemerkte er. Die zaza- und kurdischsprachigen Kinder haben schlechte Noten, da sie es nicht verstehen, wenn man ihnen die Mathematik oder Naturwissenschaften auf Türkisch erklärt, sagte er weiter.¶28

Bevor er in diesem Gebäude Lehrer geworden sei, habe er eine Frau geheiratet, die sein Aleviten-Bild grundsätzlich teilt. Die religiöse Ehe sei von den

を征服したファーティフ・スルタン・メフメトの名前が付けられているが、第三橋についても、そ
れらと同列に扱われている。政府は、この橋の名前をスルタン・ヤウズの名前としたところ、アレ
ヴィーの人々を筆頭に多方面から反発があり、議論が起こったと新聞では報じている。
　スルタン・セリムつまりセリム一世の時は、表面的には、十二イマーム派のサファヴィー朝とス
ンニー派のオスマン朝という構図で捉えられることがある。セリム一世のことを「アレヴィーの殺
戮者」とすることもある。もちろん、実際には、セリム一世（ヤウズ）によって虐殺された人々が、
現在のアレヴィーと直接に繋がる人々であったのか、明瞭ではない。しかしアレヴィーの人々のな
かには、これをアレヴィーの虐殺と見なしている人々もいる。またスンニー派のオスマン朝の弾圧、
つまりヤウズのシーア派弾圧を、被抑圧の民衆としてシーア派や遊牧系の人々と（今日につながるア
レヴィーの人々を）同類として考える人もいる。そのような考え方からすると、自分たちへの弾圧
を抑圧し弾圧したスルタンの名前を、国家事業による後世に残る橋の名前にして欲しくない、とい
うことは想像できるものである。
　アレヴィーの人々に関して、特に一九九〇年代から二〇〇五年頃までを見ていると、アレヴィー
集団を結びつけているものの一つが、一種の「被害者意識」であるように見ることもできた。しか
しながら、少数派の多様な人々もアレヴィーの人々も「被害者意識」でまとまることができるかど
うかは、難しいように思われる。したがって、結局新聞の報じるように、第三ボスポラス橋はヤウ
ズ・スルタン・セリム橋として着工されることが決まったと考えられる。

イスラーム集団からアレヴィーの活動に影響があったことは、例えば、イスラーム集団のスレイマンジュが強制的にアレヴィーの子どもたちに、コーラン「塾」に通わせ、教え込もうとしていることは、ギュラー・オズが報告している。このような傾向は、それほど強制的ではないにしてもジェム・ワクフにもある。これまでの調査中にも、デデ（アレヴィーたちの社会的宗教的教導者）などを中心にして、ジェム・ワクフに関わる人々のなかには、それまで、コーランを読まなかった人々が、一九九〇年代後半コーランを読もうとする動きが出てきたのであった。つまり伝統的なトルコ・アレヴィーたちはコーランを読まない人々であったのに、自由意志とはしているが、その人々を読む方向に向けている。

「アレヴィー」に関連すると考えられる名称の問題

アレヴィーに関連すると「思われる」名称が、アレヴィーの問題として（周囲からも）問題視され、マスコミをにぎわすことがあった。そのようなこととして、ボスフォラス第三橋の名称問題、ハジュ・ベクタシ・ヴェリという名称のことなどについて触れておきたい。

二〇一三年五月二十九日の『ラディカル (Radikal)』紙によると、トルコ共和国エルドアン首相が二つの大陸を結ぶ第三橋の名前を「ヤウズ・スルタン・セリム橋」とするという演説をしている。

第一橋には初代共和国大統領ムスタファ・ケマル・アタチュルク、第二橋はコンスタンチノープル

Dedes im Stil der Aleviten geschlossen worden. Seine Frau kennt die Kultur der Aleviten und spricht positiv darüber:

> Seit der Zeit unserer Kindheit wurden wir zurückgewiesen, wenn wir unsere Namen sagten und hinzufügten, dass wir Aleviten sind. [...] [Aber] wir haben eine sehr großartige Kultur. [...] Es ist traurig, dass den Nachfahren der Propheten solch ein Schmerz zugefügt wird. Wir wollen keine Entschädigung und denken nicht über den Himmel nach. Die Basis ist nichts als Liebe.[29]

Auch anhand so einer Aussage können wir erkennen, dass die Meinung des Chefs der Stiftung und die Meinung der Eheleute unterschiedlich sind. Natürlich gehören sie zu verschiedenen Generationen, aber beide bezeichnen sich als ‚Aleviten'.

Allerdings spricht der Chef der Gemeinschaft Kurmanji und der junge Mann spricht Zaza, sie sind Migranten aus unterschiedlichen Regionen, und obwohl sie zu unterschiedlichen Sprachgruppen gehören, befinden sie sich nichtsdestotrotz innerhalb desselben Systems. Das bedeutet also, dass das Wort ‚Alevit' eine Verschiedenartigkeit erlaubende Toleranz beinhaltet. In diesem Fall werden die Linien stärker auf der Basis der Religion und Kultur, als weniger auf der Basis der Sprache gezogen.

Es ist denkbar, dass sich auch in der Art und Weise, in der sich die beiden an Istanbul angepasst haben, Unterschiede zeigen. Der Chef der Organisation wird unter Druck gesetzt, da er die Organisation in Istanbul verwaltet, wo die Cem Vakfı einen großen Einfluss ausübt. In Bezug auf den Lehrer verhält es sich weniger so, dass er in seiner Kindheit nicht offenbaren konnte, dass er Alevit sei, sondern dass es ihm nicht bewusst war. Er hat es nicht aktiv zu lernen versucht, was das eigentlich bedeutet. Er bemerkte (wahrscheinlich zu seiner Zeit am Gymnasium oder später), dass er diskriminiert wurde, entwickelte das Bewusstsein (Alevit zu sein; Anm. d. Übers.) und versuchte auf seine eigene Weise, die Ideen und die Denkweisen zu erkunden. Und möglicherweise hat er sich so sogar selbst formiert. Aber dieses Alevit-Bewusstsein war anders als das des ‚alevitischen Islam'.

Man könnte meinen, dass zwischen diesen zweien bezüglich des Verständnisses des Alevit-Seins eine Diskrepanz bestehe, indem einer darin das Mittel des Fortbestehens der Organisation bzw. des Selbst, und der andere eine Grundlage für die eigene Existenz sieht. Aber trotz der diesbezüglichen Differenzen und bezogen auf Sprache lässt sich beobachten, dass die Wichtigkeit des ‚Alevit-Sein' zweifelsfrei geteilt wird.

Dem jungen Mann, dem nicht bewusst war, dass er Alevit ist, wird u.a. aufgrund der aus seinem Umfeld erfahrenen Diskriminierung das Bewusstsein für sein Alevit-Sein geweckt, aber diese Aleviten tendieren dazu, weniger die Tradition fortzuführen als vielmehr eine neue Kultur zu formieren. Eine klare Grenze wird gezogen zwischen den traditionellen Aleviten, und denen, die den Eindruck erwecken, dass sie politisch konstruiert sind (und natürlich auch dem Alevi-Islam).

Resümee

In diesem Aufsatz habe ich die Aufmerksamkeit auf Risse, ‚Grenzen' oder ‚Linien' im Wortfeld ‚Alevit' gelenkt, die eine Vielfalt an unterschiedlichen alevitischen Gruppen und Individuen erkennen lassen.

Im Lehrbuch des nationalen Erziehungsministeriums wird das Alevitentum als „Bektaschi-Alevitentum" bezeichnet. Mit dem Gebrauch dieses Schulbuchs wird der Gedanke des Bektaschi-Alevitentums verbreitet, der jedoch nicht dem ‚Brauchtum' der Menschen in unterschiedlichen Regionen entspricht, sondern das Bektaschi-Alevitentum oder den Alevi-Islam als die legitime Denk- und Handlungsweise favorisiert. Unter den verschiedenen alevitischen Gruppen wird die Einrichtung der Cem Vakfı, die sich in Richtung des Alevi-Islam orientiert, von anderen Einrichtungen abgegrenzt.

Aus Sicht der traditionellen Aleviten kann man dem Schulbuch einen Trend zur Assimilation unterstellen, aus einer anderen Sicht betrachtet kann man es jedoch auch als eine Brücke vom ‚Heidentum' zum ‚Sunni-Islam' oder möglicherweise als eine ‚Neuschöpfung' ansehen. Es könnte daher einen Mei-

付記として、これまでの調査から分かったことは、ハジュ・ベクタシ・ヴェリを聖者として参詣するのは、中央アナトリアの人々である。アナトリア東南部のクルド人居住地では、ハジュ・ベクタシ・ヴェリはほとんど知られていない。東南部のクルド系の人々の場合には、それぞれの地域に自分たちが参詣に行く霊廟、聖者廟がある場合が多い。つまり、ハジュ・ベクタシ・ヴェリはトルコ・アレヴィーの人々には重要であるが、クルマンジクルド系、ザザ系などの東南部の人々からすると、近年の教科書やマスコミ報道などで知るようになったのである。テレビなどマスコミの報道から、ハジュ・ベクタシ・ヴェリ記念祭やハジュ・ベクタシ・ヴェリの施設群を知り、参詣に来る人も多くなっている。

二〇一一年にイスタンブルのガズィ・マハレスィ（地区）を訪問した。ここを訪問した理由は、一九九五年にこの場所で起こった事件が、九三年のスィヴァスのマドマク事件と同様に、アレヴィーたちの〔団結〕意識を高めることになったと考えられているからであった。

その事件現場にほど近いところに、アレヴィー関連のワクフ組織があるが、その組織長・ワクフ長はジェム・ワクフの系列に連なる方針をとっていた。（その地から車で十分ほど離れたところにあるピル・スルタン・アブダル関連の組織は、二〇一二年三月の調査時には、ジェム・ワクフと一線を画していた。ただしアンカラのピル・スルタン・アブダル文化協会とは、名前をいただいたが、支部ではないと語る）。ジェム・ワクフの影響力が、この時点では、イスタンブルでは、大きいことが分かった。このスルタン・ガズィ

University, と表記をしている。

ハジュ・ベクタシ・ヴェリといえば、中央アナトリアの大地にイスラームを広めた聖者であり、あるいはイスラーム神秘主義者の偉大なる聖者ともいわれ、ベクタシ教団の名祖あるいは開祖とされる。アナトリアで後の半生を捧げたことから、トルコのイスラーム聖者として有名である。前出の「教科書」にはタサッウフとしての記載がある。

ハジュ・ベクタシ・ヴェリの表記については、ハジュ・ベクタシ・ヴェリ（Hacı Baktaşi Veli）およびハージュ・ベクターシュ・ヴェリ（Hacı Bektâş-ı Veli）の二種の書き分けが存在する。[注二六]

トルコのネヴシェヒル県に二〇一三年に大学ができることになった。名前をハージュ・ベクターシュ・ヴェリ大学（Hacı Bektâş-ı Veli Üniversitesi）としようとした。大学名に、その場所にゆかりの深い聖者「ハジ・ベクタシ・ヴェリ」にちなんで名付けようとしたのである。聖者ハジュ・ベクタシ・ヴェリの霊廟のあるハジュベクタシ町はネヴシェヒル県の一つの郡（ilçe）である。

しかし、それに対してアナトリアの特にトルコ語使用の人々からは自分たちの聖者はハジ・ベクタシ・ヴェリ（Hac Baktaşi Veli）であって、ハージュ・ベクターシュ・ヴェリではないというのである。つまりハジュ・ベクタシ・ヴェリはトルコの聖者であって、古文書に出てくるような、ペルシア語やアラビア語のハージュ・ベクターシュ・ヴェリではない、という言い方である。自分たちアナトリアのトルコ人にとって重要な存在であるから、トルコ語の表記でなければならないと考えるのは、中央アナトリアのトルコ人であった。つまり、ハジュ・ベクタシ・ヴェリはトルコの聖者と考えているのである。ちなみにネヴシェヒル大学は二〇〇七年に設立され、Nevşehir Hacı Bektaş Veli

320

佐島　隆

lenstein im großen Trend der Islamisierung darstellen. Aber hierfür müsste berücksichtigt werden, ob die „traditionellen Aleviten" überhaupt davon bewegt und überzeugt werden. Vermutlich ist es nicht möglich, sie vollkommen in diese Richtung zu zwingen, und einige verschiedene „traditionelle Aleviten" würden hier und da noch erhalten bleiben. (In den letzten Jahren spielte es für den Anatolischen Kulturverein Haci Bektas Veli keine Rolle, ob die Aleviten innerhalb des Islam stünden oder nicht, und es ist denkbar, dass sie sich bewusst dieser religiösen Diskussion verschlossen haben.)

Im Schulbuch geht es darum, anhand eines systemischen Sprachgebrauchs Individuen als soziale Gruppen zu konstruieren oder ‚Grenzlinien' zu ziehen

Betreffs des Namens ‚Yavuz-Sultan-Selim-Brücke' konnte man Reaktionen auf die Benennung nach Selim I. sehen, aber diese gingen nicht speziell von den Aleviten aus, sondern allgemein von Gruppen von Unterdrückten, Diskriminierten, Leidenden, weshalb man nicht sagen kann, dass diese ‚Linie' nur von den Aleviten herkomme.

Hinsichtlich des Namens ‚Hadschi Bektasch Veli' kann man ohne Weiteres feststellen, dass es unter einigen türkischen bzw. anatolischen Aleviten zu Unbehagen wegen der Schreibweise dieses Namens gekommen ist. Es zeichnet sich hier jedoch keine klare ‚Linie' ab. In diesem Fall geht es eher um die Frage, ob Hadschi Bektasch Veli einer ihrer Heiligen ist oder nicht, und hier scheinen sich die Linien zwischen den türkischen Aleviten und den kurmanji- oder zazasprachigen Aleviten zu überlappen. Aber auch unter den kurdischen Aleviten gibt es einige, die an der Gedenkfeier für Hadschi Bektasch Veli teilnehmen und ihn als alevitischen Heiligen akzeptieren. (Das ergibt sich aus den Untersuchungen in Adıyaman.)¶30

Fast alle Aleviten schreiben „Semah", die Bezeichnung für den zeremoniellen Drehtanz, immer mit „h" am Ende. In Bezug auf die Aussprache gibt es sowohl Leute, die beide Schreibweisen gleich aussprechen ohne zu differenzieren, als auch Leute, die beide Wörter unterschiedlich aussprechen. Letztere Unterscheidung wird vor allem von alevitischen Gruppen gemacht, die Cem-Zeremonien veranstalten. Zum gegenwärtigen Zeitpunkt kann man deutliche Unterschiede zwischen dem Drehtanz der Aleviten und dem der

Mewlewi beobachten, und so wird auch in der Sprache ein Unterschied gemacht, um in der Bezeichnung die alevitische Charakteristik zu erhalten.

Anhand der Untersuchungen im Bezirk Gazi Mahallesi wurde deutlich, dass dort Gruppen unter dem gleichen Namen, „Aleviten", tätig sind, die jedoch ein anderes Verständnis von Aleviten bzw. dem Alevitentum haben. Selbst Personen, die bei der gleichen Organisation arbeiten, haben unterschiedliche Denk- und Handlungsweisen. Diese können durch Generationsunterschiede, durch Anwendung unterschiedlicher Strategien des Fortbestehens unter gegebenen Umständen, durch Bewahrung alevitischer Traditionen oder durch die Vorstellung und Erschaffung eines neuen Bildes in gegebenen neuen Situationen entstehen.

Es konnte beobachtet werden, dass je nach sozial-kulturellen Einflüssen sowie des eigenen Selbstverständnisses aus diesem Umfeld selektiv Wissen als kulturelle Ressource ausgewählt wird, aus dem das eigene alevitische System, das Denken und Handeln abgeleitet wird.

Aus dem oben Gesagten lässt sich schließen, dass es keine unterscheidenden Strukturen von Aleviten / Alevitentum gibt und somit das Wort ‚Alevit' unterschiedliche Reaktionen hervorruft. Somit treten zwischen Gruppen oder Individuen ‚Grenzlinien' auf. Wenn mit der Sprache ein politischer Zwang ausgeübt wird, so können dadurch neue Richtungen eingeschlagen, neue Strukturen erdacht und von den Menschen verinnerlicht werden. Es ist vorstellbar, das hieraus neue ‚Grenzlinien' entstehen.

(Übersetzung: Maciej Patlewicz und Theresa Specht)

Endnoten

1 Wenngleich diese Grenzlinien einem Wandel unterliegen, benötigen sie einen gewissen Grad an Sozialität und Kulturalität: Sie müssen von einer gewissen Anzahl an Menschen bzw. einer Gruppe geteilt werden und nicht nur einmalig auftreten, sondern auch über eine gewisse Zeitpanne erhalten bleiben und fortbestehen.
2 Dies ist in bisherigen Forschungen aufgeschienen, vgl. u.a.: Sashima 2012; Sashima 2009; Sashima 2005a; Sashima 2005b; Göner 2005.

ンニーの方が多く、アレヴィーであることがどれだけ大変なことなのかを初めて知った。[30]

この青年は、他の地区でも授業をしたことがあった。しかしそこはAKPの地区であった。そのため、五、六歳の子供に、毎日、コンピューターの授業であるにもかかわらず、授業の中で十五分必ず宗教教育、預言者ムハンマドの生涯を話さなければならなかった。それに堪えられなくなり、一週間で辞めた、という。[31]

またザザのコースはなく、もしも子供の頃にザザのコースがあり、勉強していたなら、もっと別の文化に属していたであろうと語っている。さらに、同じ建物の中で授業をしており、アレヴィーの人々を見ることになった。それによると、アレヴィーは本当は先進的でもないし知識人でもない。貧しく、アレヴィー同士互いに批判ばかりしている、と語る。ザザやクルマンジを話す子供は、学校で、数学や理科などをトルコ語で説明されても分からないため、成績が悪い、とも語る。[32]

その青年がこの建物での教師になる前に、彼のアレヴィー観に基本的に共鳴した女性が彼の妻となっている。二人はデデによる(アレヴィー式の)宗教結婚をしたという。妻はアレヴィー文化を知り、その良さを語る。

一 私たちは子供のころから、名前を言ってから、自分がアレヴィーだということを言うと、疎外

に十四の地区があり、人口が五十二万人ぐらいがアレヴィーである。この地区には、約九十五のモスクがあるのに、ジェムエヴィはここを入れて二ヶ所だけであった。ガズィ・マハレスィにある組織長・ワクフ長は、もとはクルマンジを話す。会長のアレヴィー観はアレヴィー・イスラームであり、ジェム・ワクフとつながるように話をしていた。分からないことがあると、ジェム・ワクフからの出版物を見て話すこともあった。ワクフ長はアッラーや預言者ムハンマドを基軸にしたアレヴィー観を持っていることが解った。

このガズィ・マハレスィを訪問し、聞き取りをしていたときに、当協会の場所を借りて講座を開いている教員と話すことがあった。その教員は三十歳であり、結婚し、子どもは生後数ヶ月である。彼は、ガズィ・マハッレでの事件の記憶はある。彼は、もとはザザの言葉を話す。

彼は、このアレヴィー関係の組織のある場所で、コンピューターやバスケットボールを教えている。しかし、この組織のことについては、よく知らないという。しかも、デルスハネ（学習塾）となっており、スンニー派の子供も来て勉強しているという。

――私の世代やもっと若い世代のアレヴィーは、こういう（アレヴィーの）知識をあまり持っていない。ジェムに参加する若者は少ない。兵役についたとき、アレヴィーであることを言いたがらない。……就職の面接のとき、ガズィ・マハレスィに住んでいることを言うとよくない。ガズィ・マハレスィに住んでいる者は他の住所を願書に書いた。……高校は他の地区だった。そこはス

3	Vgl. Sashima 2005; Sashima 2009; Sashima 2012.
4	Siehe hierzu Sashima 2010, S. 413 f.
5	Akgül 2011, S. 44-70.
6	Ebenda, S. 55-64.
7	Ebenda, S. 56-58.
8	Ebenda, S. 56-58.
9	Ebenda, S. 58-61.
10	Ebenda, S. 62.
11	Siehe auch Sashima 2009 und Sashima 2003.
12	Muhadschirun bedeutet ‚Migrant / Auswanderer'. Es bezieht sich auf die Muslime, die ab dem Jahr 622 n. Chr. von Mekka nach Medina übersiedelten. Sie ließen sowohl die Familie als auch den angestammten Wohnsitz zurück und folgten der „Hidschra", dem Weg Gottes.
13	Akgül 2011, S. 62.
14	Ebenda.
15	Akgül erklärt, dass das Wort ‚gülbang' lexikalisch die ‚Stimme des Lachens' oder der ‚Gesang der Nachtigall' bedeutet (vgl. Akgül 2011, S. 62 f.).
16	Akgül 2011, S. 64.
17	Ebenda. Siehe auch: Sashima 1994, S. 84-87.
18	Öz 1996, S. 42-47.
19	Siehe hierzu: Sashima 2012; ders. 2009; ders. 2003.
20	Öz 1996, S. 42-47.
21	*Radikal* (29.05.2013).
22	Sultan Selim I., der von 1512-1520 regierte, erhielt den Spitznamen ‚Yavuz' der ‚schneidig / streng' bedeutet. Die safawitische Dynastie Schah Ismails (1487-1523) ursprünglich aus einer mystizistischen Religionsgemeinschaft, deren Mitglieder ostanatolische Nomaden waren, hervorgegangen. Die religiöse Propaganda der Safawiten fand ihren Widerhall in der Gesinnung der Nomaden, die Unterstützung in Anatolien nahm zu und in der Folge formierten sich an verschiedenen Orten Anatoliens Bewegungen wie zum Beispiel der Şahkulu-Aufstand im Jahr 1511. Die türkischsprachigen Gedichte des safawitischen Herrschers Schah Ismails verbreiteten sich unter den Leuten und für die türkischen Nomaden, die die osmanische Herrschaft nicht akzeptierten, bekam das Wort ‚Schah' einen Beiklang von ‚Retter'. Selim I. ging skrupellos gegen die pro-safawitischen Aufstände in Anatolien vor und schlug sie vollständig nieder. Zudem hat er die Sunnisierung des osmanischen Kaiserreiches herbeigeführt. Indem er von den Nachkommen des Kalifen der Abbasiden den Kalifen-Titel verliehen bekommen hat, wurde er als ‚Herrscher der islamischen Welt' angesehen, und es wurde ihm die Rolle zugeschrieben, die islamische Welt vor äußeren Feinden zu schützen und Mekka und Medina zu erhalten. Nach der Schlacht von Tschaldiran hat er den Unterschied zwischen seiner Herrschaft und der der safawitischen Dynas-

tie deutlich gemacht und hat den Ausdruck als ‚Beschützer der sunnitischen Welt' zur Rechtfertigung benutzt. Dieses Bewusstsein der Legitimität ist auch unter den mit der Regierung tief verbundenen Ulama [Religionsgelehrte des Islam; Anm. d. Übers.] in Istanbul gewachsen, die den unter den Leuten in Anatolien verbreiteten volkstümlichen islamischen Glauben, der stark von schiitischen Tendenzen beeinflusst ist, als Häresie betrachten.

Der Kampf zwischen den Osmanen und den Safawiten war nicht nur ein Konflikt als Folge des religiösen Unterschieds zwischen Sunniten und Schiiten, sondern – betrachtet man den Umstand, dass Selim I. sowohl den Kalifentitel trug als auch die Unterstützung der Ulama der sunnitischen Städte hatte – er wurde auch zu einer Konfrontation mit den Leuten aus Anatolien, u.a. Nomaden und Anhängern des volkstümlichen schiitischen Glaubens, deren Aufstände niedergeschlagen und in der Folge das anatolische Volk und die Nomaden unterworfen wurden. Es ist denkbar anzunehmen, dass sich diese Sichtweise bis in heutige Diskussionen erhalten hat.

23 — Uehara 2012, S. 387-389.
24 — Uehara 2012, S. 370-375.
25 — Uehara 2012, S. 387-389.
26 — Vgl. Uehara 2012, S. 382-389.
27 — Vgl. ebenda.
28 — Vgl. ebenda.
29 — Ebenda.
30 — Uehara 2012, S. 327-335.

Quellennachweise

Akgül, Mehmet u.a.: Ortaöğretim. Din Kültürü ve Ahlak Bilgisi Ders Kitabı 12. Milli Eğitim Bakanlığı, Ankara 2011
Nagata, Yuzo (Hg.): Shinban sekai kakkokushi 9 Nishi Ajia II Iran / Toruko. Yamakawa Shuppansha 2002
Otsuka Kazuo u.a.: Iwanami Isuraamu jiten. Iwanami Shoten, 2001
Öz, Gülağ: Tarih Boyu Aleviliği Yokedilişi ve Asimilasyona Direnen Kütahya, Alevilerin Sesi 1996/6, Almanya Alevi Birlikleri Federasyonu, S. 42-47
Sashima, Takashi (Hg.): Alevii / Bekutashi shūraku ni okeru dentōteki bunka no henka to jizoku ni kansuru työsakenkyū. Osaka International University 2003
Sashima Takashi (Hg.): Alevii / Bekutashi Shūdan no Esnisiti to shakaiteki/bunateki titsujo no henka to jizoku-Toruko / Yōroppa ni okeru toruko kei shūdan wo chushin toshite. Osaka International University 2009
Sashima, Takashi (Hg.): Alevii kanren shoshūdan to Alevii Esnisiti no seisei to tenkai –

二者のアレヴィー認識の違いは、組織や自分の存続のための手段にもなる宗教的な考え方であるのか、あるいは、自分の存在根拠をおくものとして考えるのか、で分岐しているとみることができる。しかし、アレヴィー認識という点でこうした違いがあり、また言語において違いがあるにもかかわらず、「アレヴィー」を重要なものとみなす認識を共有しているものと推定できるものでもあった。自らがアレヴィーと自覚していなかった若者が、周囲の差別などにより、アレヴィーに目覚めるが、そのアレヴィーは、伝統の継承ではなく、新たな文化の形成に向かっていく。それは、伝統的アレヴィーとも、政治的につくられようとしている「アレヴィー・アレヴィーリキ」とも、(もちろんアレヴィー・イスラームとも)一線が引かれているのである。

おわりに

以上、「アレヴィー」をはじめとする「言葉」に着目しながら、アレヴィー諸集団、アレヴィーの人々などの多様性、というよりもそこに生じる亀裂、「境界線」について見てきた。

国民教育省（MEB）の教科書にみるアレヴィー観は、アレヴィーリキ＝ベクタシリキとしてとらえられていた。この教科書が使われることになり、各地域社会で持続してきた「伝統」とは区別される、「アレヴィーリキ＝ベクタシリキ」もしくは「アレヴィー・イスラーム」が正統な「考え方と行動」であるとして「教育」され

されてきた。……(しかし)とても素晴らしい文化を持っている。……預言者の子孫たちに対し危害を加えられたことを悲しんでいる。見返りを望まないし、天国というものを考えない。ただ愛をもとにしている。

このようなところからも、組織のワクフ長とこの教員夫妻の考えとは異なることが分かる。もちろん、世代が違うのであるが、「アレヴィー」の名称を、両者は冠している。ただし、ワクフ長がクルマンジを話し、青年がザザを話すという点で、他からの移住者であるが、二人は異なる言語集団に属するにもかかわらず、一つの組織の中にいる。つまりアレヴィーという言葉のなかに多様性を含む寛容さ、許容性があるということである。この場合に、言語で引かれる「境界」よりも、宗教・文化による線引きの方が優勢である。

この二者は、イスタンブルでの適応の仕方についても、異なるものが出てきていると考えられる。組織長としては、イスタンブルというジェム・ワクフの影響力が大きいところでの組織運営に迫られている。教員の方は、子どもの頃に自分がアレヴィーであることを表面に出せなかった、というよりも、自覚していなかった。それがどのようなものかを積極的に知ろうとしなかった。おそらく高校時代以降に被差別を自覚するようになり、その思想や考え方を自分なりに探求しようとした。あるいは自分なりに「形作る」までになっていった。しかしそのアレヴィー認識は、「アレヴィー・イスラーム」とは異なるものであった。

Toruko oyobi Yōroppa. Osaka University 2012

Sashima, Takashi: Toruko no shūkyō kyōiku to Alevii Kyōiku-Esnisiti tono Kanrende. In: Shūkyō Kenkyū Vol. 84/4 (Nr. 375), Nihon Shūkyō Gakkai 3/2013, S. 423 f.

Sashima, Takashi: Zasshi CEM ni miru gendai „Alevii" shisō no henka. In: Shūkyō Kenkyū Vol. 83/4 (Nr. 363), Nihon Shūkyō Gakkai 3/2010, S. 413 f.

Satō, Tsugitaka (Hg.): Shin Isuramu jiten. Heibonsha 2002

Uehara, Mikiko: Toruko ni okeru Alevii / Aleviiriki no chōsa hōkoku. In: Sasima Takashi (Hg.): Alevii kanren shoshūdan to Alevii Esnisiti no seisei to tenkai-Toruko oyobi Yōroppa. Osaka International University 2012, S. 300-394

ることになる。つまりアレヴィー諸集団のなかでは、ジェム・ワクフが、アレヴィー・イスラームを推進し、政府よりの活動をすることになり、他のアレヴィー関連諸集団とは「線」が引かれることになる。

伝統的アレヴィー側からみると、同化に近い動きとして見て取ることができる「教科書」も、アレヴィー・イスラームを推進する側からみると、「異教」からスンニー・イスラームへと近づく一つの架け橋、あるいは一つの「創造」として考えることができ、大きな流れとして「イスラーム」化への一里塚として見てとることは不可能ではない。ただしそのためには「伝統的アレヴィー」の人々を動かすことができるのか、納得させられるのか、と考える必要がある。イスラーム化を強行したとしても、完全には無理であろう。少数ながらも様々な「伝統的アレヴィー」が斑点状に各地に残存する可能性があるであろう。(近年、ハジュ・ベクタシ・ヴェリ・アナトリア文化ワクフも、アレヴィーがイスラームの内か外かを問わない、という形で、体系だった宗教としての議論を封じたとも考えられる)。

「教科書」の場合には、体系をなした言葉の使用法により、人々や諸集団のまとまり、あるいは「境界線」ができるのであった。

ヤウズ・スルタン・セリム橋の名称に関して見てみると、セリム一世という命名が論議を呼んだのであるが、反対者は特にアレヴィーのみに限られず、むしろ被抑圧、被差別、被害者というまとまりであるために、アレヴィーであるからという「線」はできにくいとも考えることができる。

ハジ・ベクタシ・ヴェリという名前に関しては、この名前の書き方に関する違和感がトルコ・ア

に選びとり、自分のアレヴィーの体系、あるいは思想と行動をつくりあげていることが観察できた。以上のようなところから、分かったことの一つには、明瞭な体系のアレヴィー／アレヴィーリキが存在しないところから、アレヴィーという言葉が様々な反応を顕現させていることである。そこでは、集団や個々人の「境界線」が出現することになるのであった。今後、政治的に言葉の体系が強制力を持ったときに、その方向に触発され、新たな体系が想像・創造されて、人々に内面化されることもあるかもしれない。つまり、新たな「境界線」がつくり出されるとも考えられるのである。

註

一 ── もちろん、この「境界」「線」は、不確かな、絶えず変化しうるものではなく、ある程度の社会性、文化性、すなわちエスニックな性質を持つものであることが必要である。つまりある程度の人々、集団に共有され、一回性のものではなく、ある時間維持され、持続するものである。

二 ── これについては、これまでの調査から、浮かび上がっていた。次のものを参照して欲しい。佐島隆編著『アレヴィー関連諸集団とアレヴィー・エスニシティの生成と展開──トルコ及びヨーロッパ──（調査報告・論考編）』大阪国際大学＋「アレヴィー・ベクタシ研究会」、二〇一二年。佐島隆編著『アレヴィー（ベクタシ）集団のエスニシティと社会的・文化的秩序の変化と持続──トルコ・ヨーロッパにおけるトルコ系集団を中心として──（調査研究・論考編）』大阪国際大学、二〇〇九年。佐島隆編著二〇〇五『アレヴィー・ベクタシ集落における伝統的文化の変化と持続に関する調査研究──トルコおよびブルガリア──』大阪国際大学、二〇〇五年。他に、Özlem Göner, 2005, The Transformation of The Alevi Collective Identity, SAGE Publication, London, など。

レヴィーあるいはアナトリア・アレヴィーのなかに出ることは出たが、それほどの「線」にはなっていない。むしろハジュ・ベクタシ・ヴェリが、自分たちの聖者であるのかどうか、ということが、トルコ・アレヴィーとクルマンジ系やザザ系の話者のアレヴィーとの「境界線」を形作っていたように見受けられた。しかし、そのクルド・アレヴィーのなかにも、ハジュ・ベクタシ・ヴェリ記念祭への参加によって、アレヴィーの聖者として受け入れている様子が見られたのである。(アダマンなどでの観察から。[三四])

またほとんどのアレヴィーが、儀礼で行われる旋舞の綴りを semah として、必ず h を付ける。h の発音は、両者を区別せず同じ発音をする人もいるが、発音して区別する人もいる。この書き分けはジェム儀礼をするほとんどのアレヴィー諸集団でみられることである。現在のところ、その旋舞は、メヴレヴィーの旋舞と異なるものであることは明白に観察できることもあり、区別した形でこの単語が使用されるであろうし、アレヴィーとしての共通事項であるように見受けられる。

ガズィ・マハレスィの観察からは、同じアレヴィーの名の下で活動している二者であるが、そのアレヴィー／アレヴィーリキの認識は異なるものを持っていた。ここから、同じアレヴィーの名のもとに働く者であっても、その思想と行動には変異が存在することが分かった。それは、世代の違い、おかれた状況の中で組織を持続させるために戦略的に企図すること、引きずってきた伝統的なアレヴィーの諸知識、新たな状況の中で選択的に新たなイメージを想像・創造することなどから生じることであろう。様々な社会的文化的環境に従って、周囲にある知識を文化的資源として選択的

二三 —— Öz, pp. 42-47.

二四 —— "Radikal" (2013/05/29).

二五 —— 「冷酷者」の意味の「ヤウズ Yavuz」のあだ名をもつスルタン・セリム一世は、在位一五一二〜一五二〇である。そ
れに対して、シャー・イスマーイール（一四八七〜一五二三）のサファヴィー朝は、もともと東部アナトリアの遊
牧民を教団員とする一神秘主義教団から成長した。遊牧民の心情に通じるサファヴィー朝の宗教的プロパガンダは、
アナトリアで支持を広げ、それに呼応する動きが、一五一一年のシャー・クルの反乱などとしてアナトリア
各地で発生した。サファヴィー朝の君主シャー・イスマーイールのトルコ語の詩は民衆のあいだに広まり、「シャー」
の語は、オスマン支配の受容を潔しとしないトルコ系遊牧民のあいだで一種の救世主の響きをもってむかえられた。
セリム一世は、断固とした態度で臨み、アナトリアのサファヴィー朝同調者の反乱を徹底して弾圧した。
またセリム一世はオスマン帝国のスンナ派化をすすめた。カイロ亡命中のアッバース朝カリフの末裔からカリフの
称号を譲り受けることで、外敵からイスラーム世界を守り、メッカ・メディナを保護する「イスラーム世界の盟主」
の役割が付与されることになった。また、「シーア派政権サファヴィー朝との違いを鮮明にし、「スンナ派世界の擁護者」
の言説で正当化されることになった。こうした正統派意識は、統治にも深く関わったイスタンブルのウラマーのあ
いだで成長し、アナトリア民衆のなかにあるシーア派的傾向の強い土俗的なイスラーム信仰を異端視する度合いを
深めていった。
オスマン朝とサファヴィー朝のあいだの戦いは、スンナ派とシーア派という宗派の違いによる対立だけではなかっ
たが、セリム一世はカリフ位やスンニー派の都市部のウラマーという基盤の上に立っていたことからも、遊牧民や
シーア派的な土俗的な信仰を守るアナトリアの民衆とは、対立することになり、アナトリア民衆や遊牧民の反乱を
鎮圧し、さらに弾圧をしたことも、今日まで言説として残ることになったと考えることは不可能ではなかろう。

二六 —— 日本の事典・辞典によっては、「ハージー・ベクターシュ」小山皓一郎「ベクターシュ教団」『新イスラム事典』
平凡社、二〇〇二年、四三七頁〕あるいは「ハジュ・ベクタシュ」今松泰「ベクタシュ教団」「ハジュ・ベクタシュ」『岩波
イスラーム辞典』岩波書店、二〇〇二年、八六九〜八七〇頁〕という表記の仕方もある。ここではアレヴィーの人々
が使用している一般的な表現として、便宜的に「ハジュ・ベクタシュ・ヴェリ」とする。

二七 —— 上原二〇一二年、三八七〜三八九頁。

三 ——次を参照のこと。佐島、前掲書、二〇〇五年。佐島、前掲書、二〇〇九年。佐島、前掲書、二〇一二年。

四 ——これについては、次を参照。佐島隆「雑誌CEMに見る現代「アレヴィー」思想の変化」『宗教研究』第八三巻第四輯（三六三号）、日本宗教学会、四一三―四一四頁、二〇一〇年。

五 —— Akgül 2011, pp. 44-70.

六 ——同上書、四四―六四頁。

七 ——同上書、五五―六四頁。

八 ——同上書、五六―五八頁。

九 ——同上書、五六―五八頁。

一〇 ——同上書、五八―五九頁。

一一 ——同上書、五八―六一頁。

一二 ——同上書、六二頁。

一三 ——同上書、六二頁。

一四 —— Cf. 佐島二〇〇九年、佐島二〇〇三年。

一五 ——ムハージルーンとは、「移住者」の意味である。六二二年以降、マッカ（メッカ）からマディーナ（メディナ）へ移住したムスリムのことを指す。従来の血縁、地縁を離れ、神の道にヒジュラ（移住）を行った人々を言う。

一六 —— Mehmet Akgül 他著、同上書、六二頁。

一七 ——同上書、六二頁。

一八 ——同上書、六二―六三頁。ギュルベンキの辞書的意味は、笑い声、あるいはナイチンゲールのさえずる声である、としている。

一九 ——同上書、六四頁。

二〇 ——同上書、六四頁。次も参照のこと。佐島隆「信仰と流血―トルコ東部のアシュレー儀礼」『季刊民族学　七〇号』千里文化財団、平成六年十月、八四―八七頁。

二一 —— Öz, pp. 42-47.

二二 —— Cf. 佐島二〇一二年、佐島二〇〇九年、佐島二〇〇三年。

Religious Studies, vol. LXXXIII-4, No.363, Japanese Association for Religious Studies, March 2010, pp. 413-414)

佐島隆編著『「アレヴィー・ベクタシ」集団のエスニシティと社会的・文化的秩序の変化と持続―トルコ・ヨーロッパにおけるトルコ系集団を中心として―（調査研究・論考編）』大阪国際大学、二〇〇九年（Edited by Takashi Sashima, 2009, Continuity and Change of Ethnicity and Social-Cultural Order Alevi/Bektashi Peoples: Turkey, Western Europe, Greece, and Bungaria）

佐島隆編著『アレヴィー・ベクタシ集落における伝統的文化の変化と持続に関する調査研究―トルコおよびブルガリア―』大阪国際大学、二〇〇三年。（Edited by Takashi Sashima, 2003, Continuity and Change of Alevi-Bektashi Traditional Culture in Turkey and Burgaria, Osaka International University）

永田雄三編『新版世界各国史9 西アジア史Ⅱイラン・トルコ』山川出版社、二〇〇二年

日本イスラム協会、嶋田襄平、板垣雄三、佐藤次高監修『新イスラム事典』平凡社、二〇〇二年

Akgül, Mehmet et al.: Ortaöğretim, Din Kültürü ve Ahlak Bilgisi Ders Kitabı 12, Milli Eğitim Bakanlığı, Ankara 2011

Öz, Gülağ: Tarih Boyu Aleviliği Yokedilişi ve Asimilasyona Direnen Kütahya, Alevilerin Sesi 96/6, Almanya Alevi Birlikleri Federasyonu, pp. 42-47

二八――同上書、二〇一二年、三七〇-三七五頁。
二九――同上書、二〇一二年、三八七-三八九頁。
三〇――同上書、二〇一二年、三八七-三八九頁。
三一――同上書、二〇一二年、三八七-三八九頁。
三二――同上書、二〇一二年、三八七-三八九頁。
三三――同上書、二〇一二年、三八七-三八九頁。
三四――同上書、二〇一二年、三三七-三三五頁。

主要参考文献

上原三紀子「トルコにおけるアレヴィー/アレヴィーリキの調査報告」（佐島隆編著）『アレヴィー関連諸集団とアレヴィー・エスニシティの生成と展開―トルコ及びヨーロッパ―（調査報告・論考編）』大阪国際大学＋「アレヴィー・ベクタシ研究会」二〇一二年、三〇〇-三九四頁

大塚和夫、小杉泰、小松久男、東長靖、羽田正、山内昌之編集『岩波イスラーム辞典』岩波書店、二〇〇一年

佐島隆「トルコの宗教教育とアレヴィー教育――エスニシティとの関連で――」『宗教研究』（八六巻四輯三七五号）日本宗教学会、四二三-四二四頁、二〇一三年三月三十日

佐島隆編著『アレヴィー関連諸集団とアレヴィー・エスニシティの生成と展開―トルコ及びヨーロッパ―（調査報告・論考編）』大阪国際大学＋「アレヴィー・ベクタシ研究会」、二〇一二年（Edited by Takashi Sashima, 2012, Studies on generation and development of Alevi groups and Alevi Ethnicities: The case of Turkish, Kurd, Zaza, and Tahtac groups, and Turkish immigrants in Europe）

佐島隆「雑誌 CEM に見る現代「アレヴィー」思想の変化」『宗教研究』第八三巻第四輯（三六三号）、日本宗教学会、二〇一〇年三月、四一三-四一四頁（Takashi Sashima, Changes in Alevi Ethnic Concepts in the Magazine CEM, Journal of

Nachwort

Am 2. November 2014 fand an der Universität Osaka ein internationales Symposium zum Thema *Sprache und die Conditio Humana: Sozialer Konflikt und Sprachverhalten – Der europäische Umgang mit den Kurden* statt. Zu dem Zeitpunkt stand die syrisch-kurdische Stadt Kobane im Zentrum der Medienaufmerksamkeit. Die dschihadistisch-salafistische Terrororganisation (IS) war, vom Irak kommend, bereits bis nach Nordsyrien vorgedrungen, hatte zahlreiche Dörfer und Städte eingenommen und deren Bewohner vergewaltigt, versklavt und hingerichtet. Prominent sind die Vorfälle im irakisch-kurdischen Sindschar-Gebirge, wo ab Juli 2014 rund 10.000 vor den IS-Truppen Geflohene eingeschlossen waren und viele an Hungersnot starben. Nun hielt der IS Kobane umzingelt, und die Nachrichten berichteten täglich von den Kämpfen, von Toten und zehntausenden Flüchtlingen – und von den politischen Diskussionen der westlichen Staaten, ob und in welcher Form sie in diesen Vernichtungskrieg eingreifen sollten.

Am Modellfall des Kurdenkonflikts beschäftigte sich das mehrsprachige Symposium mit Sprachhandlungen, die diesem und anderen gewaltvollen sozialen Konflikten zugrunde liegen. Den Vorträgen wie auch den Beiträgen in diesem Buch, das in der Folge des Symposiums entstand, liegt die Einsicht zugrunde, die auch im Vorwort genannt wird: dass soziale Konflikte nicht losgelöst von den jeweiligen, mit ihnen im Zusammenhang stehenden Sprachhandlungen gesehen werden können. Dabei begleitet der Sprachgebrauch nicht nur die gewaltvollen Handlungen oder legitimiert sie nach-

あとがき

二〇一四年十一月二日大阪大学にて、国際シンポジウム「言葉と人間性：社会葛藤と言語行為─欧州の『クルド人』への処遇─」が開催された。当時、マスメディアの注目の中心となっていたのは、シリアクルディスタンの町コバニ（クルド語でKobani）だった。イラクで生まれ、すでにシリア北部に浸透しつつあったサラフィー・ジハード主義的テロ組織IS（ISIL）は、多数の村や町を占拠し、住民を凌辱させ、隷属させ、処刑した。顕著なのは、イラク・クルディスタンのシンジャル山脈における一連の事件である。二〇一四年七月より、IS軍から逃れてきた約一万人がシンジャル山脈で包囲され、多くの人々が餓死する事態となったのだ。そのときからコバニは包囲され、戦闘や死者、数万人の難民についてのニュースが毎日報道されている──そして、この殲滅戦争に介入すべきか否か、介入する場合はどのような形で行うべきかという、西欧諸国の政治的討議についてのニュースも。

前述の多言語シンポジウムでは、クルド紛争をモデルケースとし、その他暴力的な社会的コ

träglich, sondern er bereitet diese maßgeblich vor. Die Sprache ist der Ort, an dem Konflikte erzeugt werden, die in der Folge in gewaltvollen Handlungen an die Oberfläche treten.

Die theoretische Grundlage zu dieser Einsicht wird im einleitenden Beitrag von Abdurrahman Gülbeyaz gelegt, der eine Neukartierung des Sozialen anhand grundsätzlich anderer Parameter vornimmt. In einer weitgreifenden Diskussion verdeutlicht er den basalen Zusammenhang von Sprache und sozialen Konflikten und schließt seine Diskussion mit markanten Beispielen aus unterschiedlichen Kontexten. Im folgenden Beitrag zeige ich am konkreten Fall der Medienberichterstattung sowie Stellungnahmen der Bundesregierung Deutschland zum Kurdenkonflikt (insbesondere auch zu den Ereignissen im Herbst 2014) auf, wie durch sprachliche Äußerungen Realitäten geschaffen werden, die politische Handlungen und Entscheidungen – zum Beispiel ein Nicht-Eingreifen Deutschlands in den oben genannten Vernichtungskrieg – begründen.

Mit dem anschließenden Aufsatz von Toshihide Yokoi wird der Fokus auf Japan gerückt und in einer gründlichen Diskussion der Kritik am Sprachimperialismus des Englischen in Japan herausgestellt, wie diese Bewegung, die in Bezug auf das Englische eine hohe Sensibilität gegenüber dem politischen und Gewaltaspekt der Sprache besitzt, in Bezug auf das Japanische diese Sensibilität verliert und selbst in die Fallgrube des Nationalismus fällt. Die enge Verbindung der japanischen Sprachpolitik zum Nationalismus macht auch der Beitrag von Eiichi Kido deutlich, der Betrachtungen zur Nationalsprache-Ideologie in Japan seit der Modernisierung bis in die heutige Zeit vornimmt und mit zahlreichen Beispielen kommentiert und dokumentiert. Mit Takashi Sashimas abschließendem Beitrag wird der Blick wieder auf den kurdischen Kontext und die Tür-

ンフリクトも含め、それらの基礎にある言語行為がテーマとされた。シンポジウムでの講演ならびにそれを機に作られることとなった本書に寄稿された論文は、いずれもある洞察を基礎としている点で共通している。すなわち、前書きでも述べられている「社会的対立は、はたらいている言語行為との関連の中でみられなければ、解決され得ない」という洞察である。言語の使用は、暴力的行為に付随したり、事後にそれを正当化したりするだけでなく、その行為の決定的な下準備をしているのである。言語はコンフリクトを発生させる場所であり、そのコンフリクトは続いて暴力行為として表面化するのだ。

この洞察の理論的土台は、アブドゥルラッハマン・ギュルベヤズによる寄稿論文の導入部で作られている。そこでは、根本的に異なるパラメータを基盤として、社会性の再マッピングが行われる。広範囲に渡る議論の中で、彼は言語と社会的紛争の基礎的な連関を明示し、異なるコンテクストからの顕著な例を用い、論を結んでいる。それに続く私の寄稿では、クルド戦争(特に二〇一四年秋に勃発した一連の事件)に関するメディア報道やドイツ連邦政府の公式声明を具体例に、言語的表現を通して作られた既成事実——例えば前述の殲滅戦争におけるドイツの非介入——が、政治的行動および決断を弁明するために、どのように用いられるかを実証する。

kei gelenkt, welcher anhand konkreter Beispiele aus dem Sprachgebrauch Spannungen und Konflikte in Bezug auf das Verständnis der Aleviten aufzeigt.

Am 26. Januar 2015 hissten die kurdischen Verteidigungseinheiten YPG eine 75 Meter lange Fahne auf der Anhöhe Mishtenur, einem für die IS-Truppen strategisch wichtigen Punkt im Osten der Stadt Kobane, von wo aus der IS die Angriffe auf die Stadt strategisch koordiniert hatte. Die verteidigende YPG konnte die IS-Kämpfer schließlich zurückdrängen und Kobane befreien. In die in Trümmern liegende Stadt kehren langsam Geflohene zurück, die zahlreiche Tote zu beklagen haben. Das Datum markiert die endgültige erfolgreiche Abwehr des 134 Tage währenden Angriffs der IS-Truppen auf die Stadt und damit zweifelsohne einen historisch wichtigen Tag für deren Bewohner und die Verteidiger.

An der grundlegenden Konfliktsituation, die sich hier am Fall Kobanes manifestiert hat, die jedoch viel weiter reichende Dimensionen und Ausmaße hat, hat sich dagegen nichts geändert. Das Anliegen dieses Buches ist es, durch Verschiebung des Standpunktes und Blickwinkels bei der Betrachtung von Konfliktgesellschaften für deren linguistische Natur, d.h. für die basale Funktion unserer alltäglichen Sprache in Bezug auf soziale Konflikte zu sensibilisieren. Es möchte bestehende Strukturen und Sprachhandlungen irritieren, hinterfragen und zu alternativen Lesarten anregen. Dieses Anliegen wurde vom Verleger auch im Design des Buches umgesetzt.

Theresa Specht
März 2015

引き続いて、横井敏秀による寄稿では焦点を日本に移し、日本における英語帝国主義批判を、徹底的な議論の中で考察する。そこでは、英語に関して示される、言語の政治的、暴力的な面に対する非常に鋭敏な批判の動きが、問題が日本語になるとこの鋭敏さを失い、さらには自身がナショナリズムに陥るさまが明らかにされている。日本の言語政策とナショナリズムの強い結びつきを、木戸衛一の寄稿も明確にしている。彼は、日本における国語イデオロギーについて、日本の近代化以降現代に至るまでを観察し、多数の例を元に論評し、論証する。佐藤隆による結びの寄稿では、再びクルド関連の文脈およびトルコへ視線が向けられる。言語使用の具体例を通じて、アレヴィーの理解にまつわる緊張とコンフリクトを明確に示している。

二〇一五年一月二十六日、クルド人民防衛部隊YPGは、ミシテヌルの丘の上に全長七十五メートルの旗を掲げた。ミシテヌルの丘はコバニの東部に位置し、そこからISが町への砲撃を繰り返していたことからもわかるように、IS軍の戦略的重要地点のひとつであった。最終的に、防衛部隊であるYPGはIS軍の攻撃を抑え、コバニの解放に成功したのだ。多数の死者を悼むべく、逃亡していた住民が、廃墟と化した町へ徐々に帰ってきている。一月二十六日というこの日付は、百三十四日に渡るIS軍の攻撃に対する、防御の最終的成功を

収めた日であり、それゆえ住民と防衛部隊にとって、歴史的に疑いなく重要な日であることを表す印となったのである。

しかしながら、ここで挙げたコバニの事例で明らかになり、実際にはより広い範囲や異なる側面を持つ根本的な対立状態において、変化したことは何もない。本書の目的は、コンフリクト社会についての考究の観点および立場を転置することにより、コンフリクトの言語性、すなわち社会的葛藤に関する我々の日常言語の基礎機能を鋭敏にさせることである。そのことが、既存の構造および言語行為を刺激し、問い直し、それに代わる解釈を促すに違いない。出版社である松本工房による書籍のデザインにおいても、本書の目的は具現化されている。

二〇一五年三月

テレーザ・シュペヒト

Abdurrahman Gülbeyaz | Geboren 1962 in Iskenderun (Türkei), studierte Sprachwissenschaften, Musikwissenschaften und Medizinsoziologie an den Universitäten Gazi und Bosporus in der Türkei und an der Universität Hamburg in Deutschland. Er promovierte an der humanwissenschaftlichen Fakultät der Universität Osaka. Semiotik, Sprachwissenschaften und Philosophie bilden den Kern seiner Forschungsfelder. Derzeit Associate Professor an der Graduiertenschule für Sprache und Kultur der Universität Osaka.

Theresa Specht | Geboren 1979 in Höxter (Deutschland), studierte angewandte Sprachwissenschaften an der Universität Hildesheim. Anschließend promovierte sie am Institut für Germanistik der Universität Leipzig. Derzeit ist sie Assistant Professor am Institut für Germanistik der Universität Osaka. Ihre Forschungsfelder sind: Literatur des 20. Jahrhunderts, türkisch-deutsche Literatur, kurdische Exilliteratur.

Toshihide Yokoi | Geboren 1956 in Kobe (Präfektur Hyogo, Japan), studierte Soziologie am Institut für Literatur der Universität Hokkaido und lehrte lange zeitgenössische Soziologie an der International University Toyama. Sein Spezialgebiet ist die Geschichte der soziologischen Theorien, er interessiert sich für die Einflüsse der Durkheimschen Theorie auf die Soziologie der Türkei (Osmanisches Reich). Derzeit Lehrbeauftragter am Institut für türkische Studien der Universität Osaka.

Eiichi Kido | Geboren 1957 in Kashiwa (Präfektur Chiba, Japan), studierte deutsche Zeitgeschichte an der Staatlichen Fremdsprachenhochschule Tokio und an der Universität Hitotsubashi. Von 2000 bis 2001 war er als DAAD-Lektor am Institut für Politikwissenschaft der Universität Leipzig tätig. 2009 promovierte er an der Freien Universität Berlin. Derzeit ist er Associate Professor an der OISPP (Osaka School of International Public Policy) der Universität Osaka. Seine Forschungsfelder sind: deutsche Zeitgeschichte und Politik bzw. Friedensforschung.

Takashi Sashima | Geboren 1954 in Esashi (Präfektur Iwate, Japan), studierte Religionswissenschaft und -geschichte an der philologischen Fakultät / Graduiertenschule der Universität Tohoku. Er ist derzeit Professor und Dekan der literaturwissenschaftlichen Fakultät der Internationalen Universität Osaka und lehrt darüber hinaus als Lehrbeauftragter an den Universitäten Osaka und Kobe. Seine Forschungsfelder sind unter anderem die Türkei, Europa im Kontext der Migration sowie das Aleviterntum und Bektaschitentum.

アブドゥルラッハマン・ギュルベヤズ──一九六二年、トルコ・イスケンデルン生まれ。大阪大学言語文化研究科准教授。トルコのガージ大学、ボスフォラス大学、ドイツのハンブルグ大学で言語学、音楽学、医療社会学を専攻。大阪大学人間科学研究科にて、「言語と音楽における意味：言語行為と音楽行為における変形過程」で博士号取得。記号論、言語学、哲学は彼の学際的研究分野の核をなす。

テレーザ・シュペヒト──一九七九年、ドイツ・ヘクスター生まれ。大阪大学大学院文学研究科・文学部特任講師。ライプツィヒ大学ドイツ文学研究科博士課程修了。文学博士。ライプツィヒ大学文学部助教を経て現職。これまでの研究テーマ「トルコ・ドイツ文学におけるトランス文学的ユーモア」（博士号取得）。現在の研究テーマ「ドイツ語圏におけるクルド移民文学の現状」。

横井敏秀──一九五六年、兵庫県神戸市生まれ。大阪大学大学院文学研究科博士課程修了。富山国際大学現代社会学部准教授を経て現職。専門は社会学説史。特にフランスにおける近代社会学の定礎者エミール・デュルケームの社会変動論および国民国家観をテーマとする。また、デュルケーム社会学のトルコ（オスマン帝国）への影響についても考究している。

木戸衛一──一九五七年、千葉県柏市生まれ。大阪大学大学院国際公共政策研究科准教授。一九八一年東京外国語大学ドイツ語学科卒業、一九八三年東京外国語大学大学院地域研究研究科博士後期課程単位取得退学、二〇〇九年ベルリン自由大学で学位取得。専門はドイツ現代政治・平和研究、研究テーマとして歴史認識および軍事化の日独比較。

佐島隆──一九五四年、岩手県江刺市（現奥州市）生まれ。大阪国際大学国際教養学部教授。東北大学大学院文学研究科博士課程後期課程単位取得満期退学。文学修士。日本学術振興会特別研究員、日本学術振興会派遣研究員（アンカラ駐在）、大阪国際大学人間科学部助教授、国際コミュニケーション学部教授を経て現職。研究対象地はトルコ、トルコ系移民のヨーロッパ、日本。二十年以上にわたるアレヴィーやベクタシの人々の調査など。

x

著者略歴

Danksagung

Dieses Buch konnte nur dank der Hilfe Vieler entstehen und rechtzeitig erscheinen.

Der Dank gilt neben den Autoren insbesondere auch den Übersetzern sowie den unermüdlichen Helfern Rizu Murata, Kazumi Yokoi, Hitomi Hojo, Miwa Kimura. Nicht zu vergessen ist das enorme persönliche Engagement des Verlegers Hisaki Matsumoto, dem sehr daran gelegen war, die zentrale Aussage des Manuskripts auch am physischen Buch sichtbar zu machen.

謝辞

本書の刊行にあたっては、多くの方々のご協力を頂き、実現することができました。ここに深く感謝の意を表します。著者の方々に加えて、特に翻訳者の方々、補佐の村田里鶴さん、横井和美さん、北條瞳さん、そして木村美和さんに深く感謝いたします。また、原稿の主要メッセージを物質的な本という形で視覚化するために注がれた、松本工房の松本久木氏の莫大な個人的なコミットメントを忘れることはできません。心より御礼申し上げます。

言語と人間性 コンフリクト社会に見る言語行為と多言語

二〇一五年三月三十一日　第一版第一刷

著者：アブドゥルラッハマン・ギュルベヤズ
　　　テレーザ・シュペヒト
　　　横井敏秀
　　　木戸衛一
　　　佐島隆

責任編集：アブドゥルラッハマン・ギュルベヤズ
編集補佐：テレーザ・シュペヒト

発行者／装丁／組版：松本久木
発行所：松本工房
〒５３４−００２６　大阪市都島区網島町十二−十一　雅叙園ハイツ１０１０号室
電話：０６−６３５６−７７０１　ファックス：０６−６３５６−７７０２　http://matsumotokobo.com

印刷：株式会社サンエムカラー
製本：新日本製本株式会社

本書の一部または全部を無断にて転載・複写することを禁じます。乱丁・落丁本は送料小社負担にてお取り替え致します。

© 2015 Abdurrahman Gülbeyaz, Theresa Specht, Toshihide Yokoi, Eiichi Kido, Takashi Sashima
Printed in Japan ISBN978-4-944055-71-5 C0084

本書は、JSPS科研費24520465の助成を受けた研究プロジェクト「社会葛藤と言語行動」の成果の一部である。